海外中国
研究丛书

刘 东 主编

[美] 罗莎莉 著

丁佳伟
曹秀娟 译

儒学与女性

CONFUCIANISM AND WOMEN

江苏人民出版社

图书在版编目(CIP)数据

儒学与女性/(美)罗莎莉著;丁佳伟,曹秀娟
译.—南京:江苏人民出版社,2015.1
(海外中国研究丛书/刘东主编)
书名原文:Confucianism and Women:A Philosophical Interpretation
ISBN 978-7-214-15004-2

Ⅰ.①儒… Ⅱ.①罗…②丁…③曹… Ⅲ.①儒学—
关系—妇女学—研究—中国 Ⅳ.①B222.05②C913.68

中国版本图书馆 CIP 数据核字(2015)第 010413 号

江苏省版权局著作权合同登号:图字 10-2014-545

书　　　名	儒学与女性
著　　　者	[美]罗莎莉
译　　　者	丁佳伟　曹秀娟
责 任 编 辑	张惠玲
装 帧 设 计	陈　婕
责 任 监 制	王　娟
出 版 发 行	江苏人民出版社
地　　　址	南京市湖南路 1 号 A 楼,邮编:210009
照　　　排	江苏凤凰制版有限公司
印　　　刷	江苏凤凰扬州鑫华印刷有限公司
开　　　本	652 毫米×960 毫米　1/16
印　　　张	13.25　插页 4
字　　　数	175 千字
版　　　次	2015 年 2 月第 1 版
印　　　次	2022 年 5 月第 3 次印刷
标 准 书 号	ISBN 978-7-214-15004-2
定　　　价	42.00 元

(江苏人民出版社图书凡印装错误可向承印厂调换)

序"海外中国研究丛书"

　　中国曾经遗忘过世界,但世界却并未因此而遗忘中国。令人嗟讶的是,20世纪60年代以后,就在中国越来越闭锁的同时,世界各国的中国研究却得到了越来越富于成果的发展。而到了中国门户重开的今天,这种发展就把国内学界逼到了如此的窘境:我们不仅必须放眼海外去认识世界,还必须放眼海外来重新认识中国;不仅必须向国内读者迻译海外的西学,还必须向他们系统地介绍海外的中学。

　　这个系列不可避免地会加深我们150年以来一直怀有的危机感和失落感,因为单是它的学术水准也足以提醒我们,中国文明在现时代所面对的绝不再是某个粗蛮不文的、很快就将被自己同化的、马背上的战胜者,而是一个高度发展了的、必将对自己的根本价值取向大大触动的文明。可正因为这样,借别人的眼光去获得自知之明,又正是摆在我们面前的紧迫历史使命,因为只要不跳出自家的文化圈子去透过强烈的反差反观自身,中华文明就找不到进入其现代形态的入口。

　　当然,既是本着这样的目的,我们就不能只从各家学说中筛选那些我们可以或者乐于接受的东西,否则我们的"筛子"本身就可能使读者失去选择、挑剔和批判的广阔天地。我们的译介毕竟还只是初步的尝试,而我们所努力去做的,毕竟也只是和读者一起去反复思索这些奉献给大家的东西。

　　　　　　　　　　　　　　　　　刘　东

目　录

1

鸣　谢

　　写作该书的念头萌发于 1998 年夏威夷大学举办的东西方会议。会议就儒学能否通过自我调节而非引进西方道德理论来直面性别不平等问题作了深入的探讨。当时作为一名研究生的我急切渴望对儒学是否是彻底的性别歧视主义等问题进行深入的研究。在 Mary Tiles、James Tiles、Roger Ames、Vrinda Dalmiya 以及 Ming-Bao Yue 等多位学者的帮助下，该书最终得以于 2002 年在夏威夷大学完稿。该书的写作也得到了玛丽华盛顿大学诸位朋友、同事的鼓励和指正，尤其包括 Craig Vasey、David Ambuel、Joseph Romero、Mehad Aminrazavihe 和 Cindy Toomey。洛约拉马利蒙特大学的王蓉蓉也对该书提出了宝贵的建议。最后，我要感谢纽约州立大学出版社的一位匿名读者，他提出的建设性意见促成了该书的最终成型。同时，也要感谢我的丈夫 Corey 对我一如既往的支持。当然，书中的所有错误和不足都将归咎于我自己。

　　该书第四章节中的相关内容最初曾以《内外、礼仪和性别区分》之名发表于《亚洲哲学》2004 年 3 月第 41—58 页。

第一章 导　言

在 20 世纪早期,探讨性别压迫问题成为中国现代化的标志。清代晚期参与维新运动和民国早期参与五四运动的士人充分利用中国历史上女性的卑下地位和无以名状的痛苦作为新兴民族主义演说的一部分。这也是在新兴崛起的日本及西方列强的压迫下,目睹中国无数次失败与耻辱的新一代人亟需探讨的问题。缺乏文化的中国农村女性普遍地受到父权制大家族的压迫,这一现象在一定程度上获得了儒家封建伦理的支持,从而使其成为旧中国社会不平等的标志。中国迫切需要一种新的价值体系来替代无力抵御西方入侵的旧价值体系。尽管拿什么来代替旧价值体系在当时尚不明确,但什么应该被丢弃却是十分肯定的。在民国早期的民族主义探讨中,反孔的呼声很高。在政治层面上,儒学在 20 世纪 70 年代早期的社会主义"文化大革命"中被彻底清除。这种行为被视为"新"中国、现代中国以及进入共产主义新世界的开始。五四运动和中国共产主义运动从根本上批判了儒学,并将其视为中国衰落的根源所在。他们对于民族主义的探讨,相应地奠定了西方女权主义者和亚洲学者将儒学视为中国历史上性别压迫之根源的认识基础。

从 20 世纪 70 年代早期开始,设想将中国女性解放进程与西方文化传统相趋同的女权主义者和亚洲学者,对中国性别研究表现出极大的兴趣。① 女权主义者对于中国女性境况的关注和描述构成了女权主义运动的一部分。他们试图建构一部全球通史来证实女权主义者反抗西方男权社会结构和性别结构的合理性。跳出西方世界,女权主义者试图证实性别压迫问题的急切性,并将他们的视野扩展到生活在第三世界中不幸的姐妹们。西方女权主义者在著述中表达了他们对第三世界女性的美好期盼,即希望建立一个超越文化、地理、宗教和种族界限的全球妇女团体。当代女权主义者的认知水平能够对"性别"的概念进行比较清晰的解构,但在性别概念尚不明确的跨文化研究中,"文化"的概念仍处于边缘化。女权主义者的著述缺乏对文化因素的关注,这对真正理解异国性别体制构成了障碍。在他们的著述中,性别被寓于一个完全不同的假设背景中。的确如此,我们的概念框架建立在世界第一次成为我们可认知之对象的基础上,而我们所理解的世界内涵只是通过网络所分享的有关世界本质的文化假想。因此,在任何试图理解异国文化的过程中,我们首先必须全面理解它的"差异性",同时抑制我们强加于它的文化假想。

在中国,假想出的文化背景在很大程度上由儒学这一中国历史上最为突出的传统思想所构成。尽管在这个识时务的时代,对于儒学直接而霸道的评论已然不再呈现。但是在西方人种优越论的理论背景下,有关性别平等问题的霸道评论仍旧不断呈现。在儒学作为一种女权主义理论的可能性尚未得到女权主义者和汉学家认可的前提下,无论他们是否对儒学表示出赞许,其本身都暗示着与性别相关的西方传统理论的虚构优越性。他们自然回避了这个问题:为什么不是儒学? 在这个课题中,我们将试图为学者们提供一个概念化的空间来设想儒学作为女权主义理论的可能性。然而,通过对儒学的甄别,我们并不打算将多样的中华

---

① 此处所用"西方女权主义者"主要涉及一种将中国女性的自由同西方文化传统相趋同的意识倾向。就此而言,具有中国血统的女权主义者或汉学家将会落入"西方女权主义者"的范畴,而欧美女权主义者或汉学家将超越这一范畴,其程度与他们的意识倾向有关。因而,需要解决的问题在于什么是西方学者所持有的立场而什么又是中国学者所持有的立场。

文化修整成单一的传统理论。研究这个课题的目的在于证实儒学在中国传统文化自我呈现过程中的重要性。尽管儒学在历史现实中错综复杂并且充满歧义,但其作为道德支柱和中华文化精髓的重要组成部分却一直被不断证实着。西方女权主义者在探讨中国社会之性别体系时并未将儒学这一复杂的传统文化作为背景假想的源泉去理解。实际上,他们简化了"女性"的分类,构造出普遍概念框架中常见的西方性别范例。在此框架下,中国女性所处的状态是被塑造的并且从理论上来讲是可以获得解放的。

如果跨文化研究是以真正的跨文化取代单一文化,那么其他文化都将归入西方概念框架中。"文化"因素——基于自身传统文化的背景假想——必须获得应有的尊重。正如西蒙·波伏娃所说:"女人不是天生的,而是被造就的。"我们首先必须理解社会赋予"中国女性"作为性别和文化的象征。如果我们以每一种文化都是可行的,并且性别构造在每一种文化中都具有真实的社会性和文化性为前提,将西方的概念框架强加于其他文化既而全面排斥其他文化传统的做法是不恰当,在一定程度上违背了我们试图研究的课题。更糟糕的是,它证实了西方文化的优越性,其他所有的文化都有可能被归入这一概念,尽管它们存在着片面的、经验上的差异。真正的跨文化研究必须始于对另一种文化的好奇,这种文化的"差异性"不能也不应该被我们所熟悉的概念体系所削减或替换。否则,在跨文化研究中,我们自身的伪装便显而易见了。正如康德所言,能够被我们所理解的是我们主观形成的而不是世界本身的客观真实。同样,并未真正理解中国文化的西方学者对于中国女性受害形象的普遍认知更多的来自假想。这种假想就是西方观察者正在构建的一种他者世界。他们对这个世界的理解脱离了生活在其中的中国女性。如果文化被视为一种独立的体系,即不但标志着其他文化差异性的不可削减,而且渗透于生存方式、知识、物质生活等日常生活中,那么任何社会中具有象征意义的抽象概念和文化实践必须与它们本身的文化传统相适应,这些传统构成了另一种背景理念。在中国的性别研究中,哪怕是最为微小的敬意都应该给予代表中国文化精髓的儒学。①

简言之,本文研究的目的有以下四点:首先,最为重要的是阐明儒学的文化传统——复杂而模糊的起源以及它在中华帝国历史上的地位和它与众不同的道德理论即代表高尚人格的"仁"。再者,展示中国社会由儒学所塑造的文化概念系统。尤其值得关注的是一些具有重要文化意义的语汇,如"阴阳"、"内外",以及在帝国历史上独具传统的女性传记和由女性或为女性而书写的妇德女教类典籍中的文学传统,这对于认识中国社会的性别构造是不可或缺的。第三,设想中国性别体系与儒学之间的可能性关联。在此关联下,儒学的贞洁伦理不仅与其共存而且具有一定的合理性,共同支撑着中国社会的父权制家族结构。与女权主义者在传统意义上假设的第三世界女性不同,在下文中,女性不再被视为受害者或男性的明确压迫对象。相反,她们甚至加入了支持和传播男权至上理念的活动——遵循中国社会既定的文化理念。② 换言之,女性不仅被视为自然人,也被视为文化人。尽管存在结构性的限制,但她们仍然力争通过可行的方式获得文化知识。与男性可获得的文化资源相比,她们是受到限制的。最后,总而言之,我们将超越儒学中的男权至上理念和女权主义政治解构的片面评论,并将提供一个切入点即开始构想儒学作为一种可行的资源,通过表明什么是构建儒家女性观的必要步骤来推动中国女性的解放运动。

作为理解中国性别体系的初步工作,我们将首先致力于对儒学的研究。在第二章"儒学、中国性以及'仁'的道德人格"中,我们首先将早期西方女权主义著述中把儒学作为一种集体、固化之男权至上理念的认识

---

① 此处所论并非否认道教和佛教在中国民众日常生活中的重要性。毕竟儒学、道教和佛教在中国传统文化中被视为三大基本思想体系。但儒学在中国历史上的独特地位和不二特权是其他二者所无法比拟的。此外,试图将道教与女权主义相联系或者思索道教中的女权主义倾向,乃至探寻儒家传统中是否存在女权主义空间的努力几乎是不存在的。因而,此处旨在敞开女权主义空间,为儒家女权主义的构建奠定基础。

② 女权主义者对于后殖民时代的探讨,参看赛斯(Signs)1995;《后殖民时代的新兴本土女权主义》或葛瑞沃(Grewal)、卡普兰(Kaplan);约翰(John)1996。

搁置一旁。在考察"儒"的含义时,"儒学"的模糊性与复杂性给我们的理解造成了困难,这意味着有关"儒学"一词不精确的中文表述被 18 世纪的耶稣会会士所使用。在帝国历史上,"儒"在知识领域的重要地位与其语义的模糊不清产生了巨大的差异。而通过双关传统考察"儒"的词源时,它的特定含义就更加晦涩了。在传统认知中,"儒"之特定含义与"懦"、"柔"、"孺"、"濡"、"需"等汉字之间存在的双关联系使这一问题更加复杂化。在上古时代,"儒"字语义起源的模糊不清使得前孔子时代作为一种知识自律的"儒"与孔子(儒学最为杰出的代言人)之间的联系更加令人费解。不同于"儒学"这一被西方世俗化、简单化的词汇,复杂的"儒"既不是统一的教义也不是孔子所独创的学说。"儒"只能大致被视为先贤的学说,而孔子(圣人和先师)的道德教义只是其中的一部分,尽管如此,却是极为重要的一部分。

在考察了"儒"的复杂含义后,我们将进一步探讨"儒"在帝国历史上独一无二的地位。从公元前 2 世纪的西汉到 20 世纪初的清末,体制化的儒学作为官方正统思想而存在。在儒学成为官方正统思想后,其发展的好坏始终与政府的意识形态和政策息息相关。随着以儒家文本为基础之科举制度的建立,大量士子通过这一方式被吸纳为国家官员,尤其是在 11 世纪宋朝改革之后,儒生所追求的社会地位和知识体系由国家掌握的科举制度来确定。而在科举考试中世袭的君主扮演着主考官的角色。然而更为重要的是,尽管儒学与国家之间有着密切的联系,但并不意味儒学完全从属于国家权力。作为帝国历史近距离的观察者,士大夫并不掌握实质的政治权力,权力掌握在世袭的统治家族手中。此外,儒生自我标榜作为国家、圣贤之"道"和价值之调和者的社会角色要求他们超越对国家的愚忠。换言之,儒生是国家的良心和道德的支柱,而不仅仅是作为官僚机构中的摆设或办事员。"儒"含义的多变性扩展了它的释义范围,更为重要的是,儒的特质在于文化而非种族。而耶稣会传教士所认同的,以及在 16 世纪末期之中国被士大夫社会所接受的"儒"只是"儒"或"儒学"多变性含义中的一部分。

　　尽管"儒"的含义具有模糊性而"儒学"也存在着不确定性,但"仁"作为传统儒学的核心伦理观念是确定无疑的。相关的人格概念与"仁"的伦理观念紧密相扣,通过儒学而进行的自我修行共同为获得个人道德成就奠定了基础。在理论层面上,通过把握人际关系、践行与特定社会关系相称的美德从而获得道德人格的文化理念对两性而言都是开放的。尽管儒家"仁"的道德伦理观念之开放性或相关人格与中国历史上女性的实际情况存在着巨大差异,这与没有考察中国的性别体系就无法理解理论与现实之间的差异一样。在中国的性别体系内,男女的性别认定取决于构建合理之性别体系的特殊文化背景。

　　在第三章"阴阳、性别特质及其互补性"中,我们将对西方把"女性"作为一种亲属关系内的中立范畴之普遍观点提出再批评,这种中立范畴通过女性特质和先天生理机能来定义。在中国社会中,女性特指妇女(妇,已婚女性;女,年轻女孩儿),她们被彻底限定于家庭关系之中。换言之,相对于西方将"女性"一词表达为一种优先、独立于家庭和社会关系的自然存在,作为妇女的中国女性主要以家庭、亲属角色被认知。在儒家传统中,生物学上唯一存在性别差异的男、女概念被广泛运用于动物而非人类。性别在人类社会中意味着严格的社会角色和社会关系。通过扮演不同的家庭、亲属角色,"妇女"作为一种性别属性被构造出来。也就是说,亲属体系中的仪式化进程与性别化进程是同步进行的。被儒学建构的中国性别体系必须置于层级亲属体系中去理解。而层级亲属体系中形成了对"男人"和"女人"的社会性认识。因此,在中国社会,性别差异不应该依据诸多先天特性所指定的社会学范畴上的男人和女人,或生物学范畴上的男性和女性来划分。

　　西方女权主义者有关中国性别问题的探讨主要基于阴阳隐喻和男女二元之间存在的关联,阴阳理念被视为中国性别体系的标志。"阴"的容纳特质和"阳"的扩展特质被视为中国女性从属于家族的理论基础。但是,将阴阳隐喻在概念上等同于西方男女二元范例的举动不仅把一种二元式理论体系强加于中国相互转化之阴阳宇宙论上,更为严重的是,这样的举动必将对中国社会性别压迫之根源产生错误的认识。不同于西方男女二元范例,"阴阳"作为一种非对抗的互补双体无法成为中国性别压迫之根源而发挥作用。相反,这种存在于宇宙和人体中不可缺少的、互补的阴阳观,实际上创造出一种在男女身体间流动的性别差异观。因此,在中国社会内似乎暗藏着一种对于性别角色更为宽容的理念。但在实际上,流动的阴阳双体与中国社会性别体系的僵化形成了巨大的反差。

在第四章"内外、两性之别与恰如其分的礼仪"中,我们将以探讨内外空间作为研究中国性别体系的出发点。类似于阴阳隐喻,"内外"常常等同于两组相互对抗或斗争的领域——家与国或私与公。因此,"内"与"外"之间的差别似乎意味着严格地将男女身体分隔到两个相互冲突的领域。然而,将"内"与"外"轻描淡写地视为一种个人、社会和政治领域的静态分隔是不充分的。在涉及两性关系的中国近代历史研究中,内外理念已经获得了关注。这些研究显示,女性如若逾越了预设的内外界限将会受到社会的惩罚。此外,在中国社会内,家与国或私与公并不是两个相互分隔的领域。相反,家是构建和谐之国的基础。作为个人美德的"孝"是所有公共美德的源泉。因此,与互补的阴阳二元相类似,"内"、"外"之间的界限也是可以协商的。

内外理念意味着一种功能性区分。它对性别空间作了恰当的定义并且将劳动分工作为划分性别的基本标准。尽管内外界限主要是一种仪式性界限,它的调节目的在于将女性正式地划归家内领域——家内技能和家务管理,而男性则被划归家外领域——文化教育和公共服务,这不仅表现在理论层面上而且落实到社会现实中。换言之,由于内外作为一种功能性区分或调节性典范,各阶层之女性都不被允许正当地拥有进入"外"领域(文化、官场)和实现自我价值的权利。裹足于"内"领域之才华横溢的女性必须隐藏她们的才华,因为这对于她们在家内领域中的性别认定和角色扮演而言是无关紧要的。

在第五章"妇德女教类文本与女性所独有的'内'领域"中,我们将通过对贞洁烈妇之传记和妇德女教类文本——由女性或为女性而创作——等独特文化传统的分析,进一步探讨女性在"内"领域中的性别认定和对"外"领域文化追求之间的自然冲突。不同于西方世界,有关女性文学的问题,中国社会并不过多关注女性是否应该受到教育或女性的先天智力,而是将更多的关注集中于女性性别身份的恰当性上。顺从、受压迫和缺乏教育是中国女性极具代表性的特征。代表中国女性的早期文学建立在《列女传》的传统基础上,贞洁烈妇之传记组成了王朝历史的一部分,但它所显示的却是另一番景象。在这些传记中,并不缺乏被建构的典型,例如,道德高尚的母亲教育其年幼的子女有关国家政治和得体的礼仪,或者勇敢的女子驳倒她们的长辈,或者才华横溢的女性善于辩论。在早期文学作品中,中国女性被表述为智慧与美德的代表,并且超越了她们被限定的家内领域——家内技能和家务管理。

但在实际上,建立在刘向《列女传》基础上较为宽泛之无性别特征的美德,例如辩通、仁智和贤明等,在帝国晚期尤其是明清以来流行的插图版本中已经转化为狭小范围内特定性别之专有美德。特别是贞洁、婚姻忠贞等美德被广泛普及,在帝国晚期表现女性美德的作品中,它们甚至超越了无性别特征的美德。文学作品中女性美德主旨的转变可能并不是官方文人有意释放的保守主义信号。瑞丽(Lisa Raphals)在有关中国女性之早期代表文学的研究中指出:"促进这种转变的原因可能仅仅在于印刷版本中刻有自我牺牲的母亲、孝顺的女儿和坚贞的妻子等悲剧内容之插图所带来的情绪感染力和消遣价值。"①随着元代守寡行为的制度化和明末清初的政治动乱,妻子的忠贞类似于男子的政治忠诚,贞洁或忠诚等美德逐渐成为王朝《列女传》和妇德女教类文本中最具典型性的女性美德。

尽管越来越强调女性的忠诚和坚贞,但女性文学却在明末清初达到了空前的高潮。女性作为作者和读者的合法性在"内"领域中被确认,这

---

① 瑞丽(Lisa Raphal)1998。

不仅通过清代大量出版的女性著作而且通过《女戒》、《女论语》、《内训》、《女范捷录》等四部由女性或为女性创作的妇德女教类文本表现出来。其作者分别是汉代的班昭、唐代的宋氏两姐妹、明代的仁孝文皇后以及清代汇编者王相的寡母刘氏。在"内"领域中较为得体的女性作者与"外"领域中的男性作者是平等的,这种平等蕴含在上述四部文本的标题之中,它对女性得体的评判标准等同于儒家四书对男性在学术上的认定。班昭——首位也是最重要的官方女性历史学家——首次提出了女性的文学需求,尽管她在《女戒》中对于女性卑下的自然化表现谨慎地采用了保守性词汇。明代类似"女子无才便是德"等谚语使得品德与才华在"内"领域中不相容的理念普及化,这类谚语在明末清初遭到了有才华有学识之女性的强烈批判。

最为显著的是,在《女范捷录》中清人刘氏用了整整一个章节去批判品德与才华之间的预设式冲突。她认为女性只有在接受以文学形式保留之古训的教育后才能兼具品德和才华。刘氏引用历史上众多才华横溢之女性和皇后作为"历史的典范"来说明"内"领域中女性美德与才华的兼容性。尽管保守的"女性文学和传记"作为一种力量将性别规范的正统价值强加于限制在"内"领域中的女性身上,但它们同样也是另一种力量,即允许女性通过文学使其在历史感悟中增强自我肯定的力量。

女性文学和性别规范等问题在清代的文学讨论中占据了核心地位。女性文学作品和参与阅读、写作及出版的女性人数急剧攀升,并逐渐对"内"领域中正统的性别规范构成了威胁。在正统的性别规范中,对于一个具备美德的女性而言,真正的职责在于对父权制的自我牺牲和忠诚而不是自我满足和对"外"领域之文化的追求。在这一争论中,一方面我们看到了对于传统权威的保守理解,另一方面则是女性对自我文化追求尚未逾越礼仪规范的极力解释和辩护。与男性不同,女性即使具有较高的文化素养也没有进入"外"领域的合法途径。例如,不允许女性参加科举考试,尽管科举考试能够考核她们的真才实学并为国家所用。由于缺乏正当的理由,女性的卓越才华往往被视为与她们的性别特质不相匹配之无用的社会剩余。在本质上,女性拥有文化才能是一种悲剧。有文化之女性对于自身"无意义"的文化技能的矛盾心理成为一种难以言说的冲突符号,它表现为女性在"内"领域中的性别特质与对"外"领域之文化追求之间的冲突。尽管"内"与"外"之间的界限是固有的,但它作为一种调节的力量也剥夺了女性合法进入文化和国家管理领域的权利,而这些却是男性所独有的特权。

内外领域的不平等标志着男女性别的不平等。对于性别规范的定义主要是以"内"、"外"为标准。我们转向前近代中国的具体社会实践,在汉文化的旗帜下,对于女性的残酷压迫常常显得合乎情理而又持久不变。在第六章"儒学与中国的性别歧视主义"中,我们打算找出流行于社会的行为与儒学之间的内在联系,如残杀女婴、收养童养媳、纳妾、守寡和缠足等。在第二章中,我们探讨了儒学或"儒"的复杂起源和不确定性。作为中华文化精髓的象征,我们将如何认识它与性别歧视行为之间的决定性联系?在前近代中国,女性受压迫的根源远远超出作为国家伦理之儒学的范畴。有关儒学与性别压迫的关联,笔者认为应该着力于家庭制度的研究。儒学所倡导的孝道、一脉相承的血缘以及对祖先的崇拜已然成为一种生活方式、一种对特有礼仪观念和子孙后代的调节性典范。换言之,在前近代中国,孝道、一脉相承的血缘和祖先崇拜等三种文化规则之集合充当着性别压迫强有力的文化基础。

作为父权制家族的支柱,男性具有一定的特权。这种特权相应地与祖先崇拜等宗教行为和孝道等伦理道德相联系。女性的重要性在于成功地生下男性后嗣以延续家族的血脉。在生育男性后嗣作为先决条件的文化体制下,女性纯粹的功能性角色在残杀女婴和纳妾等社会行为中显露无遗。在残杀女婴的事例中,大量女婴被保守的家庭所抛弃,以此为男性后嗣保存延续祖先祭祀这一最为重要的宗教礼仪所需之家族资源。在纳妾的事例中,嫡妻无法生育男性后嗣的后果通过丈夫纳妾的权利和职责来弥补,最大限度地为生育男性后嗣提供可能性。收养童养媳作为未来儿媳的行为也是母亲为确保新娘对父权制家族忠诚的一种方式。这种行为至今仍然存在。对于孝道、祖先崇拜和守孝三年的推崇在《论语》《孝经》等儒家经典中随处可见。在《礼记》中，婚姻被赋予双重目的，首先它确保了宗庙中祭祀典礼的继续。其次它延续了家族的血脉。按照传统的解释，妻子无法生育男性后嗣是丈夫休妻的七种正当理由——"七出"条款中的一例。没有出嫁的女性也无法获得固定的社会地位。固定的社会地位不仅取决于丈夫的宠爱，更在于妻子以最大的努力通过任何必要的方式包括残杀女婴、收养童养媳和纳妾等行为来确保家族能够拥有一个男性后嗣。

女性参与优先生育男性后嗣以确保其在父权制家族之地位的竞争，必然折射出女性人格难以言表的本性。女性的人格完全被排斥于"外"领域——这是道德政治成就和被后世缅怀的领域——在这个领域内，人的姓和名被传承、颂扬。"内"和"外"的差异与《礼记》所论述之婚姻双重目的之间的相互关联致使家族体制内女性的存在纯粹是功能性的，并且是可替代的。简言之，她是无名的，不具备作为一个独立个体的明显特征。女性人格难以言表的一面对于未受教育的农村女性同样如此，因为所有阶层之女性是没有等级的(也就是说，她们的官方头衔完全依赖于家族中获得成就的男性成员)。文(文化教育)和政(政府)都处在"外"领域内，也正是如此，男性的特权才显得更为合理。相对而言，女性从根本上被限定在"内"领域中，她们呈现出难以言表的从属状态，更无法顾及在文学方面的成就和政治才能。华如璧(Rubie Watson)认为："与她的男性配偶相反，中国女性在实际上无法拥有完全独立之人格。"①她作为妻子和母亲的家庭角色纯粹是功能性的，她生育男性后嗣只是为了遵循孝道、祖先崇拜以及血脉延续等三种文化规则。

然而，这三种文化规则并不能彻底解释守寡和缠足等行为盛行之原因，尤其是在明清时期。女性在丈夫死后的守寡行为表面上是对丈夫血统的忠诚。但鉴于拥有一个男性后嗣的优先考量，要求一个没有儿子的

---

① 华如璧(Rubie Watson)1986。

女性去守寡似乎是没有必要的。但在事实上,一个年轻的寡妇时常受到娘家和夫家的支持而违背自己的意愿去再婚,因为她的存在对于已故丈夫的家族来说是无足轻重的。同样,缠足行为对于延续男性后嗣并没有实质性意义,反而被视为多余和偶然。但是,随着对这些行为背后所蕴含的社会意义的深入理解,我们意识到这类"社会产物"是伴随着伦理观、宗教信仰、社会阶层和历史时代而被建构的。例如,这种自愿守寡的行为自唐代以来就受到帝国法律的保护。其用意不仅是对于婚姻的忠诚,还意味着作为已婚女性拥有了自己的代理人,女性的道德意愿将受到保护并超越父母的权威,这是国家权威高于父母权威的表现。元代对于贞洁烈女授予帝国荣誉的制度化进一步激励了守寡行为,并使之从个人道德提升为一种社会美德,从而产生了社会效应。与为男性设立的科举考试相对应,守寡成为为女性特设的一种社会流动方式。也就是说,女性能够凭借自身的行为而不是父亲、丈夫或儿子的功绩获得帝国授予的最高荣誉。

同样,缠足行为更多地展现了男性之性癖好强加于被动女性的不公平负担或者是父权制家族体系下女性的牺牲。缠足表现了女性的性别特质、汉文化礼仪和伦理观。对于汉族人而言,缠足成为女性身体的一种特有文化标识。尤其是在明末清初汉文化因未开化的满族入侵而受到威胁的政治过渡阶段,一双被束缚的小脚以及它所承载的受到社会赞许之美学价值和种族身份象征着汉人的种族区别和他们对于野蛮民族——满族统治的政治反抗,但满族统治者在汉人中反复地强调缠足禁令。更为重要的是,缠足也是女性的文化特征,女性通过裹脚布和针线而不是文字和笔墨束缚她们的双脚。她们的女儿在闺房中再次传承了这一"属于她们自己的文化"。本章的目的并不在于以某种方式去解释这些带有男权至上主义观念的社会行为的消亡。毕竟上文提到的行为作为一种社会典范已经不复存在。相反,本章的目的在于通过破译这些社会行为中所体现的文化内涵来考察女性,并且理解她们的自我代理不仅仅体现在信仰上而且表现为积极参加能够稍稍获得一些共享文化典范的活动,考虑到强加给她们的结构性限制。如果没有这样的认识,仍然处在受男权至上主义压迫的第三世界国家女性之解放运动只能通过西方伦理观给出正当的理由,而西方伦理观可能超越了地域"文化"道德的局限。

为了摆脱将西方视为道德代表以及将世界其他地区视为存在道德问题且亟待解决的错误二分法,我们试图探讨儒学作为男女平等道德理论的可行性。在第七章"儒家女权主义:'女权主义'道德的酝酿"中,我们将在儒家传统中探寻能够用来构建儒家男女平等主义道德基石的有用资源。就实用性意义而言,它以具体的人际关系作为出发点,并且是超越形而上学基础的综合范畴。它无需预设一个作为其他所有道德伦理基础的"原始"理论,也无需预设一个毫无限制之绝对平等的先决条件。首先,我们所假定的儒家男女平等主义将证实一个处于关系网中的关联自我的存在,它不仅仅是"核心"自我的分身,它与实在自我处于同一时空条件下。一个人之所以为人是因为他处于关系网中。儒家所倡导的孝道是父母与子女所需要的相互关怀,是为人的起点。在亲子关系中,人们首次意识到自我在世界中的优先地位。孝道这种对于他人的真正关怀不仅仅局限于我们的个人家庭,在传统上它已然被扩展并且超越了直系家庭。

其次,我们探寻的儒家男女平等主义将肯定作为最高典范和成功人格的核心美德——"仁"。"仁"之美德始于孝道,并且在一定范围内被综合。一个仁者同样也是义者、礼者、智者、恕者和信者。践行"仁"的理念也是成为一个合乎于特定社会关系、社会美德的人所应具备的。由于并不以形而上学为基础,人们必定会延伸自我使之超越家庭领域或至少维系现有家庭关系的努力将不受限制。随着关系网从家庭延伸到整个世界,社会所必须的美德也在扩展。尽管"仁"之美德在一定范围内被综合,但它只能在特定的关系中被实现,而特定的关系受到合乎它的特定社会美德的支配。总之,作为一种实际道德伦理,"仁"之美德将人际关系看作没有形而上学基础的优先选择。

　　最后,我们探讨的儒家男女平等主义将肯定作为人际关系基础构造的内外、阴阳理念的互补性和动态交互作用。此外,儒家男女平等主义也将以维系人际关系中的基本层级体系作为详细阐述的出发点。人际关系中的层级体系实际上基于能力和道德权威而非绝对的平等。我们将试图改变夫妻之间基于内外区别的性别分工所造就的层级关系,以应对男女平等主义的挑战。我们将抛弃类似"奴妻"和"主夫"的理念,换之以友爱,这在儒家的五种社会关系体系中是可行的。与儒家所倡导的其他社会关系一样,尽管朋友之间也存在着层级,但是这种层级并不以性别为基础,朋友之间的交往是出于自愿的。① 这种关系的持续也依赖于参与者之间预设的共同目标。例如,夫妻关系内涵的改变将会使女性在"外"领域中获得成功,并且不仅在家庭关系也在社会关系中成为儒学典范中的君子——一个完美的道德表率。

　　当然,这本书还只是一个尝试,它最初的目的是为了调和儒学与男女平等主义之间的冲突,并且试图超越西方女权主义批判儒学"男权至上主义"和盲从新殖民主义的认识。超越消极地改造现存理论的方法在于积极探寻一种混合道德理论——儒学中的男女平等主义——的可行性。在这个理论中,儒学改良的道德准则同样也是女性解放的源泉。在进行整个研究之前,儒学自我修复和接受女权主义挑战的可行性首先必须被假设和构思为实际操作上的可能性。笔者原意就这一研究课题存在的不足公开接受学者们的指正。但显而易见的是,儒学与女权主义相结合的可能性不仅将儒学带入了 21 世纪,使得性别问题在伦理探讨中不再被忽视,并且扩大了女权主义的理论视野。女性解放的可能性将不再局限于西方的理论框架内。

---

① 这里的夫妻关系只是一种类比推理而非就生物学意义而言,因而它也可以用来调节可供选择的性关系。

第二章　儒学、中国性以及"仁"的道德人格

鉴于溺杀女婴、收养童仆或童养媳、纳妾、缠足和守寡等臭名昭著的社会行为,我们有充分的证据表明性别歧视在前近代中国甚为普遍。这些行为在不同历史时期或地域扩展到更大的范围。由于儒学在自我历史叙述中被诠释为一种有关自我修养、关爱和恰当关系的学说,因而这些行为不但反映出不平等的性别地位和权力,而且对国家所推崇的儒家道德教化产生了质疑。然而,尽管儒家道德作为国家所推崇的正统思想,但整个社会对女性的残酷压迫却一直存在于前近代中国。简单而言,在帝制中国,儒家道德教化和性别压迫的历史事实之间存在着一个不容忽视的间隙。性别压迫不可避免地导致了一系列社会问题,而儒学作为一种理念体系助长了社会对女性的虐待。女性通过何种方式才能在有关道德伦理和礼仪得体的儒家著述中被视为积极的参与者?

儒学与中国性别歧视主义之间的相互关联是复杂的。我们首先应该抵抗将儒学和性别压迫二者视为具有密切关系或显著关联的诱惑。为了提出具有批判性的假设,致力于中国性别研究领域的学者们需要即刻面对如下问题:"什么是儒学?"以及"采用何种方法能够支配例如缠足、纳妾、对守寡的狂热等被归因为儒家学说的社会行为"? 换言之,我们如何识别缠足、纳妾等行为中的"儒家性"? 与此相反,我们如何识别

作为整体的儒学中所包含的"性别歧视"成分？最后，在"儒学"和"性别歧视"之间是否存在着这种必然的因果联系？简言之，"儒学"中的性别歧视主义彻底吗？为了找寻上述问题的答案，在理解儒学作为一种理念体系、它在华夏文明中的独特地位以及它被历代王朝所利用和滥用的过程中，我们必须首先怀有诚恳的态度。否则，任何将压迫女性归因于儒学的论断都会显得肤浅。

自20世纪70年代兴起女性研究的高潮以来，甚至远到20世纪30年代，有关中国女性的早期西方论著通常将儒学描述为一种男权至上主义和父权意识形态，并且将其视之为中国女性压迫问题的根源所在。较为显著的例证是1974年法国早期女权主义作家茱莉娅·克丽斯蒂娃（Julia Kristeva）在有关中国女性的著述中冒失地将一个章节定名为《孔子——女性的吞噬者》。① 直到1995年左右，学者们仍然将儒学以及儒学的大部分特质视为一种父权意识形态，并且认为这种与现代社会或所谓的优越者——西方生活方式毫不相干的父权意识形态应该被彻底抛弃。正如卢蕙馨（Margery Wolf）对杜维明有关新儒学之通俗诠释的评论那样，"儒家准则定义下的层级权威系统的合理构造以及父权制家族体系的秩序井然似乎与这样一个跨国公司设在富士园，而来自上海的年轻人正瞄准斯坦福工商管理学硕士的时代不相适宜。但出乎我意料的是，儒家的经典仍然畅销，而一位哈佛的杰出学者——杜维明对于新儒学的重新诠释和现代社会的生存指南竟如此接近"②。卢蕙馨在评论中对儒学的冷嘲热讽由此可见。按照她的观点，儒学这一古代中国毫无益处的思想观念几乎等同于父权制和厌女症（misogyny）。诸如此类的反

① 参看茱莉亚·克里斯蒂娃1977：66—99页或奥尔加·兰（Olga Lang）1946：42—43页；海伦·斯诺（Helen F. Snow）1967：38页；凯蒂·科廷（Katie Curtin）1975：10页；托培理（Marjorie Topley）1975；卢蕙馨（Margery Wolf）1975、1994；伊丽莎白·克罗尔（Elisabeth Croll）1978：12—14页；菲莉斯·安德斯（Phyllis Andors）1983：126—127页；韩起澜（Emily Honig）和贺萧（Gail Hershatter）1988：274页。有关五四运动期间的反儒学情绪，参看蓝华（Hua R. Lan）和冯文（Vanessa L. Fong）1999。
② 卢蕙馨1994：253页。

儒学观点在女权主义者的著作中甚为高涨。但是，学者们普遍认为儒学保障了中国社会结构的稳定并且支配着中国的知识传统，尤其是从儒家学说被确立为汉王朝官方正统思想的公元前2世纪起，一直持续到清末（1905年）以儒家经典为基础的科举考试的终结。因而，在某种意义上，将古代中国对女性的压迫归结为儒学的论断并非毫无根据。

　　然而，我们不应该将儒学简化为等级亲属关系和固化的性别角色的组合，因为这种简化方式将忽视儒学中能动的一面。儒学有关"仁"的道德理论、重视终身践行自我修养、维持恰当的关系等主张，至少在理论层面上，都类似于关怀伦理以及将自我视为关系网中一员的社会建构等女权主义道德。牢记存在于儒学中理论上的女权主义空间，沿着当代女权主义对现实主义、自由主义、康德的道义论或亚里士多德的美德伦理的重新占领，并作为表达其自身明确关注点的基本伦理框架这条线索，探讨女权主义与儒学之间的一种趋同或合集将成为可能。但是，正如李桎杨在他有关儒学与性别的选集中所指出的那样，儒学与女权主义的实际交锋一直处于片面状态。也就是说，女权主义者对儒学的批判缘于受害的中国女性。[①] 女权主义者将儒学视为一种彻头彻尾的父权制意识形态的特征描述，不仅把儒学降低到相对于西方道德哲学更为次等的地位，更重要的是它过分简单化了中国女性受压迫的根源。这样一种简化处理，反过来对真正理解中国性别体系和儒家道德构成了干扰。

　　在提供任何有关儒学和性别压迫之间存在可能联系的满意解释之前，我们需要对儒学的内涵有一个全面而深刻的理解。在下文中，我们将通过先秦典籍考察"儒家学派"或"儒"的历史起源和代表人物，并通过历代王朝（由汉到清）官修史书中的《儒林传》考察它对汉民族和帝国政府的文化意义。尽管自18世纪晚期以来，儒学或"儒"在西方的知名度已经有了进一步提升，但在中国历史上它的起源却相当模糊。"儒"的含

---

① 李桎杨（Chenyang Li）2000：1页。

义是变动的,并且大部分被那些以文本为基础的意图颂扬古代圣贤德行的士大夫团体所塑造。因而,不同的历史时期对于"儒"含义的理解必然不尽相同。尽管如此,"儒"的高洁在文人心目中仍然是一个共通的设想。"儒"被视为中华最高文化的节拍和基本符号,也因而成为中国性的索引。简言之,"儒"不但是中华文化最基本的象征,更重要的是,它承载着中华民族的延续和文明特质,它已然成为中国这个多民族国家的共同典范。

孔子之前的儒者:"儒"和它的模糊起源

"儒学"这个受到大量学者关注的术语是 18 世纪晚期耶稣会会士的一项"发明"。由于"儒学"一词在汉语中既没有准确的文字对照也没有概念上的参照物,因而它只是一项发明而已,并非晚期中华帝国文人们的一种直译或文化表述。① 相反,耶稣会会士试图通过"儒学"这一术语来表达"儒"的概念。尽管后世仍有争议,但"儒"的概念既非孔子所确立亦非对孔子的引申,它的起源完全早于孔子这个历史人物。不同于基督教以基督为中心、柏拉图哲学以柏拉图为中心、佛教以佛陀为中心这种模式,儒学并非专注于孔子思想的单一、统一学说。否则,探讨生活在孔子之前的儒者将毫无意义。"儒"这个复杂的术语通过诸如"孔子"、"儒生"或"儒学"这些简化且又普及化的概念得到传播。为了更容易获得西方世界的接受,耶稣会会士对于儒学术语的发明实际上简化和世俗化了"儒"的概念。与耶稣会会士定义的"儒学"所暗含的清晰度相反,残存于先秦典籍中的资料表明,生活在上古时代的儒生或"儒"的信息已经相当模糊并且存在诸多矛盾之处。

---

① 魏斐德(Frederic Wakema)在《圆桌讨论:狄百瑞之〈儒学的困境〉》中认为:"儒学的困境……它在前近代中国没有正式的名称。"参看魏斐德 1994:19 页。有关耶稣会会士对于"儒学"一词的创造,参看詹启华(Lionel M. Jensen)1997:《建构的儒学》。

首先,就《五经》而言,"儒"字只存在于《礼记》中①,而学者们普遍认为《礼记》成书于西汉早期。"儒"同样也不存在于儒家《四书》之《中庸》和《大学》内。早期权威经典对于"儒"这一术语引用的缺失似乎印证了"儒"起源的模糊和神秘。"儒"的含义以及它与孔子之间的关联虽不多见,但却是明显的。最早有关"儒"的记载位于《论语》6.13 节,在这里孔子教导弟子们"宁为君子儒,勿为小人儒"。在这一章节中,孔子似乎认为存在各种各样的"儒"或者存在多种成为"儒"的途径。如果"儒"确如耶稣会会士发明的术语——儒学——那样,那么似乎表明存在着一个明确以孔子学说为中心的统一思想学派,而这又将使试图厘清上引材料的读者更为困惑。在上引材料中,"儒"这个术语不仅没有获得孔子或他的道德哲学的直接认同,更重要的是,并不存在固有的道德内涵作为惯常理解"儒学"或"儒生"术语的要素。在上古时代具备怎样的特质才能成为"儒"? 君子儒和小人儒之间的差距是如何拉开的? 最后,什么样的人可以称之为"儒",而他们又是从事什么工作的?

根据公元前 4—2 世纪受到周王朝尊崇的一部有关礼制的典籍——《周礼》的记载,"儒"最初只是对周朝司徒官的一种称呼。正如东汉注疏者解释的那样,他的职责主要是教导人们学习六艺。《周礼·天官》载:"儒以道得民",这里的"道"被汉代注疏者解释为学习六艺的方法。而《周礼·地官》载有"联师儒",这里"儒"和"师"一起被提及,汉代注疏者将此解释为"师儒乡里以道艺者"。② 将"儒"的起源确定为周朝司徒官——教导民众——的传统观点已经被历代王朝(由汉到清)史书中的《儒林传》所一致认可,这些《儒林传》中记载着诸多具有典范性的"儒"。③但是,如果权且将汉代的注疏放在一边,上述《周礼》两个章节中所显示

---

① "儒"字最早出现在《周礼》中。相传《周礼》由周公编纂而成,但学者们普遍认为《周礼》可能成书于公元前 4—2 世纪。参看鲍则岳(William Boltz)1993;《早期中国文献之〈周礼〉》。"儒"字也出现在《春秋左氏传》中,参看哀公 21 年,相关翻译参照理雅各(James Legge)1960:V,853 页。

② 此段出自《周礼》及其注解,参看胡适 1953:2—3 页。

③ 参看《汉书·艺文志》、《旧唐书·儒学》和《清史稿·儒林传》。

的有关"儒"的信息却十分有限,无法解答"儒"作为司徒这样一个居于民间的卑微步兵与作为中华最高文化(以孔子为杰出代言人)的象征之间的联系。我们或许会提出这样的疑问:为什么是"儒"？为什么孔子和他的传人以"儒"自居？"儒"这个字到底代表着什么？

不同于其他所有中心教义明确的思想流派如道家、阴阳家、墨家或法家等,儒家学派中"儒"的含义始终神秘莫测。"儒"含义的不确定性与"儒学"这一术语所呈现的清晰度或其之于中国文化的核心地位形成了鲜明的反差。贸然从词根学角度探寻它自相矛盾的含义只会立刻使这一问题变得复杂化。根据《说文》——公元 2 世纪由许慎编纂的第一部综合性汉语词典——的记载①,"儒"字被定义为:"儒意为柔,术士之称。"②这个定义的后半部分似乎与我们对"儒"的传统理解相符,并且与《周礼》中将"儒"视为一个居于民间、教授六艺的卑微步兵的描述相一致。至于前半部分的定义,我们尚不能完全弄清"柔"字与"儒"这个术语之间究竟具有怎样的关联。根据许慎——汉帝国太学中的研究者——的解释,"儒"和"柔"之间的关联在本质上是一种双关语。这种双关法由此成为后世学者理解"儒"含义的基础。在传统解释中,除了"柔"字以外,"儒"也和"弱"、"懦"、"濡"、"襦"、"嬬"以及"孺"等一连串汉字之间存在着双关联系。③

在熟悉西方解析传统的当代读者看来,这些源自双关联系且看似怪异的释义远远比不上可设想的合理的文字解释。詹启华(Lionel Jensen)在其研究成果《建构的儒学》一书中对"儒"朦胧晦涩的语义提出了一些自己的看法。詹氏在回应理解"儒"术语的困难时指出:"儒语义的模糊不清确属事实,但双关联系的古老释义实在令人沮丧,建立在汉字语音基础上的双关联系远远不如我们对它的分析(侧重于起源)。"④换言之,

① 鲍则岳 1993:《早期中国文献之〈说文解字〉》,429—442 页。
② 引自胡适 1953:《说儒》,6 页。或参看詹启华 1997,295 页。
③ 詹启华 1997:294—295、300 页。
④ 同上:156 页。

在西方学者看来,传统解释中"儒"的双关定义并不能构成较好的说明。詹启华进一步认为:在《说文解字诂林》——后世对《说文》的扩充编纂——中,对于"儒"的含义,建立在双关传统基础上的阐释"并不能为我们所接受,正如亚里士多德所言,双关只是一种文字游戏的形式"[①]。在此情况下,双关定义似乎比阐明"儒"的含义更为困难。但是,双关方法在理解汉字含义时具有重要的意义,不应该作为一种文字游戏而被草率地搁置在一旁。从汉字的识别角度来看,一个新生汉字的含义往往来源于一连串与之相关的汉字或短语,而并非源于独立的文字释义。在西方解析传统的考量下,双关方法可能过于随意。但在中国文人看来,它是对于新生汉字"理性的、不言自明的"解释的一部分。

"儒"与"柔"或"弱"之间的关联解释受到普遍认可的原因在于"儒"的工作性质。他们都是学者或文字工作者,不同于农民、工匠等其他职业,他们不从事体力劳动。这种解释与将"儒"的起源确定为周朝的司徒官和民众的师长等传统观点相符合。在"懦"、"濡"、"嬬"、"孺"等汉字之间存在着诸多令人困惑的关联。这些关联似乎暗示了"儒"相当不受欢迎的一面以及他们低下的身份地位。双关传统仅仅因为违反了我们建立在理性诠释基础上的理解方式而受到全面抵制。改变上述认识,将其视为反映上古时代"儒"生活状态的某些线索,或许不失为一个解决困惑的更为有效的途径。可以肯定的是,在双关联系中必然暗示着一个有关"儒"生活状态的画面,而这一画面远比当代读者所能想象到的更为复杂。

通过对先秦儒学或非儒学派典籍的考察,我们可以清楚地看到,在孔子时代之前存在着各种类型的"儒",并且他们与孔子或孔子学说并不相同。更有甚者,"儒"这个术语兼有"儒"和"非儒"等多层含义,一些受到赞许,一些受到贬低,还有的颇为神秘。孔子有关"君子儒"和"小人儒"的论述恰恰证明了在孔子或前孔子时代,成为一个"儒"具有多种途

---

① 詹启华 1997:170 页。

径。在《论语》中,君子和小人往往被视为相互对立的概念,小人意味着缺乏道德,而君子则意味着各方面的道德成就达到了极点。由此可以推论,小人儒尽管具有学者的身份但却是一个道德缺失者。

有趣的是,在墨家学派(先秦时代儒家学派的主要对手)的权威经典《墨子》中,我们找到了这类声名不佳的"儒"的行踪。① 在《墨子》中,"儒"被描绘成一群尤其精通丧葬礼俗(一种慢条斯理、不事生产的职业)且傲慢自负的学者。他们依靠出卖生活所必须的专业礼仪技能为生,也常常因为过度重视恰如其分的葬礼和三年守丧礼、在维系亲属等级关系中的虚伪善变以及不事生产的生存方式而受到批评。如《墨子·非儒》载:"且夫繁饰礼乐以淫人,久桑伪哀以谩亲,立命援贫而高浩居,倍本弃事而安怠傲,贪于饮食,惰于作务,陷于饥寒,危于冻馁,无以违之……君子笑之,怒曰:散人! 焉知良儒。"②恰如上文所言,君子作为可供效仿的共同典范是明确无疑的,与墨子所鄙夷的"儒"可谓判然二分。尽管在儒家经典中没有直接涉及"儒"依靠演练丧葬礼俗作为谋生之路的资料,但在"儒"的传统中,葬礼和守丧礼节的重要意义是显而易见的。举办使逝去的父母或祖先倍感荣耀且恰如其分的葬礼或守丧礼是所有礼仪中最为重要的。这在耗费大量笔墨探讨葬礼、守丧礼和敬拜祖先之礼的汉代的礼仪经典——《礼记》中有明确的记载。③ 在《论语》中,孔子对践行三年守丧礼并将其作为子女孝道突出表现的主张同样为此提供了一个众所周知的例证。

墨子对于"儒"的负面描述自然存在着夸张成分。但从以上描述中,

---

① 儒家和墨家之间的对抗清晰地反映在先秦诸子的著述中。《庄子·齐物论》载:"道隐于小成,言隐于荣华,故有儒墨之是非,以是其所非而非其所是。"《庄子·天运》载:民心变,天下不安,"是以天下大骇,儒墨皆起"。《韩非子·显学》载:"世之显学,儒墨也。"而在《孟子》中,墨、儒、杨朱则被视为三大主流学派(7B/26),参看理雅各 1960:II,491 页。有关《庄子》的翻译,参看梅维恒(Victor H. Mair)1998:《逍遥游:〈庄子〉中的早期道家故事及寓言》,15、141 页。

② 相关翻译参照梅贻宝(Yi-pao Mei)1929:《墨子》,202 页。

③ 参看《礼记·檀弓篇》(上、下),参照理雅各 1967:《礼记》I,120—121 页。

我们可以试探性地推导出以下两点:首先,在上古时代"儒"是有关葬礼和守丧礼仪方面的专业人才。其次,他们并不直接从事生活所必需的生产劳动。墨子在描述"儒"的卑劣行为时说道:"夫夏乞麦禾,五谷既收,大丧是随,子姓皆从,得厌饮食。毕治数丧,足以至矣",以及"富人有丧,乃大喜曰:此衣食之端也"①。如果墨子的描述确属实情,可以说上古时代的"儒"在丧葬仪式中发挥着与现代牧师类似的作用。但是,正如梅贻宝所言,不同于基督教和佛教等有组织的宗教,中国本土宗教并不存在明确的神职人员。② 即使我们将墨子有关"儒"的描述视为墨家对儒家的诽谤之举而草草了事③,然而,在丧葬仪式中"儒"和巫师的专门技能之间的关联却暗示着"儒"的宗教起源。

将"儒"的主体视为上古仪式中的巫师——在商代具备天文宇宙等专业知识的贵族部落后裔——的观点因清末学者章炳麟而获得普及。此后这一观点又被胡适(民国初年五四运动中的杰出学者)所扩充。章炳麟在其随笔《原儒》中首次从语义的历史演变角度对"儒"的含义作了系统的考证。章氏认为"需"和"儒"在古语中被视为同一个字。因而,作为语义分类的"需"字可以视为"儒"最初含义的象形来源。④ "需"在《易经》的卦象中可以找到。《易经》第五卦——需在标准版本中被写作"濡"。而"儒"和它的双关定义——"濡"字之间的并列传统似乎有着"合理"的解释。在上古文本中,"需"、"濡"、"儒"等汉字都是可以互换的。根据《易经》的注疏,由乾卦(在底部)和坤卦(在顶部)组合而成的需卦表示云在天上,因而,需卦意味着天将要下雨。在《墨子》、《庄子》和《礼记》中,与"儒"具有密切关联、被称之为"濡服"的特殊礼仪服饰十分显著,⑤章氏由此断言上古的"儒"最初是具备天文宇宙等专业知识的巫师贵族

---

① 梅贻宝 1929:202—203 页。

②③ 同上:203n1。

④ 詹启华 1997:194—195 页。

⑤ 有关"儒服"一词,参看《墨子·公孟》、《庄子·说剑》、《庄子·田子方》以及《礼记·儒行》。

部落的后裔,并且进一步认定他们就是为商王朝祈雨的巫师。①

　　"儒"神秘莫测的起源在汉代典籍《论衡》中得到了进一步说明。有趣的是,充斥于《论衡·儒书篇》中的并非哲学论说,而是对上古圣王的出生和传奇故事的神秘解释。② 因而在古代典籍中"儒"的宗教意涵是显而易见的。此外,孔子离奇的身世、其母因梦而孕等传说更增加了"儒"的神秘感。与"嬬"、"孺"等汉字的语义关联暗示着"儒"可追溯到商朝的高贵血统。"儒"与"嬬"、"孺"等汉字的双关联系,正如卜弼德(Peter Boodberg)所言:"孺或小孩儿在中国古代历史典籍中具有某些特定的含义,它作为周朝官方语言中的一个术语,特指由妾而不是嫡妻所生的后嗣。"③换言之,尽管"孺"为妾所生,但他仍旧具备高贵的血统。至此,"儒"被描述为掌握礼仪技能的贵族后代。这种观点虽然具有重要意义,但却显得过于简单。

　　章氏将"儒"与巫师相等同,以及此后胡适在其《说儒》一文中将"儒"与西方传教士相类比等创造性观点,都无法在先秦典籍中找到明确的线索来论证它——"儒"的古老职业是主持仪式的巫师——的合理性。尽管如此,"儒"作为一个通晓天文、宇宙、国家政务和上古经典等知识的博学之士,其名声即使在《庄子》这类非儒典籍中也是显而易见的。据《庄子·田子方》记载,"周闻之,儒者冠圜冠者,知天时;履句屦者,知地形;缓佩玦者,事至而断"。庄子甚至和鲁国(一个被认为具有众多殷商遗民和儒士的国家)国君鲁哀公打赌,让哀公寻找穿着儒服并且通晓各种知识的真儒士。当哀公发布"无此道而为此服者,其罪死"的命令后,"号之五日,而鲁国无敢儒服者。独有一丈夫……公即召而问以国事,千转万变而不穷"。此外,在《天下篇》中,庄子言:"其在于《诗》、《书》、《乐》者,邹鲁之士(儒生)多能明之。"④"儒"在自然或宗教领域掌握大量知识的现

---

① 詹启华 1997:197 页。
② 参看《论衡·是应》或詹启华 1997:192—193 页。
③ 卜弼德 1953:《儒家核心观念的符号学研究》,329 页。
④ 参照梅维恒 1998:203—204、335 页。

象同样也透露出他们高贵的血统。随着商朝的灭亡,"儒"这类博学且掌握着礼仪技能的高贵群体开始散落、寄居民间,并且在此后的周王朝践行着延续殷商礼仪传统的先知使命。胡适在《说儒》(基于章氏的"原儒")一文中认为,幸存下来的"儒",同西方传教士一样,其责任不仅仅在于恢复殷商的丧葬礼仪,更在于宣扬古代圣王所践行的"道"。"儒"作为殷商礼仪文化传统的延续者,承载着多方面的责任。基于这些不同的责任,胡适将"儒"划分为三种类型。首先,"儒"作为一个"达名",指代那些掌握公认技能的博学之士,而这些技能包括葬礼和守丧礼仪等。其次,"儒"作为一个"类名",指代那些精通六艺并且负责教导百姓的周朝司徒官。最后,"儒"作为一个"私名",指代宣扬上古圣王所践行的"道"并且以阐述经典作为私人教学职业的一类人,也包括孔子在内。①

鉴于上古时代"儒"含义的多层次性,我们就不会对孔子的举动——教导他的弟子子夏不要成为一个"小人儒"(尽管知识渊博却缺乏道德)感到惊讶。"儒"和"小人儒"(因卑劣行为而招致耻辱)之间的关联不仅反映在墨家(与儒学相抵触的学派)的《墨子》等非儒典籍中。更为奇怪的是,在《荀子》这部儒家典籍中,"儒"字居然可以同表示懒惰、懦弱、胆小和愚蠢的"懦"字交换使用。② 与《论语》相似,"儒"在《荀子》中也被划分为"大儒"和"小儒"两类。除此以外,还有"俗儒"、"散儒"、"陋儒"以及"贱儒"等各式各样的"儒"。在探讨何以造就出一个"俗儒"之时,荀子对于"儒"的卑劣行为做出了一个与《墨子》相似的描述。荀子对俗儒——傲慢并且为了生计依附于他者——的描述与墨子对"儒"行为的说明相互呼应。但是,在荀子眼中,这些"俗儒"可憎的演说与墨子的行为没什么区别!③

在孔子时代,卑劣的"儒"作为一种普遍的笑柄也同样反映在《礼记》中。据《礼记·儒行》记载,孔子言:"今众人之命儒也妄,常以儒相诟

---

① 胡适 1953;2—3 页。对于胡适《说儒》的深入探讨,参看詹启华 1997,第 3 章。
② 参看《荀子》第 2 篇《修身》、第 6 篇《非十二子》以及第 19 篇《礼论》。
③ 参照德效骞(Homer H. Dubs)1966;《荀子》,110—111 页。

病。"鲁哀公在听到孔子对儒行的澄清、看到孔子的真诚之后,许诺"终没吾世,不敢以儒为戏"①。根据上引资料来推测,我们认为到孔子时代,通过他们特定的礼仪服饰,"儒"作为学者的代称是可以明确的。当然,这里所说的学者是包括了文人的一个宽广范畴。一些举止与"儒"的名号相符合的儒者受到了人们的尊敬,而那些打着"儒"的名号的人却因此受收到了羞辱。那些自命不凡的"小人儒"恰好解释了"儒"和"懦"(懒惰、懦弱、胆小和愚蠢)之间的双关联系。

但是,什么样的人才能称之为真正的"儒"? 根据孔子在《礼记》中的定义,"儒有忠信以为甲胄,礼义以为干橹;载仁而行,抱义而处。虽有暴政,不更其所……故曰儒。"②在这段文字中,"儒"指代世间具有各种道德品质和高尚行为的人,而并非那些由高贵血统所决定的特殊阶层。荀子进一步详尽地阐述了孔子对于"儒"的定义,将"儒"视为道德成就的顶点。这样一种获得最高道德成就的"儒","法先王,统礼义,一制度,以浅持博,以古持今,以一持万,苟仁义之类也,虽在鸟兽之中,若别白黑;倚物怪变,所未尝闻也,所未尝见也,卒然起一方,则举统类而应之,无所儗㤰,张法而度之,则晻然若合符节,是大儒者也"③。

简言之,尊崇古代圣王的道德遗产和重视仁、义、礼等美德毫无疑问是成为"儒"的基本条件。参照胡适有关"儒"的三层定义,我们暂且做出如下的结论。首先,"儒"是一个普遍的称谓,它被授予所有博学并且掌握技能的人。其次,"儒"是一个阶层或一种职业,他们在丧葬礼仪以及六艺等方面具有专门的知识。最后,"儒"作为一个专有名词或一种思想学派,它以孔子作为最杰出的代言人,它对上古圣王和经典,尤其是对世人的道德成就和高尚品行表现出坚定的尊崇。虽然"儒"的起源既模糊不清又万分神秘,但到孔子时代已经明确地呈现出一种道德特质,也就是将其自身的存在定位为"以古鉴今"。此后我们可以看到,在外敌入侵

---

① 参照理雅各 1967;II,409—410 页。
② 同上;405、409 页。同样的内容也出现在《孔子家语》第 5 篇《儒行解》中。
③ 参照德效骞 1966;111—112 页。

之时,"儒"对于传统(包括文化和礼仪)的尊崇相应地转化为对中华文化的最终守护,"儒"也因此成为中国性的同义词。

"儒"、国家和中国性

赋予上古的"儒"以道德特质(作为一个有文化有道德的人)是孔子的独特贡献。但是,在孔子死后,"儒"的确切含义仍然模糊不清。"儒"含义的多样性在先秦典籍《韩非子》之《显学》篇中有所反映,"自孔子之死也,有子张之儒,有子思之儒,有颜氏之儒,有孟氏之儒……儒分为八"。尽管如此,传承到秦朝,儒以其知识之渊远,尤其凭借对上古祭祀和礼拜仪式的正确掌握而扬名,并且受到统治者的重视。虽然有着反儒态度并且实施过反儒政策,但史书明确记载秦始皇于公元前 219 年为了封禅泰山而向 70 名儒生询问过祭天礼仪,以求获得天命而集帝国权力于一身。[1] 公元前 213 年,秦始皇颁布了臭名昭著的焚书令,要求烧毁除秦朝官方史书以外的一切历史记载,禁止私人传播如《诗经》、《尚书》以及诸子百家的典籍,并且宣称以古非今者将受到残酷的刑罚。此后不久,460 名学者被活埋。[2] 由于"儒"同他们所钟爱的上古之间存在着密切联系,因而这群惨遭杀害的学者被称之为儒生。

足够有趣的是,服务于以严苛的法家思想为导向的秦帝国的 70 名儒生却幸免于难,并且可以不受私藏典籍禁令的限制。我们可以看到,由于"儒"对上古礼俗的掌握,即使是中国历史上最具反儒特质的秦帝国也仍然认为他们是不可缺少的。正如葛瑞汉(A. C. Graham)所言:"儒"的优势在于作为上古礼俗的传承者,他们被视为中华文明的守护人,并且由此掌握了将自身与其文化身份合二为一的钥匙。[3]

在上古典籍遭受秦王朝的毁灭式破坏后,继任的汉王朝开启了恢复

---

[1]《史记》卷 6;转引自葛瑞汉 1989:《论道者:古代中国的哲学辩论》,32 页。

[2] 同上:32—33 页。

[3] 同上,33 页。

文化典籍和重用儒生的新阶段。鉴于儒生对上古的钟爱,他们自然得以凌驾于其他所有学派之上。汉,这个由中华原生特质衍生出国号的王朝,预示着"儒"与国家间复杂关系的开始。公元前 2 世纪,汉帝国政府开始设立太学。在太学中,儒生被专门授予收集、保存和翻译古代经典的职责。随着"科举制度"的进一步完善,帝国官员的任官资格开始依据他们对经典的掌握程度来评定。儒学由此成为官方的正统学说。尽管"儒"与国家之间的亲密关系自西汉以来一直延续到晚清,但是"儒"既不等同也不完全依赖于国家力量。即使在儒学处于全盛时期的宋朝(960—1279),儒家士大夫在决定国家政策时也并不握有实质性的权力。权力掌握在世袭的皇室手中。在全盛时期,"儒"可以作为道德顾问或国家的良知而发挥作用;但在低迷时期,"儒"又被当做国家官僚政治的奴仆来对待。事实上,仔细观察"儒"在国家政治中的实际权力,我们可以清楚地看到"儒"的支配地位和某些时期处于国家政治边缘之间的悖论。尽管如此,随着"科举制度"的进一步完善以及西汉太学的设立,"儒"的地位开始与国家复杂地缠绕在一起,不论是好是坏。

自西汉起,由于儒学顾问董仲舒的极力推荐,朝廷开始将儒学作为官方学说,并且取消了太学中的其他所有学说。但在此时,儒学的范围尚未得到大致的确认,儒生与实际政治权力之间的直接联系还较为有限。在汉代,进入官场的途径,除了更为传统的方式——凭借与皇室或贵族的直接关系——大体上取决于高层官员的推荐,一旦获得推荐就可以进入太学学习经典。而此时的"科举制度"更多的是充当着一种对被推荐人进行排序和分类的机制,而并非录用机制。[①] 只有少数的学者可以通过这种方式得到选拔,但他们的职务通常是"学理型的"。也就是说,他们多半负责保存、翻译经典以及记录官方历史等事宜。尽管汉帝国给予了儒学以特权地位,但儒生在国家政治上的影响力依旧微乎其

---

① 参照柯睿格(E. A. Kracke Jr)1957:《科举制中的地区、家庭与个人》(《中国的思想与制度》),253 页。

微。实际上,将儒学确立为官方正统学说的汉武帝时常对傲慢的儒生表现出不耐烦并且背离儒学所倡导的德治。而他所实施的政策也往往被认为与信奉法家思想的秦始皇如出一辙。[1]

直到公元 655 年,在女皇武则天(首位也是唯一一位)统治下的唐朝,科举制度才第一次成为大规模录用人才的机制。根据柯睿格(E. A. Kracke)的统计,在公元 655 年之前的唐朝,每年被选拔的男子从未超过 25 人,平均每年通过科举考试的不足 9 人。[2] 而在武则天统治时期,通过科举考试的候选人多达 44 人。这一增长对于同皇室不存在任何关系而得以参与统治的儒家士大夫而言具有重要的意义。此外,唐朝的儒学在以下两个方面获得了十足的发展:首先,以儒家经典为基础的科举考试成为一种大规模录用人才的机制,取代了为国家官僚政治服务的内部排序机制;其次,所有的政府官员与皇帝共同参加每年祭祀孔子的国家级典礼,在敕建的庙宇中孔子被尊奉为"至圣先师"。

尽管这些在公元 7—10 世纪的唐朝、具有重要意义的发展值得去记述,但"儒"的影响仍旧处于边缘化。在唐朝(公元 618—906 年),如同其他所有汉朝之后的短命王朝一样,帝国政府受到佛教和道教影响力的控制。另外,唐朝的许多皇帝钟爱着外来游牧民族的乐曲和服饰。[3] 唐代儒学的衰落情景生动地展现在官方史书之中,书中写道"近代重文而轻儒,或参以法律,儒道既丧,淳风大衰"[4]。在实际政治权力方面,"儒"的影响力在 11 世纪科举制度改革之前高于国家的政策,而在改革之后则完全处于学术化和边缘化状态。在历史书写方面,尽管"儒"在国家政治中处于边缘地位,但在传统的王朝历史中却占有独特的位置。在这里,儒学与德治的关联从未受到过质疑。由于精通上古礼俗,"儒"被视为中华文化的守护人。毫无疑问,编写王朝历史的正是这些御用的儒生。从

①　参照德效骞译 1944:《汉书》,II,348 页。
②　柯睿格 1957:253 页。
③　参照牛志平(Niu zhipin)1995:131—144、138—139 页。
④　参看《旧唐书》卷 139《儒学上》。

整个历史来看,尽管"儒"在国家的实际政治中处于边缘化状态,但帝国政府仍然许可了这样一种持久的表述方式,即将儒学视作文化秩序的象征。

在宋代(960—1279),儒学实现了自汉代以来的首次复兴。值得注意的是,宋代儒学的复兴与汉代儒学强调对经典的学习不尽相同。宋代的道学和理学——西方称之为"新儒家主义"——由于二程兄弟(程颐、程颢)、朱熹,特别是《四书》而获得普及。由朱熹本人编定的儒家《四书》包括了《论语》、《孟子》、《大学》和《中庸》,其中后两部源自《礼记》中的某些章节。由于自汉代至唐代以来,就最低限度而言,"儒"的身份主要通过他们熟稔经典的形象而获得定义,这种形象展现在历代王朝正史的《儒林传》中。因而,朱熹倡导以《四书》取代《五经》实际上是对汉代儒学的一次重大背离。在汉代,太学博士基于至少对一部经典的通晓而得到选拔。而隋朝——公元 6 世纪末至 7 世纪初的短命王朝——首次设立了名为儒林郎的官职来负责阐释经典。这个通晓经典的官职也被此后的元(1279—1368)、明(1368—1644)、清(1644—1911)三朝所沿袭。总之,在历代王朝的认知中,"儒"和研习经典密不可分。然而,在宋代,这种传统转变为对儒家《四书》的掌握,这可以视为儒学由一门古老学问向更为狭隘的、孔子所定义的"儒"的转变。在这一转变过程中,正统儒学的传播途径得以清晰地展现出来。① 实际上,在汉朝到清朝的所有正史中,具有典范性的儒生传记都被编排在同样的章节中。只有在宋代的正史中,"儒"才被划分为道学和理学两个不同的章节。而宋代的道学可能是一种不同于儒学的独特范畴。②

宋儒对正统儒学的定义反映了他们对儒学纯度的关注,这也是应对道教、佛教势力不断上升的一种举措。有趣的是,学者们普遍认为宋儒的道学和理学实际上是吸收了道教和佛教思想的混合产物。由此,儒学

---

① 有关宋代儒生对于儒学道统的阐释,参看魏伟森(Thomas A. Wilson)1995:《道统:晚期中华帝国儒学传统的建构与运用》,附录 A、B。

② 参看《宋史》或卜弼德(Peter K. Bol)1987:《求同:女真族统治下的汉族文人》,468 页。

开始关注宇宙、事物内部运行的一般模式、太极乃至人与天地的充分结合等等。[①] 周敦颐(二程兄弟的老师)、张载、朱熹等杰出的宋儒在年轻的时候都曾研习过佛学。[②] 但是,在宋儒的言论中,道教和佛教都被视为异端学说,前者教授骗术而后者断绝家族血脉。而在宋代的道学中,不仅非儒学说被视为异端,包括汉儒和唐儒的早期儒学也被剔除出宋代的道统论。在宋儒的建构下,践行上古圣王德行的正统儒学被视为由孔子及其杰出的弟子(不包括荀子,由于他的两个弟子被视为法家学说的代表)直接传承至宋儒的道学。

宋儒定义下的道学从公元 14 世纪—20 世纪早期一直在儒学中占据着主导地位。但是,在历史上占据主导地位的道学却有着一个极具争议的开端。12 世纪 80 年代,与朱熹同时期的两位学者抨击道学过于虚伪。公元 1196 年,道学更被贴上了"虚假学问"的标签,朱熹本人也因十项罪名而受到弹劾。公元 1199 年,朝廷免除了朱熹的官衔和优待,并将其贬为庶民。直到公元 1209 年,也就是朱熹死后的第九年,他的谥号才被确定为"文"。公元 1313 年,在后继的元朝,由朱熹注解的《四书》和《五经》通过帝国法令正式成为官方对经典的标准解释,并且成为此后科举考试的基本内容。[③] 但是,并非所有的儒生都赞同道学对儒学的狭隘定义。直到公元 1255 年,宋代的道学仍然因为将圣人的"道"视为唯一的学问,以及通过吸收佛教来改造儒学而受到同时期儒生的批判。[④] 简单而言,朱熹的正统儒学——道学或新儒学也曾一度被视为异端学说。

经过魏晋隋唐以来几个世纪的沉寂,到了宋代,人们对于儒学的兴趣开始上升。在 11 世纪早期,朝廷改革了科举考试制度,并相对地给予

[①] 有关宋代儒生与佛教衣钵传承之间的关联,参看魏伟森 1995:114 页。有关宋代道学和道教的关联,参看陈荣捷(Wing-tsit Chan)1963:《中国哲学资料集》,460 页。

[②] 参看陈荣捷 1963:462、496 页或 1986:《朱熹和新儒家》,595 页。

[③] 参看陈荣捷 1986:499—600 页;魏伟森 1995:39—40 页。

[④] 例如金朝儒生元好问、王若虚对于宋代道学的抨击,转引自卜弼德 1987:532、n258。

文人以自由和公平来获取功名。因而,宋代每年有超过 200 名的考生得以获取进士功名。与前朝平均每年 25 名相比,这是一个引人注目的攀升。① 而儒学士大夫人数的显著增长同样也创造了一个空前的比例。据统计,在 13 世纪中叶,约有 40 万文人参加了朝廷兴办的书院或考试。② 科举考试录取名额的增加也为儒生在私学中创造了更多的授业机会。这种地方共同体的扩大,相应地为上流阶层的出现以及将儒学精英有关道德伦理的言论(作为其自身社会地位的标识)传播到半文盲式平民的日常生活中打下了基础。

儒学制度化的冲击超过了增加科举录取名额的影响。本杰明·艾尔曼(Benjamin Elman)认为儒学的冲击表现在政治、社会和文化三个不同的领域。在政治领域,科举考试具有双重功效:首先,通过参加公平的考试,文化精英的特权身份由此得到了客观的确认;其次,通过确认文化精英的身份,国家相应地获得了统治的道德权威和政治上的合法性。此外,从 10 世纪末期开始,宋代的皇帝通常都作为殿试的主考官。由此象征着所有获取功名的考生都必须对世袭的皇帝回报以政治忠诚。③ 在社会领域,作为科举考试副产品的特权身份有助于巩固那些依赖男性后嗣在文化经典研习上不断投入的特权阶层,而研习经典又与通过科举考试参与政治密不可分。④ 此后,“文”和“政”开始成为男性精英性别身份中的主要组成部分。最后,在文化领域,通过对古代经典的解读,科举考试抬高了官方语言并且造成了“儒”与“非儒”甚至是汉族与非汉族之间不平等的地位。⑤ 然而,文化的不平等也可以被某些事物所抵消。即通过科举考试这种手段,国家能够统一考生(深受儒家文化熏陶)的民间意愿,尽管地方语言和风俗极具多样性。总之,儒学通过科举考试这一主

① 柯睿格 1957:254 页。
② 卜弼德 1987:470 页。
③ 艾尔曼 1991:《政治、社会与文化的重建:晚期中华帝国的科举制》,13 页。
④ 同上:17 页。
⑤ 同上:22 页。

要途径在政治、社会和文化等领域获得了重生,并且最终将中国文化和中国特性紧紧地捆绑在一起。

公元1279年南宋灭亡以后,在元朝蒙古人的统治之下,自由竞争的科举考试被暂停,并一直持续到公元1315年。蒙古王室更多地依赖于军事力量去维持松散的政治体系,他们将儒家文人视为无用的社会剩余,与被征服的、不能委以政治权力的汉人相类似。鉴于由外族入侵者建立的两个短命王朝——辽(公元916—1125年)和金(公元1115—1234年)的迅速衰亡,蒙古统治者对儒家文人表现出极度的不信任。忽必烈就曾认为辽、金衰亡的主要原因在于"辽过度地推崇佛教而金过度地信赖儒学"①。在元朝最初的稳固时期(13世纪30年代后期到14世纪初期),"儒"自我宣扬的社会角色如政府道德顾问等被抛置一边。相反,"儒"被归入一种称之为"儒户"的户籍,他们具有免除较小的诉讼、劳役和大部分赋税等特殊优待。而成为"儒户"的资格,首先必须是宋朝高等功名持有者、太学士或高级官员的直系后代;其次,他们必须通过国家的考试来证明自己的文化才能。② 在元朝,"儒"被降低为世代相传的私人荣誉的标识。

蒙古统治者甚至认为有关儒学的政府机构以及被儒家文人定义为传统王朝典范的社会秩序只是一种"汉法"而非"民法"。③ 在此,"儒"与汉人文化之间的关联开始呈现出来。在蒙古统治之下,汉字逐渐成为一种道德的认同。公元1315年,当元朝政府恢复科举考试作为选拔机制时,一种配额体制被附加到蒙古人、色目人、汉人(北方汉族人)和南人(南宋移民)等以种族和地域为归因的四个等级之中。④ 每个等级大约平均分得21个进士录取名额。⑤ 显然,由于人口相对较少,这种配额体制

---

① 卜弼德1987:528页。
② 达第斯(John W. Dardess)1983:《儒学与专制:明王朝建立时期的专业精英》,14—16页;或参看卜弼德1987:527页。
③ 卜弼德1987:535页。
④ 柯睿格1957:263页。
⑤ 同上,但达第斯得出了一个稍许不同的数据。根据其统计,在公元1315年,元朝录用进士汉人25名、南人25名,平均每年大约录用70名进士。参照达第斯1983:17页。

的设立完全是为了保障蒙古人和色目人的利益。此外,汉人不可以获得
状元头衔,状元只能授予蒙古人。[①]

尽管元朝政府将各种限制强加于汉儒,但在历史叙述中,儒学的意
涵超越了"汉"的种族身份。除此之外,"儒"意味着圣人对于社会秩序的
一种文化理念。"儒"作为一种以文化为基础的群体,清晰地表现在金朝
女真人接受儒学并将其视为能够保护自身种族特性的文明理念之上。
根据卜弼德有关汉族文人和女真统治者之间关系的研究,女真统治者对
于士大夫文化的接受和屈就应当被视为开化政策中的一部分,而不是一
种中国化进程或在种族上演变为汉人。[②] 在女真人的统治下,生活在北
方的汉儒不仅直接面临政治忠诚的问题,同时也面临着存续文化传统的
问题。通过倡导"文"——礼仪文化,汉族文人和女真统治者最终寻找到
他们共同的立场。[③] 在卜弼德的归纳总结下,"文"具有四层内涵:首先,
"文"代表着一种与使用政治力量的"武"相对立的统治模式。其次,它表
示一种使用权力的文明方式。例如怀揣着对秩序的向往,通过儒家的礼
和乐等方式进行的人道统治。第三,它涉及上古的文化传统和中华文明
的经典。最后,它标志着某人的文化成就或是在诗文写作方面的技艺。[④]

在女真人统治之下,通过倡导文治,儒学在政治、社会和文化等领域
获得了重生,儒学地位的上升也给女真统治者带来了道德上的合法性。
换言之,"儒"既是民间意愿的守护者,同时也是"文"的守护者。对于一
个政权的道德合法性而言,这是必不可缺的。通过接受儒学,女真人变
得文明了。女真人对于儒家礼仪典范的本能渴望在1191年的法令中进
一步表现出来。在这部法令中,金朝的皇帝宣布禁止"称呼女真人和女

---

① 例如,在忽必烈统治时期没有一个汉人担任政府首脑(帝国最高的文职官员),所有的政府首
脑均出自蒙古贵族。参看达第斯1983:104页。此外,魏伟森指出:在元朝前半期,汉人只能
充当政府中的吏,而不是官。参看魏伟森1995:50页。
② 卜弼德1987:483—493页。
③ 同上:469页。
④ 同上:488—493页。

真语言为藩"①。与此相反,蒙古人则明确反对作为"汉法"的儒学,同时也反对文治和上古的文化理念。

在蒙古人统治的时代——"儒"的身份被降低为新税收制度下享受特殊优待的户籍单位并且失去了任何道德或大众功能,自我标榜的汉儒将如何自处? 根据王祎《元儒》——一篇写于元末、批判反思儒学起源的文章——所论,"儒"精通于各种学问,而唯一真正的学问来自"圣贤"。②一个真正的"儒"应该向周公或孔子那样,不仅能够指导学问本身,而且能够使经典学问在国家事务中发挥影响。换言之,一个真正的"儒"并不仅仅是国家官僚政治中的古典理论学者或办公职员。相反,他必须是一个应用型的伦理学家、国家的精神抚慰者。根据王祎的定义,在他的时代存在着大量名不副实的无用之儒。与荀子对各种鄙儒的批判相呼应,在王祎看来,这些自命不凡的无用之儒虽然穿着儒服、通晓经典并且能够属文赋诗,但却远离国事、对于时弊毫无切实可行的解决之道。"如果你向这样一个无用之儒询问国事,他会回答说:'我是一个儒,并不熟悉国事。'或者他于国事有所接触,但却毫无主张,他则会说:'我是一个儒,无法处理这些事。'"③从王祎对同时代的"儒"的批判中,我们应该清楚地认识到,"儒"的内涵和社会角色必须超越那些不问国事的、古典理论学者般的办公职员。可以说,"儒"代表着事物的较高秩序,也就是国家的道德良知和圣贤的文化理念。

王祎将真正的"儒"理解为一种道德范畴,这与宋濂在《七儒解》中的阐释相得益彰。宋濂,另一位 14 世纪杰出的"儒",从 1360 年直到 1377 年去世,他最终在明王朝创建初期身兼多个高级顾问的头衔。宋濂认为,"儒"并不仅仅只有一种含义。他将"儒"划分为七种不同的类型,包括"游侠之儒、文史之儒、旷达之儒、智数之儒、章句之儒、事功之儒以及

---

① 引自卜弼德 1987:536 页,相关翻译稍作调整。
② 引自詹启华 1997:170 页;达第斯 1983:22 页。
③ 引自达第斯 1983:23 页,相关翻译稍作调整。

道德之儒"①。在宋濂看来,"道德之儒"才是"儒"的最高表现,他们以孔子所倡导的五德(仁、义、礼、智、信)和五伦(父子、君臣、夫妻、兄弟、朋友)作为处世的准则。② 由此,"儒"被 14 世纪的学者们理解为一种基础性的实用道德,它专注于培养家庭和政治领域中的、良性的人际关系。

明朝的创立者朱元璋虽然任用宋濂作为他的顶级顾问,但他对于科举考试却持有高度的怀疑。在朱元璋当政时期,朝廷只在公元 1371 年举行过一次科举考试。公元 1373 年科举考试被废除,之后在 1384 年又得以恢复。③ 平均每年有 30 名考生获得进士功名④,这与元朝平均每年 21 人相比只是一个轻微的增长。到 17 世纪中叶明王朝统治的最后一个世纪,平均每年获取进士功名的考生增加到 110 人。⑤ 如果考虑到帝国人口在 15—17 世纪由 6500 万到 1.5 亿的急剧增长,那么,17 世纪科举考试录取名额的增加就显得微不足道了。⑥ 如果将 17 世纪明朝年平均 110 名的录取量与 13 世纪宋朝年平均 220 名相比,我们可以清楚地看到,政府对于儒学的扶持力度呈现下降的趋势。

在清朝——中国历史上的最后一个王朝,政府对于儒学的扶持力度持续下降。而这个由满族人统治的王朝却曾经将前明的衰亡归咎于大量学子被限制参加科举考试。⑦ 在清朝的科举考试中,平均每年获取进士功名的考生仅仅增加到 120 人。⑧ 而持续增长的人口到 18 世纪末已然达到了 3 亿之多,这进一步加大了科举考试的竞争力度。⑨ 由于清代进入官场的途径相对有限,部分试图融入清朝统治阶层的文人因而受到了较大的挫折。在清朝,科举考试的形式变得更加僵化。为了应对数额

---

① 宋濂 1970:《七儒解》。有关此文的论述,参看达第斯 1983:158—162 页;詹启华 1997:171 页。
② 宋濂 1970:《七儒解》。
③ 魏伟森 1995:51—52 页。
④ 达第斯 1983:17 页
⑤ 柯睿格 1957:263 页。
⑥ 参照艾尔曼 1990:《经学、政治与宗族:晚期中华帝国之常州今文学派研究》,16 页。
⑦ 艾尔曼 1991:14 页。
⑧ 柯睿格 1957:263—264 页。
⑨ 艾尔曼 1990:275 页。

庞大的考生,能力的考查范围也受到了诸多限制。在 15 世纪后期的明朝,首次实行的应试标准文体被称之为八股文,这种文体实质上限制了文人的创造力。[①] 出题意图也由考查应试者对于社会政策的把握能力转变为对《四书》文句(基于朱熹的注解)的解释。[②] 基于以上变化,可以说明代的"儒"已经沦落为荀子和王祎所谓的"无用之儒"了,他们局限于背诵经典和属文赋诗,并不实际参与国政。

清朝政府通过僵化的应试文体和狭隘的正统儒学创造出这类"无用之儒",他们最多只是一种专业工具或办公职员而并非全面参与国政的高级顾问。在私学中,晚明部分文人的日益受挫最终推动了汉学的复兴。汉学是对汉代学问的回归。文人们开始注重研习汉学以代替受到清朝政府扶持的宋代道学。这种表面上改变儒学研究方向的举动,不仅仅源自求知欲望,它更是通过传播经典文本、挑战政府权威的政治行为。这一举动反过来使人们意识到政治合法性的源泉不仅在于政府,同时也在于儒家文人。[③] 在帝制中国,学问和文章在本质上是从属于政治的。也就是说,自汉代起,经典学问就与政府对于文治的象征姿态紧紧缠绕在一起,因而它也宣示了政府统治的合法性。清朝文人回归汉学的举动可以视为上层士人反抗异族统治的一个符号。"汉"字的意涵远远超越了公元 2 世纪那个逝去的王朝,此时此刻,它更是汉人种族特性的标识。儒家文人的自我反思行为——将儒学重新定义为汉学并以此抗衡政府扶持的道学——也是对于汉人早期传统的回归和再利用。

在 16 世纪的中国,儒学与汉人种族特性或中国性之间的关联也清晰地反映在耶稣会传教士早期的迂回政策中。为了实现自身的本土化,传教士在利玛窦的领导下,由最初的佛教僧侣角色逐渐向儒学靠拢。起初,早期传教士被佛教在民间的影响力所震撼。正如利玛窦看到的那样,在 16 世纪末期佛教僧侣的人数已经达到两三百万之多。这种认识

---

① 魏伟森 1995:53 页。
② 同上:36、52 页。
③ 艾尔曼 1990:"序言",21—23 页。

误使传教士将佛教僧侣的装束视为中国特性的标识。在接受佛教僧侣的装束作为传教士的迂回政策之后，公元1584年，利玛窦骄傲地宣称"我已经成为中国人了，从我们的穿着、我们的书籍、我们的习惯，从一切表面特征来看，我们已经使自己变成了中国人。"①尽管在民间颇为盛行，但由于自身的社会角色（丧葬仪式中的牧师）以及作为印度信仰的外来起源，佛教僧侣在中国社会上仅仅处于边缘地位。

实际上，佛教僧侣在中国被称之为出家人。中国人认为他们完全没有家族的纽带，也因而将他们归于社会生活的基本准则之外。在流行的小说和戏曲中，寺庙和道观通常被描绘为藏污纳垢之所。由于接受了佛教僧侣的装束，传教士也同样被视为边缘的、邪恶的。因而，他们试图转化为社会所崇敬的文化精英的努力毫无进展。公元1595年，传教士果断抛弃了他们的僧侣装束，开始向"儒"的身份转变。"儒"就是为社会所崇敬的文化精英的身份，也是中华礼仪的规范性表达和中国特性的标识。利玛窦在1608年的日记中写道：只有文人的传统才"适宜于中国人"②。换言之，"儒"成为传教士超越种族、文化界限的一种途径，以致成功克服了基督教之于中国文化的"外来性"，乃至传教士之于中国人的"外来性"。耶稣会传教士借用儒学这一中国古代文化的圣神主题而实现了本土化，或者说他们变得文明了。在传教士或他者眼中，"儒"就是中国性的同义词。

综上所述，耶稣会传教士接受"儒"的身份并由此被中国文人视为"儒"的可行性表明，确如詹启华所言，"儒"是一种"多层解释的标识"，它既不是冻结于过去的、统一不变的学说，也不是仅仅局限于汉族文人的民族性行为。③ 相反，在最低层面上，"儒"表示某人加入到了学习经典的共同体中。而这又至少象征着如下几点：首先，它是圣贤的学问（因而，"儒"代表着中国的最高文化）。其次，为孔子举行国家级的祭祀表明了

①引自詹启华1997:43页。
②同上:49页。
③同上:53页。

儒学的地位以及政权的合法性(因而,"儒"意味着儒家文人与国家间的复杂联系)。第三,人道统治的文明理念强调了统治者和由父子、夫妻、兄弟等亲属关系构成的民众之间的相互关怀和彼此义务(因而,"儒"代表着一种家、国礼法的类比)。第四,在巫师、人类和大自然共享的关联假设中,祖先被敬奉为神,神也被视作祖先,而作为典范的圣人则体现着天、地与人的和谐统一(因而,"儒"也代表着一种关联宇宙观和内在的宗教情感)。最后,在终身奉行的自我修行下,具备道德的自我被定位在仪式化共同体内的、始于亲子的人际关系网中,在这里,孝道成为人性的道德展现(因而,"儒"意味着道德伦理)。① 总之,"儒"作为汉族特性的神话,正如郝大维(Hall)和安乐哲(Ames)概括的那样,它并不是一种孤立的学说或思想形态,而是对汉族(包括血统和历史上的)"礼"的生活、思考方式的一种持续不断的文化叙述。②

典型的"儒":儒家道德伦理中的"仁"

在上文中,我们已经对"儒"模糊不清、错综复杂的含义进行了详尽的阐释。然而,我们仍需进一步考察这个由儒学构成的独具特色的伦理概念,以便将"儒"或"儒家伦理"明确作为一种话语的、概念的范畴。上文对于"儒"模糊不清、错综复杂的含义的探讨并不是要将"儒"浓缩为一连串不受时间限制的"核心要素",而是试图将传统叙述中确认为"儒"的独特伦理观念假定为"儒家的"。也就是说,要探寻将"儒"的复杂传统与中国思想史的独特传统紧紧捆绑在一起的结点。只有通过接近"儒家的"伦理观念,我们才有可能进入"儒学"以及它与日常生活中性别压迫之间的内在联系。

学者们普遍认同将"仁"这种理念作为孔子学说的核心。因而,就字

---

① 有关"儒"的其他含义,参看詹启华,同上。
② 有关汉族身份的虚构,参看郝大维、安乐哲 1999:《死了的民主:杜威、孔子和中国民主的希望》,第一章。将儒学作为一种文化叙述的阐释,参看安乐哲 1999:《新儒学:对西方哲学的本土反应》,23—52 页。

面含义而言,它是"儒家"的专有名词。"仁"是儒家人格中最具典型的特征。在儒家的理念中,"人"这个概念是可以与"仁"这种美德互换的,因而,"人"是一种完善的道德范畴,而不是先验的本体论范畴。在儒家世界里,"人"意味着某人在终身的自我修行或自我精进中获得的道德成就,而这一切都与自我密不可分。这里不存在将自我或性别作为本体论范畴的假设,或者说不存在将现代平等理念衍生出的奉献作为人的本性的假设,也没有将建立在性别层级(被证实为合理的)基础上的奉献作为性别特性的假设。在儒家看来,人更是复杂的人际关系网中一个独特的成功案例。这个人际关系网始于人类最为基本的单位——家。也就是说,鉴于"仁"这种美德与关系中的自我之间的可互换性,某人的仁慈和礼貌就是已然获得的美德。在最为基本的人际关系中,恪守孝道和维系亲子关系是做人的最低要求。在儒家伦理中,"人"标示着某人的存在和道德成就,或者借用西蒙·波伏娃的名言,"女人并非生而为女人,女人是由后天塑造而成的"。在儒家的语境中,我们可以说,人并非生而为人,人是由后天塑造而成的。但是,即使被称之为人,也不一定能够达到做人的最低要求。人性的脆弱需要将自我彻底视为教化中的存在而不断地接受锤炼,尤其是通过对"文"和"礼"的学习。

在理论层面上,儒家以德行为基础的人格标准表面上看来对男女两性同样适用。但在历史和社会实际中,鉴于某种结构限制,女性的确无法拥有、也不存在完整的人格。这种结构限制源于以性别分工为基础的内外理念。然而,在详细考察性别不平等问题之前,我们首先需要全面理解儒家的人格理念,也就是将"仁"这种美德视为儒家道德伦理中最具典型的代表。在下文中,我们将首先从经典和先秦文本内找寻"仁"这种理念,然后再探讨它在儒家《四书》中的转变历程。在《四书》中,"仁"这种美德转变为儒家复杂人际关系网中成功人格的专有概念。

正如学者所论,"仁"作为孔子学说的核心观念是毋庸置疑的。① 在

---

① 例如,陈荣捷 1975:《中国和西方对于"仁"的阐释》,107 页。

汉字中,"仁"的出现实际上比较晚。根据林毓生的研究,在现已发现的甲骨文和金文中没有出现"仁"字,它的出现应该晚于西周(公元前1122—前771年)。① "仁"在《尚书》中出现了五次,在《诗经》中出现了2次,而在《易经》中出现了8次。② "仁"在上述经典中的边缘性和它在《论语》中的核心地位形成了鲜明的对比。在《论语》中,"仁"的出现超过了100次。③ 尽管"仁"这一概念并非孔子所创,但"仁"在中国传统文化中的核心地位却由孔子及其杰出的传人所塑造。正如中国学者方英贤在《"仁"的起源》中写道,"孔子的学说被普遍称之为'仁的学说'"④。因而,试图理解儒学或它最杰出的代言人——孔子的任何努力都必须始于最具特色的"儒家"伦理概念——"仁"。

首先,在儒家有关人类或"人"的理念中,"人"这一概念与作为典范的男性本身之间并不存在预设的一致性。在当代女权主义者对西方标准的批判中,男性的理智与女性无约束的情感之间的二分法是一种普遍的预设。西蒙·波伏娃在她的女权主义先锋著作《第二性》中写道,"两性的关系不是正负电极、两极的关系:男人同时代表阳性和中性。女人是作为负极存在的,凡是限定词对女人来说都是限定,没有互逆性",以及"人类是男性的,男人不是从女人本身,而是从相对男人而言来界定女人的,女人不被看做一个自主的存在"⑤。男性可以代表普遍的人类和理想,女性却只能依据缺乏与理想的联系而被定义。亚里士多德更直率地认为:"女性是男性的变体。"⑥

"理性"、"卓越"、"公共"和"自主"等与男性相关的特质凌驾于"感

---

① 林毓生(Lin Yu-sheng)1974—1975:《前孔子时代"仁"含义的演化以及儒家的道德自律》,172—173页,n3。
② 陈荣捷 1975:107页;林毓生,同上。
③ 陈荣捷,同上。
④ 方英贤(Fang Ying-hsien)1976:《"仁"的起源:从〈诗经〉到〈尚书〉之"仁"的概念演变》,22页。
⑤ 参照波伏娃 1989:21—22页。
⑥ 乔纳森·巴恩斯(Jonathan Barnes)1984:《亚里士多德全集》;参照《动物的繁衍》737a,28—30页。

性"、"含蓄"、"私有"、"自然"等与女性相关的特质之上,这样的特权地位时常被现代女权主义者诠释为性别压迫的理论依据。吉纳维芙·劳埃德(Genevieve Lloyd)在《男人的理性:西方哲学中的男性和女性》中认为,"理性与它的对立面之间的层级关系……已经毫无疑问地加大了对与女性相关事物的贬低"①。换言之,在西方,性别概念和"人"的概念都被解释为本体论范畴。这种本体论通过先验的男女性别特征以及男性代表理想、女性缺乏理想的特质而定义。

与西方不同,儒家有关人类或"人"的理念作为一种道德范畴是由某人的实际成就而非男性的性别特质所确定的。因而,首先在最基本的语言文字层面上,汉字中用来表示人们或人类的"人"通常具有中性色彩。也就是说,在一般文学和象征意义上,"男性"和"人类"之间并不存在过多的区分。而在汉语中,普遍意义上的男性通过另一个完全不同的汉字——"男"或"夫"来表达。此外,在中国,性别往往与社会角色而不是男性或女性气质相关联。关于这一问题,我们将在第四章中作详细的阐述。其次,儒家"人"的理念与"仁"这种美德紧密相连。从词源学角度来看,汉学家卜弼德认为"仁"不仅是一种派生,实际上在中国古典文学内"仁"与"人"完全被视为同一个字。② 而在《中庸》和《孟子》中,"人"也被表述为"仁者人也"、"成己仁也"。③ 在复杂的人际关系网中,"仁"更是一种成功的道德表述。正如汉字"仁"是由人(指代人)和二(指代复杂的人

---

① 吉纳维芙·劳埃德:《理性的人:西方哲学中的'男性'和'女性'》,10 页。有关女权主义者对西方哲学的其他批判,参看桑德拉·哈丁(Sandra Harding)和(Merrill B. Mintikka)1983;格里姆肖(Jean Grimshaw)1936;莫文娜·格里菲斯(Morwenna Griffiths)和玛格丽特·惠特福德(Margaret Whitford)1988;路易丝·安东尼(Louise M. Antony)和夏洛特·维特(Charlotte Witt)1993;巴特·奥米巴安(Bat-ami Bar On)1994 以及珍妮特·克莱姆(Janet A. Kourany)1998。心理学上有关"女性"性别特质的探讨,参看南茜·乔多罗(Nancy Chodorow)1974;卡罗尔·吉利根(Carol Gilligan)1982 以及内尔·诺丁斯(Nel Noddings)1984。
② 卜弼德 1953:《儒家核心观念的符号学研究》,328 页。
③ 参看《孟子》(7B/16)、《中庸》(20、25 篇);相关翻译参照理雅各 1960:I,405、149 页;1960:II,485 页。

际关系)组合而成的。[①]　第三,作为同音异形字的"仁"和"人"更加强调了儒家"人"的理念的道德维度以及自我理念的关联性。或者说,不同于西方笛卡尔哲学非历史的自我或柏拉图式的神圣灵魂,儒家的"人"首先是一种道德成就,它通过礼仪化共同体中的人际交流而实现。

尽管对于经典中的"仁"存在着诸多解释,但最具典型的含义往往是人际关系中令人愉悦和称赞的一种德行。[②]"仁"字最早出现在《尚书》最具可信度的"近代文本"——《周书·金腾》中,该篇在记载传说中周公试图将自己献祭于祖先以代替病情严重的武王时写道:"予仁若考,能多材多艺,能事鬼神。"[③]"仁"在这段文字中涉及讨人喜欢的性情和多方面才能,周公由于具备这些条件因而在服侍祖先上要远远胜过病体沉疴的武王。"仁"作为一种通过人际交流展现出来的特殊性情和才能,同样表现在《诗经·叔于田》中。这是一首赞美猎人共叔的诗歌,"叔于田,巷无居人,岂无居人,不如叔也,洵美且仁"[④]。"仁"在这里同样指代一种令人愉悦的人际间的特质,它使得街巷之间充满了活跃的气氛。但由于共叔的离去,街巷开始变得冷清。总之,具备"仁"这种特质的共叔与他者之间存在着明显的区别。

"仁"作为个人所具备的一种品质特征,在《尚书》后撰的"古代文本"——《周书·泰誓》中有所体现。该文记载了周部落试图推翻腐朽之商王朝的决心,"受有亿兆夷人,离心离德;予有乱臣十人,同心同德。虽有周亲,不如仁人"[⑤]。在这里,"仁人"与不具备特殊才能的平民形成了鲜明的对比。这段文字也在《论语》中作为例证来引用。[⑥]　在《论语》中,

---

① 郝大维、安乐哲 1987:《孔子哲学思微》,114 页;或参看杜维明 1985:84 页。
② 例如,陈荣捷 1995:《儒家"仁"观念的演化》,295—319 页;或参看林毓生 1974 和方英贤 1976。
③ 相关翻译参照理雅各 1960:III,354 页。
④ 理雅各 1960:IV,127 页。
⑤ 理雅各 1960:III,292 页。
⑥ 参照安乐哲、罗思文(Rosemont)1998:226 页;除特别标注外,《论语》的所有翻译基于安乐哲、罗思文,部分翻译稍作调整。

同样一段文字的再次出现至少表明孔子杰出的弟子们对于"仁"的含义的连贯性认识。

在孔子之后,"仁"的理念被附加了一种独特的道德内涵。在孔子时代以后的先秦典籍《左传》和《国语》(公元前 5—4 世纪)中,"仁"不再被纯粹地解读为对于特殊性情和才能的描述性术语。① 相反,"仁"作为一种道德范畴与对他者的同感能力(同情或喜爱)紧紧联系在一起。在《左传》中,"仁"的道德内涵有所表现,"秦饥,使乞籴于晋,晋人弗与。庆郑曰:背施,无亲;幸灾,不仁;贪爱,不详;怒邻,不义;四德皆失,何以守国"②?在这里,"仁"被理解为与"义"等相对应的独特美德,并且与人们感同他者的不幸相联系。"仁"的感同维度以及与爱护他者之间的联系在《国语》中得到进一步展现,"言无远;言敬必及天,言忠必及意,言信必及身,言仁必及人",因而,"象天能敬,帅意能忠,思身能信,爱人能仁……"③

除了具有人类情感中爱护、感同他者的温柔一面,在春秋晚期到战国早期,"仁"也被理解为对于他者毫无私心的关怀或是一种"成人"的真正标志。④ 在《国语·齐语》中,齐桓公帮助他国抵御野蛮部族入侵的举动被视为"仁","天下诸侯称仁焉。于是天下诸侯知桓公之非为己动也,是故诸侯归之⑤。代表着"仁"的举动自然是为他者着想而非谋求一己之私利。一旦时机成熟,齐桓公便被赋予了道德力量而使他者主动归服。概括而言,在孔子之后,"仁"由早期经典中对特殊性情和才能的描述性术语转变为感同他者、爱护他者、谋求整体利益的独特道德品质和能量。

在儒家的传统教义中,人类道德品质中的友爱、无私被视为"仁"最

---

① 相关文献的成书年代参看程艾蓝(Anne Cheng)1993:《〈春秋〉、〈公羊传〉、〈穀梁传〉和〈左传〉》;章爱仁(Chang I-jen)、鲍则岳以及鲁惟一(Michael Loewe)1993:《早期中国文献之〈国语〉》,67—76、263—268 页。
②《左传》,僖公十四年;参照理雅各 1960:V,161—162 页。
③《国语·周语》;参照方英贤 1976:24 页。
④ 有关春秋时期"仁"和"人"之间的关联,参看方英贤 1976。
⑤《国语·齐语》;参照方英贤 1976:24 页。

典型的特征。当被问及何为"仁"时,孔子回答道"爱人"。[①] 孟子也反复强调"仁者爱人"[②]。而荀子将其恰当地表达为"仁爱也故亲"[③]。儒家将"仁"由感同式道德或独特品质提升为一种达到道德成就顶点并包容一切的美德,这样的提升使儒家教义作为一种"仁的教义"得以区别于其他所有学说。而"仁"这种美德也与作为道德成就的"人"成为同义词。[④] 与智、义、勇等美德相比,在《论语》的诸多章节中,"仁"被视为一种独特的美德,成为众多美德中的唯一。例如,"智者乐水,仁者乐山",或"仁者不忧,智者不惑,勇者不惧"。《孟子》中也有,"仁,人心也;义,人路也"[⑤]。在以上文字中,"仁"都被视为一种独特的美德。但是,当"仁"用来指代君子的品质时,它就涵盖了其他一切美德。因此,在儒家的教义中,"仁"意味着成熟和理想人格。

与西方知识和宗教传统中的超然理念——上帝不同,"仁"并不凌驾于所有人际关系之上。但在西方,人与上帝的关系必须先于所有的人际关系,并且所有的人际关系从根本上都是实现超越死亡、与上帝合一的某种途径。与之相反,作为道德修养最高成就的"仁"只能在人际关系中获得提升。[⑥] 费孝通认为,儒家"仁"的道德理念可以诠释为"人际关系中的美德"[⑦]。尽管"仁"这种美德象征着所有特定美德的综合,但它却必须在与特定美德相适应的具体关系中践行。例如,"亲"必须在亲子关系中践行,"义"必须在君臣关系中践行,"别"必须在夫妻关系中践行,而"信"则必须在朋友关系中践行,等等。总之,儒家"仁"的伦理规范是人际关系中的一种内在美德,而仁者可以通过恰当的方式调和所有的人际

---

① 参照安乐哲、罗思文 1998:159—160 页。

② 参照理雅各 1960:II,333 页。

③《荀子》27 篇《大略》。

④ 将"仁"作为一种大众美德,参看陈荣捷 1975:107—109 页以及杜维明 1985:81—92 页。

⑤ 理雅各 1960:II,414 页。

⑥ 相关例证参看,安布罗斯·金(Ambrose Y. C. King)1985;安乐哲、罗思文 1998:110—125 页以及林毓生 1974:193 页。

⑦ 费孝通 1992:第五章《维系着私人的道德》,71—79 页。

关系。

此外,在儒学中自我从来不被视为孤立的、不受外在制约的个体——他们怀揣着优秀的品质和卓越的才能却无所施展。相反,人处在社会环境之中,人始终都是关系中的自我,与社会关系相隔绝的人同样也不具备人性。正如孟子所言,"无父无君,是禽兽也"①。在这里,父与君的角色不仅仅代表着亲子间的自然生物关系或君臣间的等级权力关系(这些即使是禽兽也同样具备),它更意味着包含在这些社会关系中彼此间的义务和责任。人性始于对人际关系的自我实现。也就是说,人在关系中诞生,没有他者就没有自我,或者说没有人际关系就没有自我。正如胡适所说,"在儒家以人为本的哲学中,人不能孤立存在;人的任何举动都是与他者相互作用的一种形式而已"②。赫伯特·芬格瑞特(Herbert Fingare)对此也有类似的理解,他认为"对于孔子而言,除非这里有两个人存在,否则就意味着没有人存在"③。由于关系中的自我这一理念与"仁"这种美德可以相互转换,因而,人际间的关联性不但是人类生存中不可避免的事实存在,而且更是培养人类道德人格的必要条件。

在所有的社会关系中,最具重要性的是所谓的五伦,它们始于并被设定于家庭之内。④ 五伦中的父子、夫妻、兄弟关系全部附属于家庭之内,其他两伦——君臣、朋友关系——虽不属于家庭,却也时常被模拟为父子、兄弟关系。在安布罗斯·金(Ambrose·King)看来,"统治者与被统治者之间的关系被建构为君父与子民的关系,而朋友之间也往往被表述为吾兄和吾弟"⑤。总之,家庭成为人们不断扩张的社会关系网的中心。借用安乐哲的自我"焦点领域"模式来看⑥,位于家庭关系中的自我

---

① 理雅各 1960;II,282 页。
② 胡适 1919;116 页;或参看安布罗斯·金 1985;57 页。
③ 赫伯特·芬格莱特(Herbert Fingarette)1983;引自安乐哲、罗思文 1998;48 页。
④ "五伦"指代父子、君臣、夫妇、兄弟和朋友。参看《孟子》(3A/4);理雅各 1960;II,251—252 页。
⑤ 安布罗斯·金 1985;58 页。
⑥ 安乐哲 1994。

是垂直的聚集中心,而由家庭向外扩展着的社会关系网是水平的,在扩展领域中,人的本质属性逐渐浮现出来。

在将家庭关系视为所有社会关系核心的儒家世界里,做人的起点始于孝道。在最基本的层面上,"仁"作为人性中慈爱的一面,必然始于对父母的关爱和奉养。"孝"是君子道德品质的发端和根源,正如《论语》所倡导的那样,"其为人也孝悌,而好犯上者,鲜矣;不好犯上,而好作乱者,未之有也。君子务本,本立而道生。孝悌也者,其为仁之本与"。在家庭领域内,亲子关系中的"孝"和兄弟关系中的"悌"往往又转化为政治领域内塑造臣民责任意识的基础。培养"孝"的观念同样是塑造人性的开端。《孟子》中也有相似的表述,"亲亲仁也"、"不得乎亲不可以为人"。①

将亲子关系中的"孝"视为人性的开端并不意味着私下的、内在的个人关系与公共的、外在的社会关系之间的二元对立。存在这种主观臆测的原因在于人们始终处在复杂的人际关系网中,而始于家庭关系的我们急于论证它相对于其他所有扩展的社会关系的优先性。与其将家庭视为公共社会的对立面,不如将其理解为国家乃至整个世界得以秩序井然的关键,"天下之本在国,国之本在家,家之本在身"②。这种优先次序以及家庭与整个世界的内在联系同样也反映在《大学》中,"古之欲明明德于天下者,先治其国;欲治其国,先齐其家;欲齐其家,先修其身"③,而自我修身的起点在于孝道。"故君子不可以不修身。思修身,不可以不事亲"④。通过与父母之间建立情感的纽带以及关怀照顾他们,从而学会做人、学会扮演一个真正的家庭角色。

但是,对于他者的"无知之爱"只会适得其反。孔子在阐述与六种美德相伴随的六种弊病时提到这种"无知之爱"的隐患,"好仁不好学,其蔽也愚"。对于他者的无私关怀必须受到礼的规范。也就是,通过学习与

---

① 理雅各 1960:Ⅱ,456、314 页。
② 同上:295 页。
③ 理雅各 1960:Ⅰ,357 页。
④ 同上:406 页。

社会环境相适宜的知识,使自我摆脱无知的状态,以一种共享的礼仪形式和社会语言来表达出对他者的关爱。由于社会关系建立在共通的社会意图之上,而社会意图通过礼制等具体的方式来表达。因而,"礼"作为个人角色的共通的社会表达,成为儒家自我修行或追求"仁"的过程中不可或缺的一部分。正如孔子回答颜回(孔子最为喜爱的学生)有关"仁"的问题那样,"克己复礼为仁"。"仁"并非本能情感的过分简单化表露。相反,它是一种明智之举,与某人对于所处世界的洞悉密切相伴。追求"仁",即使在奉养父母这一最为基本的层面上,我们也要热衷于向周围的朋友乃至整个世界学习知识。《中庸》在论及君子终身秉持自我修行等问题时认为,"君子思事亲,不可以不知人;思知人,不可以不知天"①。简言之,"仁"作为一种标识人性的大众美德必须在人际关系中实现,而人际关系建立在共通的知识以及对世界共通的责任之上。

此外,他者或整个世界也并非强加于自我的一种限制或外来约束。相反,由于衡量人性的塑造程度取决于自我构建平衡、和谐的人际关系网的成功度以及它的范围,因而他者也是"关系中的自我"的组成部分。"仁"或人性只有通过接纳、促成他者成为"关系中的自我"才能获得。在找寻位置、表明立场、获取角色的同时,人们也在帮助他者塑造属于他们的"自我"。《论语》中的经典名言使得自我与他者的共生本质得到了更好的阐释,"夫仁者,己欲立而立人,己欲达而达人"。换言之,一个拥有仁德的人同样也是一个与他者相互联系的人。在联系中,自我的成就与他者的成就相互推动,也就是郝大维和安乐哲所谓的"自我场域"②。因而,在儒家伦理中,一个与自我相对应的"绝对他者"在人际关系结构中是不可想象、不可交流、不可沟通的。从根本上来看,"仁"是一种对于他者真诚的、相互的关怀,它受到礼的教化和规范,同时它也是一种对于价值的共通的社会表达。

---

① 理雅各 1960:I,406 页。
② 郝大维、安乐哲 1987:118 页。

孔子学说的基本要义——"仁"和"恕"在本质上是同义的。例如,当一名弟子向孔子请教有关"仁"的问题时,孔子的回答是"己所不欲,勿施于人"。而当子贡向孔子询问"有一言而可以终身行之者乎"? 孔子给出了相同的答案,"其恕乎,己所不欲,勿施于人"。

综上所述,我们将儒家"仁"(人)的理念概括为以下三个层面。首先,与西方的观念不同,"人"的理念属于道德范畴而不是本体论范畴。也就是说,"人"的理念可以和"仁"这种美德相互转换,它只能在人际关系中实现,它是一种道德成就而非简单的施舍。其次,基于道德的人性是相对的。或者说,一个孤立的、不受外来影响的、私有的自我绝非自我存在的前提。相反,自我始终处在社会环境和与他者的联系之中,并且只有通过共通的礼制共同体内的关联性和协同性,真实的自我才能存在。在儒家伦理中,他者并非对于自我的限制,相反,它是不断扩展的"关系中的自我"的重要组成部分。最后,一个与自我相对应的"绝对他者"在人际关系结构中是不可想象、不可交流、不可沟通的。在儒家世界中,自我修行或自我实现的关键并不在于对某人非凡、理性才能的培养或是自我觉悟,而是在构建、维系、扩展和谐的人际关系网等方面的实质性成就。通过对人格中关联、道德层面的恪守,儒家的"仁"或人性始终保持着中性色彩,不存在任何先验的规定。并且在原则上,这种理想的人格通过征服对两性同等开放的人际关系而获得。

但是,儒家"仁"的伦理道德或人格在理论层面上的开放性与社会历史实际中女性的服从地位形成了鲜明的对比。无论是否接受教育,中国女性在形式上完全被限制在"内"领域——隐蔽的空间之中。因而,女性在理念上是一种不完整的、从属性的存在。为了理解儒家"仁"的伦理道德与现实社会对女性的残酷奴役之间的矛盾,我们必须首先弄清中国文化对于自身的性别差异是如何诠释的。如果质疑以笛卡尔的理性思维与无意识的二元性或者亚里士多德交叉文化领域中的主动形式和被动物质为典范的西方二元范例的普遍性,那么,我们必须促使中国性别差异中所包含的文化因素得以具体化。换言之，我们要厘清中国女性作为一种性别属性是如何被附加上文化意涵的标签的。更进一步而言，我们需要探明在现实社会中，何种方式的自我修行对于女性而言是可行的，即与标准的、适用于男性达到道德（文）顶点的自我修行方式相对应的女性"成人"的修行方式。在接下来的章节中，我们将开始探讨中国的阴阳理念。在女权主义者有关中国社会性别问题的论述中，这一理念通常被认为与女性、男性概念具有相同的含义。

第三章　阴阳、性别特质及其互补性

在传统书写中,有关女性的论述从根本上来讲是对于社会关系恰当性的阐述。因而,在涉及性别的话题中,将"女性"类别视为一种生物和社会范畴的组合成为现代中国一个非常新近的现象。这种社会关系体现在父母、夫妻、儿女等家庭角色之中。而当前用来表示生物学上的雌性和传达一种普遍的女性气质感官的"女性"一词在五四运动(20 世纪早期)之前的汉语中从未显现。[①] 在五四运动文字书写的"现代化"之前,"女性"的概念在传统上由"妇女"一词来表达。正如白露(Tani Barlow)在其著作《理论化的女性:妇女、国家和家庭》中所指出的那样,"女性"一词最初只是新兴知识分子在 20 世纪 20 年代的一项发明,它具有双重象征意涵:首先,它代表着将女性设想为束缚在家或家庭关系网中的妇女这种表述方式的终结;其次,它象征着"女性"一词"现代化"的开启。在中国汉字书写中,"女性"(一种中性关系术语)开始作为西方"woman"一词(一种话语类别)概念上的对等物来使用。显而易见,在五四运动中"女性"一词成为"西方化"和"现代化"的一种符号。此后,在 20 世纪

[①] 普遍意义上的女性气质超越于受限制的、传统亲属角色,它通过现代使用的"女性"一词清晰地将西方 feminism 理念表达为"女性主义"。所有女权主义者和女权作家都从属于"女性文学"这一范畴。

30—40年代的早期共产主义解放运动时期,它又成为西方"资产阶级"女性的标签。①

　　将"女性"表述为一系列女性气质所支撑或先天生理机能所确立的一种中性关系范畴,实际上并非前近代中国所原有。"女性"作为"妇女"总是与不同社会角色的探讨同步进行,尤其是家族、亲属角色以及与之相伴随的、对于恰当礼制的关注和相关美德的培养。这在"女"字特指年轻、未婚女子、"妇"字特指已婚女性的古代书写中早已十分明确。在《诗经》(最早的一部经典)众所周知的首篇诗歌《关雎》中,我们找到了"女"字的踪迹。这首诗歌描述了一位拥有美德的年轻女子,她被视为贵族男子最完美的配偶,"窈窕淑女,君子好逑"②。传统观点认为这位年轻的女子——"女"就是传说中吴王的新娘。③ 在《礼记》中,"女子"特指未婚女性,"男子"则特指未婚男性。④ 根据《说文》(中国最早的汉语字典之一)的解释,女子出嫁之后按照惯例称之为"妇"。此外,"妇"通常与"夫"搭配,用来指代儒家"五伦"中的一种社会关系——夫妻关系。将"女性"视为"妇女"的传统认知方式体现了家庭关系在性别序列中的优先地位。而女性最初从属于两个不同的社会范畴:一个是"女"(未婚女性或女儿、少女),另一个则是"妇"(已婚女性或妻子、母亲)。

　　在中国传统文化内,男性和女性概念只是基于性别的差异,不被用来表示男—女性别关系。而"牝牝"和"雄雌"等字面上包含男女两性含

---

① 有关"女性"一词产生的诸多细节以及共产主义者将"女性"一词运用于政治演讲等问题,参看白露1994a、1994b;有关五四运动时期在文学论述中将"女性"一词作为普遍"女性气质"的虚构表述等问题,参看清基·斯蒂芬(Ching-ki Stephen)1988。
② 参照理雅各1960:IV,1页。
③《诗经》中的其他例证包括第9、23、42、58篇(诗的篇章与页码之间的转化依据理雅各的翻译,参看理雅各1960:IV,《所引表格》,V-XIV)。"女"字《诗经》第82篇中确实指代已婚女性,但在绝大多数诗篇中指代未婚女性或年轻的新娘。在《论语》17.25中,孔子将"女子"和"小人"作为有失礼仪的批评对象,这里的"女子"可以理解为年轻的女子,她们没有经过礼仪化训练,因而也没有经过性别化的塑造,但这并不是为孔子的"性别歧视"做辩护。比起此点更值得关注的是,在儒家传统中不存在独立于亲属关系的性别理念。
④《礼记·杂技》(上)及注解:参照理雅各1967:I,137页。

义的词汇大体上被用于动物界。① 在《墨子》中，"牡牝"、"雄雌"与"男女"二字不同，它们和禽兽有着明确的关联，"圣人有传：天地也，则曰上下；四时也，则曰阴阳；人情也，则曰男女；禽兽也，则曰牡牝、雄雌"②。"牡牝"、"雄雌"等词汇适用于禽兽世界，它以生育主体作为"男"、"女"最原始的标识。而"男女"则适用于人类世界，它代表着不同的性别角色。区分男女的关键在于相互作用的社会角色和义务。荀子认为这就是人道的标示，"人之所以为人者，非特以其二足而无毛也，以其有辨也。夫禽兽有父子而无父子之亲，有牝牡而无男女之别，故人道莫不有辨"③。

至此我们可以明确以下两点：首先，人类的男女之别不同于动物的雌雄之分，后者基于先天生育主体的本能性区分，而前者基于社会角色和义务的自觉性区分。其次，由于生育主体并不被视作男女区别的原始基础，因而现代西方女权主义著作中甚为普遍的"性"和"性别"间的概念区分却从未出现在中国传统文学的性别探讨之中。④ 也就是说，涉及赤裸肉体的"性"并没有被概念化为"基本素材"，而这些"基本素材"在文化交流和社会化的作用下创造出了具有诸多心理特质和社会角色差异的男性和女性。在前近代中国，性别既不被视作男女两性之间的一系列先天生理差异，也不被视作与社会范畴中男女相联系的男性或女性特质。鉴于儒家将"人"的理念视作通过掌握人际关系而获得实践成就的文化

---

① "雄雌"一词也出现在《道德经》中，这里较少论及人类与自然世界的区分。《道德经》难以把握的写作风格使得我们无法探寻"雌雄"的明确意涵。我们也无法确定出现在第28篇中的"雄"和"雌"以及出现在第10篇中的"雌"是否表示人类世界的男女两性关系或与男女两性相关的所谓"男子气质"和"女子气质"。

② 《墨子》，第6篇；参照梅贻宝1929：26—27页。

③ 《荀子》，第5篇；参照德效骞1966：71—72页。但是在埃里克·赫顿（Eric L. Hutton）的翻译中，"男女"被译作"male and female"，参看赫顿2003：114页。

④ 将性别视为由先天生理、性差异所决定的观点可以追溯到亚里士多德。亚里士多德的本质先于存在论受到波伏娃《第二性》的挑战。波伏娃将性和性别做了区分，前者为生理存在，后者为文化互渗的过程。此后，性和性别之间的概念区分成为西方女权主义者著述中的一个普遍预设。但是，朱迪思·巴特勒（Judith Butler）和丹尼斯·赖利（Denise Rile）等当代女权主义者对性和性别、自然和文化等二元的正确性提出了质疑。参看朱迪思1990和1993、赖利1988以及伊丽莎白·斯贝尔曼（Elizabeth V. Spelman）1988。

设想,将中国传统文化内的女性定义为独立于社会关系之外的性别存在的企图必会受到主流社会的排斥。

家庭、亲属角色是探讨性别问题的焦点所在,《五经》中有关女性的早期表述完全与家庭相联系。"女性"按照她所获得的角色被理解,而不是她的先天"本性"——作为一种生物体或外化于家庭关系的超然存在。在对《五经》中涉及中国女性的传统观点提出系统批判的基础上,桂时雨(Guisso)得出了这样的结论,"在经典中,女性很少被视为人,她们几乎完全被塑造为理想化之生命周期中的女儿、妻子和母亲等角色"①。"女性"最初只是作为一种标明家庭和社会角色的亲属关系术语,而不是先于或独立于社会关系之外的一种个体生命存在,在中国古代文献内保留着大量有关这方面的例证。

通过卢蕙馨有关中国女性的民族学研究,我们可以探知女性与女儿、妻子、母亲等家庭角色被视作同等范畴。卢蕙馨的研究表明,中国的被调查者不太愿意在女性和她的家庭角色之间做出概念上的区分,他们甚至公开质疑西方研究者通过一系列先于家庭关系的身份和特质所定义的有关女性范畴之本质主义假设。正如卢蕙馨观察到的那样,"要使一位中国女性向你描述'正常'女性应有的特质几乎是不可能的,她会立刻将你询问的目标转换为妻子、母亲或儿媳等角色。如果你提示她理解错了,她又会告诉你一个好女儿所应有的特质"②。由此可见,西方作为中性关系术语的性别概念与中国作为普遍家庭、亲属关系术语的性别概念之间存在着明显的文化鸿沟。由于中国本土的被调查者不断地将询问目标转换为具体的家庭、亲属角色,西方研究者期望获得对"女性"特质的规范描述屡屡失败。然而在中国,女性之所以称之为"女性"只是因为她所担当的女儿、妻子或母亲等角色,而这些角色与"女性"特质之间并不存在着明显的区分。因而,对女性特质的描述必然与对女儿、妻子

---

① 桂时雨 1981:48 页。
② 卢蕙馨 1985:112 页;引自白露 1989:318 页。

或母亲等家庭、亲属角色的描述掺杂在一起。

传统中国将性别视为家庭角色的认知方式完整地反映在 18 世纪的女性指导用书——《教女遗规》中，"夫在家为女，出嫁为妇，生子为母。有贤女然后有贤妇，有贤妇然后有贤母，有贤母然后有贤子孙"[1]。尽管作者陈宏谋写作该书的目的在于确立标准的女性礼仪规范，但他同样认为"女性"并不具备基本的社会地位。相反，女性由诸如女儿、妻子或母亲等家庭角色所塑造。换言之，借用白露的观点，中国女性并不被视为先于或超越家庭关系的"一种超然存在"[2]。女性只有通过占有不同的家庭、亲属角色才能成为被塑造的性别化存在。而性别化进程与亲属体系中的礼仪化进程是同步进行的。在此进程之中，亲属关系最终促使人类划分为"男性"或"女性"。前近代中国的性别体系应该放置到亲属体系的层级结构中去理解，而不应该取决于一系列划归社会范畴之男人和女人或划归生物范畴之男性和女性的先天特质。

由于阴阳隐喻和西方性别理念中的男女二元性之间存在着明显的类同，因而阴阳概念已经被视为中国性别体系的独特标识。"阴"的包容特质和"阳"的扩展特质通常成为中国女性从属于层级家庭结构的理论基础。阴、阳成为西方二元性范例中女性气质（femininity）和男性气质（masculinity）的同义词。但是，阴阳隐喻完全是彼此关联、共同运作和相互补充的，与其西方配对物的内涵不尽相同，因而上述对等方程式存在着诸多问题。为了证明上述观点，我们将在下文中首先考察阴阳隐喻作为西方男女二元范例对等物的合理性。其次，我们将追踪阴阳隐喻的历史渊源和它在传统中的运用，以及与五行、乾坤之间的复杂关联。最后，我们将质疑传统假设——阴阳与性别层级之间存在密切关联的正确性。总而言之，不同于西方的男女二元范例，阴阳作为一种非对抗的、互补双体无法为传统中国的性别压迫提供一个充分的理论解释。

---

[1] 白露 1994a：255 页。

[2] 同上：256。

阴阳和男女对立二元

　　欧美学者在初次探讨阴阳隐喻之时就普遍地将其视作西方女性气质和男性气质在概念上的对等物。本质上强调"阴"之包容特质的道家传统通常以女性气质为表征。相反,追求人类有序社会的儒家传统则将男性气质视为方向所在。在中国思想文化史上,道家和儒家是两股矛盾、辩证的力量。我们从杰出汉学家李约瑟(Joseph Needham)的著作中深深地感受到道家和儒家或阴和阳之间的普遍二分态势。李约瑟在《中国科学技术史》一书中谈到了中国传统思想对于自然存在着两种截然不同的态度,他认为:"儒家的学问是男性的、管理者的;道家对此表示谴责,并且寻求一种女性的、包容的学问。通过对大自然的观察,这种学问作为一种消极产物和屈服态度应运而生。"①

　　李约瑟采用现代男女二元观念来描述道家和儒家的特质。在这种观念下,"阴"或道家被等同于消极的女性气质,也因而与大自然相关联;而"阳"或儒家则被等同于积极的、具有质疑风格的男性气质,也因而与家长制社会相关联。根据李约瑟的观点,道家的女性倾向中蕴含着早期母系氏族社会——中华文明初期的基因。② 而具有女性、消极和自然属性的"阴"与具有男性、积极和社会属性的"阳"之间是相互对立的。在西方学者看来,阴阳隐喻完全是男女二元范例在概念上的对等物。

　　李约瑟的阴阳、男女二分法与西方女权主义者对于笛卡尔哲学框架中男女二元对立的阐释相符合。借助于理性精神高于机械身体的笛卡尔精神—身体二分法,女权主义者如吉纳维芙·劳埃德等普遍依据主动

---

① 李约瑟 1956:Ⅱ,33 页。引自安乐哲 1981:1 页。陈婉辛(Ellen Marie Chen)也提出了将道家类比于女性气质的类似观点,"在《道德经》中,'道'被一次又一次的认定为女性原则……它是空的、无知的、柔顺的,一切都是女性的表征"。参看陈婉辛 1969:399 页。
② 李约瑟 1956:Ⅱ,105 页;安乐哲 1981:21 页。陈婉辛推测周代之前的中国为母系氏族社会,参看陈婉辛 1969:401—405 页。有关道教与古代中国母系氏族社会之间的关联,参看华珊嘉(Sandra A. Wawrytko)2000:163—198 页。

的男性理性精神和被动的女性机械身体之间的二分法来重新阐释权威经典中的性别表述。在这样的重新阐释中,前者代表着主体或能动性而后者则代表着客体或被动性。① 通过将男性气质和女性气质比附于笛卡尔的精神—身体二分法,性别在西方首先或最主要被纳入形而上学或本体论范畴。在此基础之上,男性或男性气质就如同理智、理性精神和超然存在一般,是神圣的,代表着人类生活的理想未来;而女性或女性气质则如同情绪、机械身体和内在固有一般,是物质的、异常的,代表着人类生活中消极的一面。在笛卡尔哲学框架中,男性和女性不仅是有区别的、有等级的,关键在于它们是相互对立的概念,彼此否定而非相互团结。因而,将相互关联的阴阳隐喻等同于女性气质和男性气质的举动不仅预设了性别的本体论状态,更为重要的是,它建构了性别的二元对立和彼此否定的本质。

由于概念上的"阳"并不起到典范的作用,而"阴"也不意味着缺陷。"阳"不以其超然的、主动的特质凌驾于内敛的、从属的"阴"之上。故而,"阴"和"阳"并不是彼此对立的概念。更确切地说,它们是相互关联、彼此补充的两个无法分割的要件。相互关联的阴阳组合以相关性和互补性为特征,而非排他性和不兼容。不同于男女对立二元,阴阳组合既不排斥女性也不排斥男性。尽管在汉代的宇宙论,尤其是通常归之于汉代学者董仲舒所创作的《春秋繁露》中,阴阳隐喻偶与性别相互关联,但它确实是一个无性别特征的概念。"阴"和"阳"之间的关联无法完全被有限的、层级的男女两性关系所涵盖,尤其是在男女二元对立结构中解读两性关系。作为一种复杂的隐喻,阴阳组合的运作往往是横跨两性或超

---

① 参照劳埃德1984。此处所论"Cartesian"并不过多涉及笛卡尔本人。实际上,笛卡尔很少论及女性的特质。相反,他的形而上学精神—肉体二元论被18世纪启蒙运动时期的作家们宣扬为性别平等理念。甚至于此处的"Cartesian"已然被用来指代笛卡尔哲学在性别论述中的历史、文化运用。笔者引用苏珊·鲍德的一段文字来区分笛卡尔和笛卡尔哲学,"这是占支配地位的文化、历史观对笛卡尔哲学的渲染,并不代表笛卡尔自身,并非我们批判的目标"(鲍德1999:2页)。有关笛卡尔哲学的历史运用和滥用之细节,参看史蒂芬·高葛(Stephen Gaukroger)1995:序言。

越两性基础之上的,这样一种互补的阴阳关联为组织天文、医药、占卜等多领域的知识创造了一个基本的二元模式。因而,它又为自然和人类世界的内在运行提供了一份解释性的说明。① 总之,尽管阴阳组合适用于性别分析,但它却并不以性别为基础,这一观点已为大多数学者所认可。②

阴阳与关联宇宙论

阴阳观念的初始形态并不涵盖任何人际关系。阴阳组合最早或主要是一种循环互补的天文学概念。从词源学来看,根据《说文》的解释,"阴"表示山的背阴面,而"阳"表示山的朝阳面。③ "阴阳"在语义学上的含义基于古人对大自然的观察,古人根据太阳的移动观测到阳光和阴影之间有规则的更替以及与之相一致的冷暖气候变化。从字面意思来看,阴阳组合包含着自然界中两种循环互补的变化。在诸多古代典籍中,"阴阳"即以阳光、阴影或冷暖交替等含义来使用。"阴"、"阳"二字在《诗经》中展露出最为原始的面貌④,"阴"常常与表示多云、阴暗天气的"雨"字相连用,"羽谷风,以阴以雨"⑤。另一方面,"阳"则代表阳光,"湛湛露斯,匪阳不晞"⑥。

在《诗经》内,"阴"和"阳"作为一个词汇首次出现在诗歌《公刘》中。

---

① 有关阴阳组合作为中国宇宙观之基本二元的分类,参看葛瑞汉 1986、1989。

② 布莱克(Black)1989:185 页;瑞丽 1998:139—140 页。

③ 有关"阴阳"一词之语词构造和语义内涵的细节,参看徐复观 1961:no19,I,4 页;高本汉(Bernhard karlgren)1957:no. 173、651 和 720,188—198 页;鲁宾 1982:140—141 页;葛瑞汉 1986:70—71 页。

④ "阴阳"一词也出现在《易经》中,但只在附录和注解中,这些注解可能形成于秦末汉初。有关《周义》与《易经》附录注解之间的重要区分,笔者将在下文作进一步论述。在《尚书》中,"阴阳"一词只在古本《周官》中出现过一次。学者们普遍认为古本系后人伪造,成书于公元 4 世纪早期。因而,"阴阳"一词最早出现在《诗经》中。《诗经》作为周代流传下来的文本得到了学者们的普遍认同。相关论述参看夏含夷(Edward L. Shaughnessy)1993b:376 页。

⑤《诗经》,第 35 篇;参照理雅各 1960:IV,55 页。

⑥ 同上,第 174 篇;同上,276 页。

这首诗歌讲述了公刘在考察山川地形之后率领族人迁居于豳的故事，"笃公刘，既溥既长，既景迺冈，相其阴阳，观其流泉"①。由于是在一块陌生的土地上建立新的家园，"阴阳"在这首诗歌中可能稍稍涉及一些与新家园相关的自然特征和风貌。在汉学家理雅各的译著中，"阴阳"指山的"朝阳或背阴"面。而徐复观认为，"阴阳"指山的背面和南面，山的南面因为有充足的阳光故而为"阳"，而山的北面处在阴暗中故而为"阴"。②无论如何，在周代早期的经典文本《诗经》中，"阴阳"这一词汇与《说文》词源学上的解释——分别作为山的朝阳和背阴面是相互一致的。

作为光明和阴暗的隐喻，阴阳是相互关联的组合，而非概念上一方否定另一方的对立二元模式。首先，光明与阴暗或温暖与寒冷之间性质上的差异只是相对的，并不固定如好—坏、对—错或公—私等对立二元。相反，对立二元是彼此间概念上的对立。例如，好与坏之间是彼此排斥的，这种排他性是恒定不变的。其次，在对立的二元组合中，理念取决于自身的本质而非对立双方之间的关联。也就是说，"好"之所以为好并不是缘于它和"坏"之间存在的关联，而是因为其自身存在着某种固有的属性。最后，由于理念是概念上的对立物自发产生的，因而对立双方的关联只是一种外部表现。换言之，即使存在"坏"，"好"仍然是好。相反，例如光明与阴暗或温暖与寒冷等关联性组合却并非是彼此对立的。从概念上来看，温暖、寒冷或光明、阴暗处在一个连续的光谱中，在这里寒冷状态与温暖状态彼此间始终是相对的，温暖与寒冷之间的关联是一种内部表现，一方的存在依赖并取决于另一方。因而，阴阳组合作为一种如光明、阴暗或温暖、寒冷般的关联性二元，更应该被概念化为非对抗性的二元模式。在这样一种模式中，"阴"的寒冷始终与"阳"的温暖紧密相连，反之亦然。

作为一种非对抗性的二元模式，阴阳理念的运用一直延续至周代以后。到公元前4世纪，阴、阳被划归能够演化出"四季"和"五变"的天之

①《诗经》，第 250 篇；参照理雅各 1960：IV，483 页。
② 参照理雅各 1960：IV，488 页；徐复观 1961：I，4—5 页。

"六气"行列。"六气"过分充盈甚至会带来人体的六种不适症状。宇宙被视为由"六气"构造而成。阴、阳位列天之"六气"的观念在公元前5—4世纪的经典如《左传》、《国语》、《管子》、《庄子·内篇》以及《墨子》中都有所反映。① 在《庄子·内篇》中,"真人"能够"乘天地之正,而御六气之辩"②。顺应和把握六气具有重要的意义,流动的、有活力的"气"被理解为世界的基本构成元素,而宇宙和人体都被囊括在这一世界范畴之中,"人之生,气之聚也;聚则为生,散则为死……故曰:通天下一气耳"③。

生命依赖于"气"的凝聚,就如同世界的运转依赖于"气"的平衡一样。"气"之衰竭或不平衡必将招致灾祸。在《庄子》中,阴阳二气的不平衡通常有损于人体的健康,"曲偻发背,上有五管,颐隐于齐,肩高于顶,句赘指天。阴阳之气有沴"④。类似的恶化、将死之躯完全是体内阴阳二气不平衡的表现。而一个健康的人,其体内之气必然充盈无比。

六气平衡与机体健康之间的关联也详尽地展现在《左传》中。据记载,晋候有恙,医者引六气不平衡来说明其病的根源在于房事过度,"天有六气……六气曰阴、阳、风、雨、晦、明也。分为四时,序为五节。过则为菑"。正如医者所言,"阴淫寒疾,阳淫热疾,风淫末疾,雨淫腹疾,晦淫心疾"。在表明六气不平衡对机体的影响之后,医者总结晋候的病实为纵欲过度,"女,阳物而晦时,淫则生内热惑蛊之疾"⑤。

有趣的是,此处女性被视为"阳"而不是"阴"。这显然与阴—女、阳—男的关联模式相矛盾,因而这给学者提出前后一致的解释带来了些许困难。但是,基于一种批判的态度,我们应该意识到弄清此处女性与"阳"的关联并非当务之急。这里的阳气,如同阴郁之气一样,并非专属于某种性别特质(即"阳"并不专属于男性或女性)。而需要重点说明的

---

① 《管子》和《国语》中涉及"六气"的相关内容,参看瑞丽1998:148—149页。

② 《庄子》,第1篇;参照梅维恒1998:5页。

③ 同上,第22篇;同上,212页。

④ 同上,第6篇;同上,58页。

⑤ 《左传》,"昭公元年";参照理雅各1960:V,573—574,580—581页。

是,过度充盈的阳气或阴气对于人体的影响。晋候的病源自纵欲过度,它被归结为过度采纳女性体内的阳气和阴气,从而使自身体内产生了"内热"和"惑蛊"等相应的病症。这一诊断结果同医者此前所谓"体内六气不平衡带来相应病症"的断言完全一致。也就是说,过多的阳气导致了"内热",而过多的阴气带来了"惑蛊"。在这一记载中,女性和"阳"之间的关联只是一种偶然现象。实际上,多数学者认为这一记载可能表明此时的"阴"和"阳"尚未与性别建立明确的关联。[1]

在《墨子》中,阴阳也同四季的变化和冷暖的交替相关联,"是以天之为寒热也节,四时调,阴阳雨露也时"[2],以及"圣人有传:天地也,则曰上下;四时也,则曰阴阳;人情也,则曰男女;禽兽也,则曰牡牝、雄雌也"[3]。通过以上两段文字,我们可以看到阴阳与四季的关联。后者乍一看似乎表示阴阳和男女之间的层级类比。但实际上,这段文字中的"阴阳"和"男女"是不存在层级之分的。有关这一问题,瑞丽在有关阴阳关联和性别层级的研究中已经做了详尽的阐述。假设采用一种严格的层级类比去理解这段文字,将其中的"天、上、阳、男和牡、雄"都划归优者,而将"地、下、阴、女和牝、雌"都划归劣者,我们将立刻面临如何将四季、人性以及禽兽等非等级性要素进行归类的问题。[4] 正如下图表所示:

阴阳的层级类比[5]

优者		劣者
上		下
天		地
阳	四季	阴
男	人性	女
雄	禽兽	雌

---

① 瑞丽 1998:147 页;徐复观 1961:I,5—6 页;葛瑞汉 1986:71 页。
②《墨子》,第 27 篇;参照梅贻宝 1929:144 页。
③ 参照注释 7。
④ 瑞丽 1998:158—160 页。下文对于《墨子》中阴阳、男女关联之互补性的分析参考了瑞丽的研究成果。
⑤ 图表引自瑞丽 1998:159 页,部分内容稍作修改。

通过严格的层级类比去理解这段文字中的二元关联必将带来不合逻辑的诠释。如果我们改用一种互补组合的方式去理解，那么这种诠释将显得合乎逻辑并且与对阴阳的理解（在公元前 5—4 世纪处于"六气"之列并与四季产生关联）相一致。正如下图所示：

阴阳的互补类比①

本相	表现
天地	上下
四季	阴阳
人性	男女
禽兽	雄雌

当然，这里存在一个根本性预设，即阴—阳、男—女、雄—雌等相对名词并非如好—坏、自我—他者或公—私等对立二元。此外，正如整个世界是通过上、下等与自然相关联的空间概念表现出来的，四季也是通过互补的阴阳二元组合而成。

阴阳与明暗规律变化以及冷暖季节交替之间的关联可以通过考察阴阳学派的历史渊源来进一步说明。在伟大史学家司马迁所创作的《史记》中，阴阳学派的主要活动特征被概括为"序四时之大顺"②。而《汉书》（涉及西汉的官方正史）对于阴阳学派的起源提供了如下的解说，"阴阳家者流，盖出于羲和之官，敬顺昊天，历象日星辰，敬授民时，此其所长也"③。中国学者唐君毅延续了这一传统观点，他认为："阴阳的本义在于天象和天气的变化。"④总而言之，早期的阴阳组合完全是循环、互补的，它建立在以相对互补而非对立的季节性变化模式之基础上。

在公元前 3—2 世纪，阴阳理念由其初始形态（作为天之六气中的两种）最终转变为一种气的组合（包含了所有的演化）。我们在《庄子·外

---

① 图表引自瑞丽 1998：160 页，部分内容稍作修改。

②《史记》，卷 130；参照鲁宾 1982：141 页；瑞丽 1998：143n13。

③《汉书》，卷 30；参照鲁宾 1982：140—141 页；瑞丽 1998：143n13。

④ 唐君毅（Tang Chun Yi）1976；引自鲁宾 1982：140 页。

篇》、《荀子》、《吕氏春秋》、《老子》等典籍中找到了相关的例证。早期阴阳理念的互补性特征在这一时期仍然较为显著。在《老子》中,阴阳或男女组合的互补性是显而易见的,所谓"道生一,一生二,二生三,三生万物。万物负阴而抱阳,冲气以为和"①,以及"知其雄,守其雌,为天下谿。为天下谿,常德不离"②。在这里,阴、阳及男、女的协调成为通晓"大道"的关键所在,尽管其自身各具独特的属性。

由阴、阳混合所衍生出的永恒力量与男、女的协调具有同等功效。与阴阳组合类似,在道家经典中男女组合也是一种非对抗性的二元模式。换言之,它们在诸多事物的生成过程中相互促进而非彼此对立。阴阳的互补性在《庄子》中同样有所反映,"是故天地者,形制大者也;阴阳者,气之大者也……阴阳相照,相盖相治;四时相代,相生相杀……雌雄片合,于是庸有"③。正如四季之交替演化,阴、阳在道家经典《老子》和《庄子》中同样作为一种关联术语,它们的动态交互作用和彼此间的相互依赖共同构成了阴阳组合的设想背景。

阴阳的动态性不仅反映在道家经典中,在儒家经典中也有所表现。例如,《荀子》载:"故曰:天地合而万物生,阴阳接而变化起,性伪合而天下治。"④这段文字中的三组二元模式——"天地"、"阴阳"和"性伪"都具有某种互补性,而不是对抗性。天地二元的互补协调以及在其作用下万物的诞生既类似于阴阳二元的相互作用以及由此而来的动态演变,也类似于自然和人类意识的相互融洽以及由此创造的世界和谐。

成书于公元前3—2世纪的《吕氏春秋》同样强调了阴阳的动态交互作用。《吕氏春秋》全面融合了儒家、墨家和道家等诸多学派的思想,在

---

① 《老子》,第42篇;安乐哲、郝大维2003:142—143。所有翻译参照安乐哲和郝大维,相关内容笔者稍作调整。或参照刘殿爵(D. C. Lau)1963:49页。
② 安乐哲、郝大维2003:120页;刘殿爵1963:33页。
③ 《庄子》,第25篇;参照梅维恒1998:264页。
④ 《荀子》,第19篇;参照德效骞1928:235页。

某种程度上，它的创作是对公元前3世纪主流学派思想的一大综合。①在《吕氏春秋·大乐》中，阴、阳被视为共同造就世界的"两仪"，"乐之所由来者远矣，生于度量，本于太一。太一出两仪，两仪出阴阳。阴阳变化，一上一下。合而成章"②。总之，阴阳组合完全是彼此关联、相互构成的。

阴阳互补与性别层级

部分学者认为在《易经》的注疏、附录以及汉代典籍《春秋繁露》、《白虎通》中，阴阳、天地和阴阳、男女类比都是具有层级的，并且以性别为基准。③ 在汉代的宇宙观中，阳和阴确实在某些典籍内表现出与层级秩序的关联性，"天"、"阳""男"高居"地"、"阴""女"之上。例如，通过《易经》的注疏和附录，我们清楚地看到，在乾坤、男女类比中，"乾"被解读为一种与"天"相关联的、令人尊崇的纯阳，而"坤"作为与"地"相关联的纯阴却是卑微的。《易经·说卦传》云："乾，天也，故称乎父。坤，地也，故称乎母。"④《易经大传》亦云："天尊地卑，乾坤定矣。卑高以陈，贵贱位矣。"⑤显然，这里的乾坤和天地二元是具有层级的。在董仲舒的《春秋繁露》中，这种层级秩序与此后的阴—女、阳—男关联完美地结合在一起。阴阳、天地、男女之间的层级秩序由此被建构出来。《春秋繁露》第43篇便直接以"阳尊阴卑"命名，丈夫被视为阳，妻子被视为阴，"丈夫虽贱皆为阳、妇人虽贵皆为阴"⑥。

然而，通过考察《易经》原文和它的历史演变，我们对《易经》、《春秋繁露》中阴阳、天地和阴阳、男女类比的层级秩序及其性别基准产生了质

---

① 《吕氏春秋》在此后的帝国书目中被列为杂家。传统观点将该书的创作归功于吕不韦，他死于公元前235年，但他的门客们大约在公元前239年才完成该书的创作。有关该书的创作和真实性参看迈克尔·卡森(Michael Carson)、鲁惟一1993：324页。

② 《吕氏春秋》5.2；瑞丽1998：151页。

③ 《白虎通》中的相关章节参看瑞丽1998：164—165页，n99—103。

④ 《易经》，《说卦》3.10；参照卫礼贤(Wilhelm)、贝恩斯(Baynes)1961：294页。

⑤ 同上，《大传》IA，1.1；参照卫礼贤、贝恩斯1961：294页。

⑥ 《春秋繁露》，第43篇；参照瑞丽1998：163页。

疑。这里需要说明两点：首先，《周易》(《易经》的主体文本)与此后《易经》的注疏文本之间存在着差别，这一差别在传统上被"归咎"于孔子。其次，汉代宇宙观与性别之间有着明显的关联，在政治环境中强调"阳"的尊崇地位是谋略上的必要之举。

在汉代宇宙观中，阴阳以及与之相伴的"五行"理念往往被视为传统《易经》中的一部分，因而区分《周易》与《易经》的注疏文本显得尤为重要。《易经》时常被视作阐发阴阳理念的经典，《庄子·杂篇》就将《易经》定义为"易以道阴阳"①。在《易经》中，乾坤也被视为阴阳的同义词。而《易经》本身作为汉代关联宇宙观的理论基础得益于董仲舒的《春秋繁露》。因而，无论是在宇宙观抑或是普及于汉代之后的女性规范教本中，《易经》都被视为在阴阳、男女层级关联的发展中提供了理论上的支持。

但是，通过对《周易》(《易经》的主体文本)的仔细考察，我们惊奇地发现，不但阴阳和男女之间的普遍关联是不存在的，就连"阴阳"这一词汇本身也不存在。实际上，阴阳、男女类比仅仅存在于《易经》的附加注解中。在主体文本《周易》(普遍认定为西周时期的文本)中，初始的概念实为"乾坤"而非"阴阳"。由连接和断开的线条所代表的"乾"、"坤"是每个卦象的基本构成物。学者们普遍认为它起初只是取代商朝(公元前1600—前1045年)甲骨占卜的一种简化方式。② 与公元前3—2世纪阴阳理念发展为"气"之终极二元不同，《周易》中的"乾"、"坤"并非一种二元模式。换言之，它们并不是《周易》六十四卦中的基本二元。《周易》中的八个基本卦象分别由三条线构成——即"乾"和"坤"的无序组合，而六十四卦则由基本卦象两两组合而成。③ 也就是说，每个卦象的含义取决

---

① 《庄子》，第33篇。

② 相关例证参看夏含夷1996:1—13页。根据冯友兰的观点，《易经》之"易"的最初含义为"容易"，因而《易经》应该理解为"通过占卜使事情变得容易"。参看冯友兰1952:I,380页；葛瑞汉1989:359页。

③ 但是最近一些学者对于六十四卦来自八个核心卦象的假定推衍提出了质疑。西周金文和商代甲骨文的研究表明，所有的数字符号通常都与六相关而不是三。夏含夷推测，八个核心卦象的产生可能晚于六十四卦。无论如何，乾、坤并非初始二元。参看夏含夷1993a:216—228页。

于"乾"和"坤"的无序组合。尽管"乾"、"坤"或连接、断开的线条作为每个卦象的基本构成物,但它们却并不适用于二元模式。某种看似合理的观点认为,乾坤作为一个组合在某种程度上可以视作二元模式的类比。但问题的关键在于,每个卦象的含义实为"二乾一坤"、"二坤一乾"或"三坤"、"三乾"等组合衍生而来,并不表现为"一乾一坤"这种宇宙论中类似阴阳二元的组合方式。

作为一种占卜文书,《周易》的核心并不在于乾坤理念,"乾"和"坤"同时也是六十四卦中的两个卦象。相较于此,《周易》更加侧重于对各个卦象固有之模糊征兆的连贯性解读。公元前 535 年进行的一次占卜活动更加清晰地展现了《周易》的主要功能,而这次占卜活动并没有涉及乾坤组合。据《左传》记载:

> 卫襄公夫人姜氏无子,嬖人婤姶生孟絷。孔成子梦康叔谓己:"立元……"婤姶生子,名之曰元。孟絷之足不良,能行。孔成子以《周易》筮之,曰:"元尚享卫国,主其社稷。"遇屯。又曰:"余尚立絷,尚克嘉之。"遇屯之比。以示史朝。史朝曰:"元亨,又何疑焉?"成子曰:"非长之谓乎?"对曰:"康叔名之,可谓长矣。孟非人也,将不列于宗,不可谓长。且其繇曰:利建侯。嗣吉何建? 建非嗣也。二卦皆云,子其建之。"①

根据这段记载,我们可以肯定《周易》最早是用作占卜的文书,它侧重于通过对模糊征兆的解读来支持一些既定的行为。在上述事例中,卫襄公的幼子得以确立为合法继任者就是源于屯卦的征兆预言,"元。亨。利。征。勿用有攸往。利建候"。将屯卦解读为立幼子吉利的原因在于其卦辞中的"元"字也是卫襄公幼子之名,并且卦辞说的是"建"而不是继嗣。比卦第三爻曰:"比之非人。"它又被解读为:卫襄公的长子孟絷不是一个健全之人,因而他不能成为合法的继任者。显然,在占卜过程中,卦辞预

---

① 《左传》"昭公七年";参照理雅各 1960:614—615 页;夏含夷 1996:7—8 页。

言的模糊不清为当事者提供了一个较为灵活的解读空间。通过这段记载,我们也可以看到,乾坤组合在卦象的解读中并不起到特殊的作用。而为了确保作为占卜工具的固有模糊性,对卦辞含义的"合理推测"也排斥着任何形式的体制化或简化为"乾坤"、"阴阳"等单一二元理念的举动。

只有在此后添加于《易经》的附录和注解中,"乾坤"才被视为与"阴阳"类似的终极二元。例如,《易经大传》曰:"乾坤,其易之门邪? 乾,阳物也;坤,阴物也"[1],这里的"乾坤"和"阴阳"已然成为同义词。尽管传统观点将这些附录归于孔子所作,但它们很可能形成于公元前 3 世纪的秦朝或西汉。[2] 据葛瑞汉推测,"儒生所作《易经》附录的出现应该不晚于西汉早期"[3]。并且,"绝大部分或所有附录内容都被称之为'十翼'……此后又被归于孔子所作,但它们极有可能形成于公元前 200 年前后的几十年中"[4]。如果这一推测能够成立,那么《易经》附录中乾坤二元的诞生似乎与公元前 3—2 世纪"阴阳"固化为终极二元发生在同一时期。而在这一时期,邹衍(公元前 305—前 240 年)的阴阳五行理论正支配着整个政治环境。因而,以下的推测就显得较为合理,即在儒家传统中,"乾坤"和"阴阳"的结合以及与儒家不甚相干的"阴阳"和"五行"的结合,通过公元前 3 世纪中叶的邹衍而获得了广泛普及。

上述推测可以通过以下两个文本证据得到进一步的说明。首先,在《易经》公认文本中较为显著的阴阳五行理念却完全不见于除《荀子》以外的所有先秦儒家典籍之原文中。而"五行"一词只在《荀子》中出现过一次,阴阳理念则通篇未有涉及。"五行"在《荀子》中通常被理解为五种

---

① 《易经》,"大传"注解 II,6.1;参照卫礼贤、贝恩斯 1961:369 页。
② 相关例证参看夏含夷 1993a:221 页。夏含夷认为:"毫无疑问,这些注解并非出自孔子之手","一般而言,它们可能形成于公元前 3 世纪中叶到前 2 世纪早期,而《说卦》很有可能形成于东汉时期"。
③ 葛瑞汉 1986:13 页。
④ 葛瑞汉 1989:359 页。

道德典范(仁、义、礼、智、信)而并非五种元素(金、木、水、火、土)。① 我们尚不清楚《荀子》中作为道德典范的"五行"是一种衍生概念还是完全独创的概念。但无论如何,"五行"却时常涉及一些不值得花费任何精力去关注的神秘话题,因而在荀子本人看来五行理论是非学术的,"案往旧造说,谓之五行,甚僻违而无类,幽隐而无说,闭约而无解……"②荀子对五行理论中神秘知识的不屑似乎与孔子对"怪、力、乱、神"的排斥不谋而合。而荀子的否定性评价则表明了公元前3世纪五行理论的非儒学起源。这种非儒学起源部分解释了五行理论在儒家《四书》——《论语》、《孟子》、《大学》、《中庸》——中的一致性"缺席"。不仅五行理论如此,"阴阳"一词也同样未曾提及。③

---

① 参照葛瑞汉 1986:76 页。在《荀子》中,"五行"一词表述为五种德行而不是五种相克循环,这一观点源自孔子的孙子——子思所创作的《五行篇》。在这个新发现的文本中,"五行"的内容稍有变化,包括仁、礼、义、智、圣五种德行。与"五行"一词无关联的五种德行组合序列同样出现在《孟子》第 14 章中。但是,无论在子思的《五行篇》或《孟子》中,五种德行都与循环运转无关。由于缺少相关的文本证据,我们尚不清楚《荀子》中作为五种德行的"五行"是否为循环运转的衍生概念或者是一种独立概念。

在邹衍的五德理论中,五种德行已经被统和为"五行"。"五行"一词最早出现在《尚书·洪范篇》中。但我们也发现例如五福、五事、五祀、三德、六极等其他关联语汇。

"五行"与五种德行之间的复杂关联在东汉的典籍《白虎通》内也有所反映。在《白虎通》内,五种德行被统和入五行理论,如下表所示:

五行	木	火	土	金	水
四季	春	夏		秋	冬
四方	东	南	(中)	西	北
五色	青	红	黄	白	黑
五脏	肝	心	脾	肺	肾
五德	仁	礼	信	义	智

(图表引自葛瑞汉 1989:382;参照《白虎通》,卷 8《性情》)

"五德"与"五行"之间的类比关联也出现在《礼记·月令》中,它部分源自成书于公元前 3世纪的《吕氏春秋》。相关内容参看鲁宾 1982:136、143。

② 有关"五行"一词,参看《荀子》第 6 篇;有关"阴阳"一词,参看《荀子》第 17、19 篇。

③ 荀子在表明自己对五行理论的否定态度后也提到了子思和孟子对于这个无价值理论的推广(《荀子》第 6 篇)。但是,子思和孟子对于五行理论的推广无法得到进一步证实。在《孟子》现行版本中从未提及五行理论。而在孟子死后,其弟子将五行阴阳观念掺杂入孟子的传统思想则是有可能的。至于子思,将带有五行理论的新发现文本归于子思的可靠性尚待进一步证实,但其创作年代大约在公元前 300 年左右。

　　根据传统注解,《论语》第七章中的"易"字被解释为《易经》,这是孔子唯一一次带着崇敬之情提及《易经》。但这一解释在此后遭到了质疑。根据安乐哲、罗思文以及其他学者的研究,"易"字在公认文本中也被写作"亦"。① 尽管《易经》作为一种权威在《荀子》中出现过几次,但荀子本人并不将其视为基本典籍去研习。在《荀子》开篇第一章《劝学》中,《易经》甚至不在五经——《礼》、《乐》、《诗》、《书》、《春秋》之列。② 但如果《易经》中的附录内容确为公元前 5 世纪的孔子所作,那么荀子将《易经》排除于必学典籍之列的举动就着实令人费解。此外,如果阴阳五行理念确因上古儒生的杜撰而显名,那么它在先秦儒家典籍中的一致性"缺席"就更加离奇了。因而,最简单的解释就是:出自《易经》注解并且此后成为汉代宇宙论基础的阴阳五行理念具有一个非儒学的起源,它并不是秦朝或西汉之前儒家思想中的固有部分。

　　认为《易经》注解与阴阳五行理念都是形成于公元前 3 世纪中叶到前 2 世纪早期的第二个文本证据在于:如果阴阳五行理念在汉代之前所有儒家典籍原文中的可疑"缺席"表明了公元前 3 世纪之前乾坤或阴阳二元的边缘性,那么《易经》附录部分诞生于公元前 3 世纪中叶将成为可

---

① 相关例证参看安乐哲、郝大维 1998:114—115 页;刘殿爵 1979:88 页;葛瑞汉 1986:9 页。《易经》7.17 中有关"易"字的阐释通常作为对于《易经》的辅助理解出现在《史记·孔子世家》中。根据司马迁(公元前 145—前 90 年)的记载,孔子晚年对《易经》有着浓厚的兴趣,"孔子晚而善易,序象、系、象、说卦、文言。读易,韦编三绝"(《史记》,卷 47;参照安乐哲、罗思文 1998:241n108;瑞丽 1998:145n19)。司马迁记载的准确与否难以证实。但需要注意的是,《史记》成书于公元前 2 世纪晚期到 1 世纪,晚于《易经》被合并入儒家五经的公元前 136 年。因而,汉代以后《易经》与儒家思想或孔子本人之间的关联变得自然而又必然。在《庄子·外篇·天文》中,孔子也被认为精通包括《易经》在内的六经。而当代学者认为这段文字很可能形成于公元前 2 世纪晚期。参照罗浩(Roth Harold D)1993:56—57 页。

② 《荀子》,第 1 篇;参看德效骞 1928:36—37 页。在《荀子》中,《易经》并不显得很重要。但是,根据编录《荀子》的汉代学者刘向所言,荀子精通《易经》。此外,约翰·诺伯洛克(John Knoblock)指出,《史记》中记载了一个精通《荀子》的学者孟希,而他同时也精通《易经》。在《荀子》第 5 篇中,《易经》被视为一种权威,但与阴阳或五行理念没有关联。在第 27 篇中,荀子用了三段文字来集中阐释《易经》。但所有这些都无法提供明确的文本证据以表明荀子确实在他的著作中特别关注过《易经》或乾坤、阴阳理念。与《易经》相比,其他典籍如《诗经》、《礼记》等则频繁地被视为权威经典。参照约翰·诺伯洛克 1988:I,42—48 页。

能,此时邹衍的五德理论正处于支配地位。而《易经》附录部分(在这里乾坤与阴阳二元理念相等同)的创作时间与我们此前所估计的阴阳理念转化为终极二元的时间(公元前 2—3 世纪)完全一致。如果认为《易经》附录中的阴阳、天地或阴阳、男女类比为汉代典籍《春秋繁露》中的阴阳、男女层级关联提供了理论上的合理性支持,那么阴阳五行理念首次归为儒家思想的历史背景将与理解阴阳、男女类比的起源之间存在着莫大的联系。

如果我们将董仲舒的阴阳、男女类比放置到恰当的历史脉络中去考察,那么阴阳五行理念归为儒家思想以及对"阳尊阴卑"的强调将变得更为合理,它实际上是公元前 3 世纪中叶邹衍的五德理论在政治领域崛起的必然表现。

受汉学家瞩目的"阴阳"和"五行"最初是两个不同的概念。[1] "五行"一词最早出现在《尚书·洪范篇》中,它作为一个类别概念涉及日常生活中的五种基本物质(金、木、水、水、土)。五行的原始含义不同于此后的阴阳五行理念,五种基本物质之间不存在循环运动。只有在获得充分发展的阴阳五行理念中,阴阳二气在四季中的循环运转才和五行的相克循环合为一体。"阴阳"和"五行"的结合可以追溯到阴阳学派的创始人邹衍(公元前 305—前 240 年)[2],他在五德理论中花费了十万多字的笔墨来阐述阴阳五行理念。[3] 不幸的是这些文字没有能够保留到今天。我们对于邹衍五德理论的相关信息主要来自司马迁的《史记》。根据《史记》记载,邹衍生活在战国时期(公元前 479 年—前 222 年),他对五种力量

[1] 相关例证参看鲁宾 1982 或徐复观 1961。
[2] 传统观点认为,阴阳和五行理论的结合始于董仲舒,尽管部分学者对此表示质疑。参看桂思卓(Sarah A. Queen)1996:3、101 页。桂思卓认为阴阳和五行的结合至迟开始于公元前 3 世纪,他甚至对董仲舒是《五行》的作者表示质疑,认为《五行》实际上是东汉多位学者共同完成的。
[3] 有关阴阳家的简单介绍,参看陈荣捷 1963:244—250;鲁宾 1982:131—132 页。后者对陈的观点提出了异议。据《史记·孟子荀卿列传》记载:"(邹衍)深观阴阳消息而作怪迂之变,终始、大圣之篇十余万言。"(《史记》卷 74)引自鲁宾 1982:142 页。

的循环运转有着深刻的认识。五德理论使其在国君和贵族之间声名大噪，这些国君和贵族们怀着无比敬畏之情去阅读他的著作。[①] 邹衍五德理论的吸引力在于它为战国这个中国历史上最为暴力的时代提供了一个征服他国之强有力的理论基础。

尽管在贵族间声名鹊起，但邹衍并不受到那个时代学术圈的尊崇。虽然在《史记》中太史公将邹衍的阴阳学派列为六大哲学派别之一，但他的五行理论往往被公元前3世纪的学者所忽视或轻视。如上文所述，荀子就将五行理论看作神秘、无价值的学问。在《韩非子》中，邹衍往往与荒谬的占卜预言同时出现。而在《庄子·天下篇》中，庄子对所有主流学派的思想都做了相关的评论，唯独没有提及阴阳学派。正如葛瑞汉所言，邹衍可能属于当时学术圈以外的世界，他首先或主要以一个具备神秘知识的方士身份为人们所知晓，但这种身份为孔子所轻视。[②] 阴阳五行理论连同邹衍所创阴阳学派的非正统起源为相关理念在儒家"四书"中的一致性"缺席"提供了部分解释。它在公元前3世纪学术圈中的边缘地位与此后成为中国政治理论的核心形成了强烈的反差，经过西汉初期合并与重塑后的《易经》也开始迈入"五经"的行列，并且成为儒家正统经典的一部分。

尽管在同时代的学者看来邹衍是个边缘化的人物，但他的五德理论却在公元前3世纪中叶的政治舞台上发挥着重大的影响。五德相克循环的思想为战胜弱小国家提供了强有力的理论基础，也因而为王朝的更替提供了合法性依据。根据邹衍的理论，在五种力量（金、木、水、火、土）的循环中，每个力量的背后都有着一个与之相克的力量（如木克土、金克木、火克金、水克火、土克水）。这种相克循环与一年四季中"春夏之阳"必将被"秋冬之阴"所取代是一致的。五种力量的循环运转也与历史的演进相一致。在历史演进中，王朝的兴衰被归因于特定历史时期盛行的

---

① 据司马迁记载，"是时独有邹衍，明于五德之传，而散消息之分，以显诸侯"（《史记》卷26）。参照鲁宾1982：142页。

② 葛瑞汉1986：12—13页。

某种力量。例如,根据邹衍的解释,舜为土德,因而必然被具备木德的夏朝所取代;商为金德,因而必然被具备火德的周朝所推翻。根据这种相克模式,作为复杂的阴阳五行宇宙论中的一部分,取代周朝统治地位的下一个王朝必为水德——来自冬季太阴的力量。

经历了漫长的战国分裂期,衰落的周王朝最终在公元前 221 年为秦朝所取代并重获统一。统一天下之后秦始皇对邹衍的五德理论产生了浓厚的兴趣,他宣称自己的王朝属于水德。根据《史记》的记载,始皇不仅宣称秦朝为水德,而且将黄河改名为德水,以此来彰显其统治的合法性。在复杂的阴阳五行关联中,水与黑色、四季之秋冬、残酷的刑罚以及死亡相联系。因而秦始皇以黑色作为皇室的代表颜色,下令以十月的第一天(秋天的开始)作为一年之首,并且采用严苛的法律和残酷的刑罚来治理国家。①

推崇水德和"冬季之阴"的秦王朝与它的取代者汉王朝之间存在着巨大的反差。汉王朝将代表着"春季之阳"的儒家学说作为帝国的正统思想,宣称它的仁慈的统治建立在儒家仁德理念的基础之上。汉初阴阳力量的象征性逆转在董仲舒的《春秋繁露》(伦理与宇宙观相混合的著述)中表露无遗。该书认为,阴与冬季、刑罚相关联,而阳与春季、美德相关联,"阳天之德,阴天之刑也。阳气暖而阴气寒"②,因而"天务德而不务刑"是自然之理。董仲舒在诸多章节中反复强调了"阳尊阴卑"的主张。③《春秋繁露》对于"阳"的尊崇归根到底在于"阳"和美德、仁慈统治以及"阴"和刑罚、死亡之间的关联。这种关联又因秦王朝将法律、刑罚视作邹衍阴阳五行宇宙观中"阴"的象征性代表而得到了强化。

在邹衍五德理论的影响下,秦以水德自居且倾向于以刑、法为主的法家传统。以下两个假设似乎较为合理,首先,阴阳五行理论在秦末汉

---

① 有关邹衍五德理论以及它对秦朝的影响,参看《史记》卷 6、26、28、34、44、46、74 和 76。参看鲁宾 1982:141—150 页;葛瑞汉 1986:11—13 页,n15。

② 《春秋繁露》,卷 43。

③ 同上卷 43、44、46、51 和 53。

初归入儒家思想是公元前 3 世纪政治气候——阴阳五行宇宙论占支配地位——的必然表现。在这一时期，《易经》附录和注解的创作以及将其归之于孔子的举动实乃儒生为了与政治上占优势地位的阴阳五行理论相竞争的关键一步。通过将《易经》附录归之于孔子，阴阳五行这个盛行的非儒理论开始转化为儒家传统中的一部分。此外，由于秦朝焚书令的颁行，除医药、占卜、栽培种植等书籍外，其余各家学派的典籍都被付之一炬。而涉及天、地等神秘知识的占卜之书——《易经》得到了秦王朝的"宽宥"。《易经》的幸免于难在某种程度上为公元前 3 世纪的儒生推广阴阳五行理论提供了保障。[1]

再者，对阴阳五行宇宙论中"阳尊阴卑"理念的推崇是西汉儒生在政治策略上的必要之举，这尤其表现在公元前 136 年董仲舒极力促成儒家"五经"提升为汉帝国之正统学说上。[2] 董仲舒一方面强调"阳尊阴卑"，以儒家学说中的德治主张来抗衡亡秦的法家倾向（以刑、法为主）。另一方面，他又将具有合法性的汉王朝与以水德自居、以"阴"或刑罚作为统治力量的秦王朝作了一个象征性的区分。

我们应该明确《易经》与此后由乾坤宇宙论所支配的《易经》注解之间的区别。同时，我们也应该认识到在阴阳五行理论首次归入儒家思想的背后，"阳尊阴卑"理念实为汉儒在伦理和宇宙论领域的一种策略。现在，让我们回到阴阳二元的互补性和性别层级之间的关联这个初始问题上。在《易经》和《春秋繁露》中，"天"、"阳"、"男"凌驾于"地"、"阴"、"女"之上。汉代以后，层级的阴阳、天地和阴阳、男女类比充斥于文人的各种

---

[1]《史记》，卷 6；参照葛瑞汉 1989：371—372。

[2] 有关董仲舒在汉武帝时期推动儒家经典（包括《易经》成为官方正统学说的作用，参看桂思卓 1996：序言，2、24—25 页和结语 227—228 页。或席文（Sivin）1995：36—37 页；葛瑞汉 1989：378 页。

法家和儒家之间的激烈斗争可以从西汉的人才录用机制中窥见。根据《汉书》记载，在公元前 141 年，所有的法家学者都被剥夺了政府职务。随之而来的是帝国学者数量的锐减以及学者的知识被局限在五经之中。参照毕汉斯（Hans Bielenstein）1980：第 6 章《察举制》，138 页。

言论中,尤其是涉及有德之女扮演女儿、妻子和母亲角色的规范性等话题。在以上两部典籍中,丈夫和妻子或父亲和母亲之间具有明确的等级之分。在《易经》注解中,乾是天、父,坤是地、母,天尊而地卑。而在《春秋繁露》中,丈夫为阳,妻子为阴,阳尊而阴卑。① 但是我们知道,在汉代的宇宙论中层级的阴阳二元同时也是一种互补二元。换言之,尽管在阴阳、天地和阴阳、男女关联中存在着层级体系,但阴阳二元既不是对抗性二元更不是一种特殊的性别理念。

虽然受到尊崇的"天"、"乾"、"男"和卑下的"地"、"坤"、"女"之间具有不平等的地位,但它们是完整的互补组合,而非彼此否定。乾坤、男女层级的模糊性可以通过以下《易经》注解中的一段文字得到最好的阐释,现摘录如下:

> 天尊地卑,乾坤定矣。卑高以陈,贵贱位矣……乾道成男,坤道成女。乾知大始,坤作成物。乾以易知,坤以简能。易则易知,简则易从。易知则有亲,易从则有功。有亲则可久,有功则可大。可久则贤人之德,可大则贤人之业。易简而天下之理得,而位成乎其中矣。②

在这段文字的开头,"天"、"乾"、"男"凌驾于"地"、"坤"、"女"之上的天地、乾坤和男女关联有着明显的层级之分。根据西方的二元范例,前者可以视为完美的典范,而后者只是从属、派生的一方。但是我们发现,在后文中这种固定的层级体系开始逐渐消失,取而代之的是一种互补体系,乾、坤等不同力量展现出互补的倾向。而在"大始"和"成物"、"可久"和"可大"或"德"和"业"之间并不存在固定的层级关系。此外,乾坤组合与不同认知模式之间的关联是无性别偏见的。正如艾莉森·布莱克(Alison Black)总结的那样,"这里不存在绝对的区分,'知'指代一种特殊的男性能力以及与之相对应的特殊女性能力。它展现在这样一个无

---

① 有关《易经》,参照注释 44、51;有关《春秋繁露》,参照卷 43。
② 《易经》,"大传"注解 IA,1.1,4—7 页;参照卫礼贤、贝恩斯 1961:301—308 页。

性别区分的上下文环境中是完全能够令人信服的"①。而在《易经》中,性别层级体系和乾坤宇宙观之间的关联至多处于一种模棱两可的状态。我们甚至可以进一步认为,层级的乾坤、天地和乾坤、男女类比是互补的并且极有可能是无性别偏见的。

阴阳二元的互补性在《春秋繁露》中较为显著,尽管董仲舒大谈"阳尊阴卑"理念。虽然"阳"与美德、万物初生的春天而"阴"与刑罚、冰冷严寒的冬日相关联,但"阳"却无法将自我塑造成绝对的优者。"阴"和"阳"相互从属、彼此构成。整体的功效依赖于阴阳二者的协同共进,"春夏之阳,秋冬之阴。不独在天,亦在于人。人无春气,何以博爱而容众? 人无秋气,何以立严而成功? 人无夏气,何以盛养而乐生,人无冬气,何以哀死而恤丧"②? 就如同带有不同特质的四季彼此互补终成一年之循环,阴阳对于"成人"亦有无法抛却的价值和重要性。需要强调的既非"阳"固有的优势或"阴"固有的劣势,更非"阳"的自主能动或"阴"的被动从属,关键在于阴阳二者的和谐运作。恰如董仲舒所言:"独阴不生,独阳不生,阴阳与天地参然后生。"③

尽管在汉代的宇宙论中,阴阳隐喻与性别相关,但它并不是针对性别区分的理念。我的意思是,阴阳隐喻既不受到人类社会假设之性别层级的局限,更非源自于后者。不同于西方具有男女性别偏见的二元范例,汉代宇宙论中的层级阴阳隐喻时常表现为跨越两性或超越两性的状态。例如,在《春秋繁露》中阴阳之道不仅适用于夫妻关系,更适用于父子、君臣关系,"君臣、父子、夫妇之义,皆取诸阴阳之道"④。虽然西方的男女属性同样适用于无性别特征的事物,如形式和本质或精神和肉体等,但性别区分限定着它们的两极倾向。也就是说,劣者往往被归结为女性气质的表现,而优者为男性气质的表现。然而在汉代的宇宙论中,

---

① 布莱克 1986:174—178 页。
②《春秋繁露》,卷 46。
③ 同上,卷 70。
④ 同上,卷 53。

妻、子、臣等作为社会角色中的劣者却并不表现为女性气质。优者和劣者、"阳"和"阴"等基本组合中的层级体系或互补关系完全是以社会关系为基础的。因而,"尊阳抑阴"的层级体系虽然适用于性别,却并不基于性别本身。

由于性别并非阴阳二元的基础,因而"阳"不专指男性,"阴"也不专指女性。"阳尊阴卑"适用于所有具有层级的社会关系。在这里,优者和劣者并不各自表现为男性气质和女性气质。无论男性或女性都可以凭借自身的社会角色和人际关系中的地位同时兼具"阳"或"阴"的特质,"君为阳、臣为阴;父为阳、子为阴;夫为阳、妻为阴"①。父亲相对于儿子为"阳",但作为君主的臣子却又表现为"阴"。儿子在父子关系中表现为"阴",但在夫妻关系中却又表现为"阳"。在层级的亲属体系中,女性生下儿子后,相对于儿子或儿媳,她又转变为社会的上位者。与其说阴阳存在固有的性别特质不如说阴阳二元仅仅是层级体系中的一种占位器,同时它也是一种表现为亲子、君臣、夫妻、德刑和春秋等关系的互补二元。

阴阳二元的互补性及其不存在固有的性别特质等问题同样可以通过医学典籍来说明。在这些医学典籍中,阴阳二元构成了中国古代医学理论的基本架构。费侠莉(Charlotte Furth)对古代医学典籍中的阴阳隐喻做了大量细致的研究,她认为:"在中国的宇宙论中,阴阳并不具有性别属性,但阴阳本身构成了依性别而划分的人体乃至整个世界的基础。"②也就是说,阴阳并不具有基于男女先天性别差异而带来的内在性别特质。此外,作为基本二元的阴阳是性别衍生出自我意义的源泉。阴阳及其特性为中国古代医学理论所向往的理想机体创造了一个独特的雌雄同体类别。正如费侠莉所言,"《黄帝内经》中所向往的理想机体实际上是阴阳兼备的"③。而中国古代医学理论排斥被费侠莉称之为"单一

---

① 《春秋繁露》,卷 53。
② 费侠莉 1999:301—302 页。
③ 同上:46,52 页。

性别"模式的欧洲古典医学。与之相反,在中国古代医学看来,阴阳的平衡造就了人们向往的健康机体。瑞丽在有关阴阳二元的研究中也得出了类似的结论,即阴阳和谐乃健康机体的关键所在。[①] 当然,"阴"或"阳"的过分充盈也会对机体造成危害,正如《黄帝内经》所载,"阴阳四时者,万物之始终也,死生之本也"以及"阴胜则阳病,阳胜则阴病。阳胜则热,阴胜则寒"[②]。因而,一个健康的机体必然表现为内在的阴阳平衡,而绝非一方支配着另一方。

概括而言,上文所论阴阳隐喻的演变过程可以总结如下:首先,在早于公元前4世纪的文献中,阴阳属于天之六气,它们建立在四季有规律的演化模式基础上。在这一阶段,阴阳二元是无层级、无性别特质的循环组合。其次,在公元前3—2世纪,阴阳开始转变为气的终极二元,但阴阳与性别之间的关联只是一种偶发现象。再次,当阴阳、天地和阴阳、男女类比成为《易经》附录、注解和董仲舒《春秋繁露》中阴阳隐喻的常态表现时,阴阳二元虽有层级性,却同时兼具互补性。二者之价值或功能虽有高下之分,但彼此并不对立。尽管层级的阴阳隐喻可能适用于阴阳五行宇宙论乃至包括两性在内的社会关系,但阴阳二元并不是具有性别特征的概念。

与西方女权主义者将两性设想为潜藏于人类知识世界各个方面的形而上学之基本两极相反,阴阳二元作为中国宇宙论中的终极二元并不建立在两性基础之上。正如艾莉森·布莱克在有关阴阳二元的研究中总结的那样,"可以确切地说,中国宇宙论中的基本两极并非男女两性。无论是在语源学、初始状态抑或是此后的演变发展中,阴、阳并不完全意味着女性气质和男性气质。实际上,性别依赖于其他众多能够成就自我价值的社会关系"[③]。换言之,阴阳和男女气质并非同等概念。无论是否与层级的社会关系相关联,阴阳二元总的来说是一种互补二元。根据女

---

① 瑞丽1998:第7章《医学文本中的阴阳理念》,169—193页。

② 同上:182、184页。

③ 布莱克1986:185页。

权主义者的表述,与男性相关联的例如理性、精神或超然特质的优越地位和与女性相关联的例如感性、肉体或内敛特质的卑贱地位之间的强烈对比,构成了西方阐释性别压迫的理论基础。但与此相反,阴阳二元并不构成男女两性社会资源和权力不公平分配的理论基础。阴阳和层级性别之间的关联无法解释中国女性"贬值"的原因,也无法展现中国女性"贬值"的途径。这与西方笛卡尔哲学中理性精神能够概念地远离机械肉体截然不同。"阳"既不是一种外化于"阴"之固有世界的先验能动,也不扮演意志超越机械自然法则的康德式道德代理人。

相反,在宇宙论或人体内,阴阳之间的互补性和动态交互作用展现了一个有关男女性别差异的灵活理念。如果将其运用到性别研究领域,或许我们会对性别角色的认识更加宽容。这种可能性在费侠莉的研究中甚为显著,"在建立于阴阳宇宙观基础之上的中国生物学思想中并不存在固化的、不可变更的分别代表阴阳的女性和男性。作为气之终极的阴阳二元是互补的、相互作用的……在医学领域,潜藏于人体内的阴阳二气及其相关功能同样也是相互依赖、彼此加强甚至能够转化为对方。这种自然哲学将赋予我们以更加广阔的视野和宽容的心态去看待性别行为和性别角色的演变"[1]。但实际上,正如费侠莉所言,阴阳二元在宇宙论或医学理论中的灵活性与中国性别体系内性别角色的僵化形成了强烈反差。[2] 总之,阴阳隐喻的互补性并不构成实际社会中层级的性别角色在理论上的决定因素。

然而,在早期西方女权主义者有关中国性别关系的著作中,"阴"的包容特质被视为中国女性卑下、从属于男性的理论基础。例如,托培理(Marjorie Topley)在其著作中写道:"女性的卑下地位受到观念上层建筑的支撑,它将女性等同于'阴'(代表黑暗、无知、消极以及儒家所谓的

---

① 费侠莉 1998:3 页。

② 同上:1 页。费侠莉认为,"中国的宇宙观建立在阴阳互动所产生的性别区分,以及自然哲学中相关联的、灵活两极的基础上。另一方面,儒学所构造的性别观与森严的层级亲属角色密切相连"。

不祥）这种宇宙构成物。"①在这段文字中，"阴"代表着绝对的女性气质，相对于积极、吉祥的"阳"而言，它是卑下、矛盾的一方。但是，这类观点只是对"阴"卑下特质以及"阴"与女性之间因果关联的背景假设。这种背景假设实际上根植于西方的性别二元范例。在性别二元范例中，不公平的权力分配被概念地建立在"男强女弱"的自然属性上，而这种自然属性又过分强调毫不具备交互作用的男性典范。

但阴阳之间存在着无法忽视的互补性。将二元范例强加于阴阳隐喻的举动是不合适的，并且是一种误导。因为这不仅将中国的性别体系简化为两组矛盾的、本体论之固有性别特质，更为重要的是，它忽视了性别体系中孕育出的中国亲属关系。我们不能依据阴阳二元将性别简化为有性机体的内在属性，尤其是在阴阳二元并不对立而性别本身也不被构想为超越具体家庭关系之本体论范畴的中国。在此理解基础之上，我们将依据内外二元理念下的社会角色来进一步探讨具体的性别标识问题。

---

① 托培理 1975:78 页。类似的观点参照萧虹（Lily Xiao Hong Lee）1994:13 页；奥尔加·兰 1968:43 页。更多当代学者有关阴阳宇宙观和性别层级之关联的阐述，参看韩献博（Bret Hinsch）:2002。

第四章　内外、两性之别与恰如其分的礼仪①

与阴阳隐喻相比,学者们相对忽视了空间上的内外两极。② 与性别相关联的"内外"通常等同于以下两组相互对立、冲突的概念,即家与国(也相应地代表着公与私之间的独特区分)以及女性与男性。但正如上文所论,将西方的二元范例强加于中国的互补、关联思维是不合适的。因而,表面上协和一致的内外、公私或家国概念也亟待我们去重新审视。从字面或生理意义而言,侧重于从男女的自然区别去理解中国性别体系的传统思维,忽视了动态、关联的内外隐喻在性别体系构造过程中的象征作用。因而,对于传统中国的两性关系以及它与儒家思想之间的关联等问题的早期论断也不可避免地存在着片面性。在西方学者看来,由于强调了内外隐喻在性别体系构造过程中的静态属性,中国及其牢固的家庭结构似乎被冻结在时间中。尽管对中国文化表示出极大的赞许,但早

---

① 该章节相关内容曾以《内外、礼仪和性别区分》为题发表于《亚洲哲学》2004 年 3 月,第 41—53 页,已获再版许可。

② 在有关哲学与中国性别关系的研究中,对于内外理念的探讨尚为粗略。有关"内外"理念的深入研究,参看瑞丽 1998:第 8,9 章。有关内外界限转变本质的简要论述,参看安乐哲 1994:204—205 页;高彦颐 1994:12—14 页、143—147 页;曼素恩 1997:15、223—224 页;伊佩霞 1993:23—27 页;胡缨 1997:72—99 页。胡文注重将"内"视为家内领域、"外"视为少数民族外部领域的虚构表述方式。

期汉学家奥尔加·兰(Olga Lang)在有关中国家庭和社会的开创性研究中仍然认为："帝制中国是一个静态的文明"，而儒家学说则是"强化中华文明停滞特性的巨大力量"①。福柯在总结西方学者对于中国文化的印象时也认为："在我们的传统印象中，中国文化最是一丝不苟、最是秩序井然。它对世间琐事并不关注，依恋于对空间的纯粹描绘；我们将其视为一种在蓝天下永恒不变的抑制性文明；它的扩展或收缩仅仅限定于长城所环绕的整个大陆表面。"②

　　西方学者将中国视为冻结在时间中、被坚固的城墙所环绕的停滞文明的主观印象，部分源自对中国家庭和社会结构的观察。在中国的家庭和社会结构中，男性和女性分别具有各自相对独立的空间，"内"与"外"之间彼此分隔而不得逾越。但是，作为性别区分和礼仪得体标识的内外理念是一种中心与外围、根本与衍生之间的动态交互作用。依赖于社会、政治环境下的独特构造，内外之间的界限不断移动并且不时作出新的调整。内外之间的多层含义无法被类似于家与国或私与公等二元模式的静态表现所涵盖。在类似的静态表现中，女性受到的压迫被理所当然地归结为自我家庭生活与男性公共生活的空间隔绝。但大量有关帝制中国性别关系的研究表明，女性的确获得了社会的认可而得以越过预设的、森严的内外界限。因而将"内"与"外"作为男性和女性在个人、社会或政治领域静态区别的一般表现已然显得不大合适。③

　　"内"与"外"的区分不仅仅代表着两性关系之间的恰当礼仪，它更是文明开化的表现。或者说，"内"与"外"不但体现在性别构造或礼仪化的过程中，更体现在由野蛮到文明的演进中。瑞丽认为空间上的内外之分以及男女之别应该理解为"男性和女性在功能上的区别，而不是人为预设的、绝对的、不可转变的机体、社会或智力上的差别"④。

----

① 奥尔加·兰 1968:10—11、333 页。
② 引自韩庄(John Hay)1994:8 页。
③ 相关例证参看，瑞丽 1998:第 8、9 章;高彦颐 1994;曼素恩 1997;伊佩霞 1993。
④ 瑞丽 1998:213 页。

　　在下文中,我们将通过儒家的四书五经和《管子》、《墨子》、《荀子》等先秦典籍以及《盐铁论》、《淮南子》、《汉书》等汉代文献考察内外空间的历史起源和"男女之别"、"礼"等相关概念。这种历史文本的考察将使我们能够探寻到"内外"一词的哲学起源、在性别构造过程中超越两性界限的象征功能,以及它与文明社会极具决定性意义的未来之间的内在关联。在明晰内外空间动态、多层次含义的基础上,我们将通过假设限定于家庭环境中的性别角色来进一步关注"内外"在性别构造过程中的象征功能,以及通过"三从"观念考察它与层级性别体系之间的关联。只有在具有决定意义的礼仪规范和恰当的性别关系中探寻内外空间的变化特征和象征功能,我们才能够完全把握性别的复杂内涵。由于母亲在中国亲属结构中的权威地位以及实际历史中社会对偶尔逾越性别界限的许可,由"男女之别"和"内外之分"共同支撑的表面上毫无疑问的层级性别体系将更具复杂性。抛却内外与层级性别、公私、家国之间预设的协和一致,我们试图通过文本研究去探寻内外空间的历史起源,揭开内外、礼仪和文明之间隐藏的并且尚属假设的关联。

内外、礼仪化与文明

　　我们所关注的"内外"一词在规范恰当的性别关系和性别空间的礼仪教导类典籍中甚为显著,但在早期经典文本中却不易找到。在"五经"中,除了成书于西汉早期的《礼记》以及可能形成于战国晚期到西汉早期的《易经》注解之外,"内外"一词相当边缘化并且与性别之间不存在任何的关联。① 换言之,"内外"一词并不见于《诗经》和《春秋》,在《尚书》中也较少出现。② 至于"四书","内外"一词在《论语》中未见提及。在《中庸》

---

① 例如在《礼记·内则》中,男性和女性恰当的性别空间被定义为"内"和"外"。参照理雅各1967:I,449—479 页。例如《易经》第三十七卦——"家人";译自卫礼贤、伊佩霞 1977:214—224 页。

② 参照理雅各 1960:III、IV、V。但是在《左传》中并未出现"内外"一词。有关《左传》的成书年代,参看鲁惟一 1993:67—76 页。

和《大学》中,"内外"与性别之间也不存在特定的关联,相反它与财富及"仁"、"智"等美德相联系。《大学》倡导君子的第一特质在于培养自身的美德,"德者本也,财者末也。外本内末,争民施夺"①。在这段文字中,"内"代表着儒家自我修行式伦理道德的核心,而"外"则意味着由美好社会所带来的外在财富。类似于阴阳组合,"内"与"外"也不是相互对立、彼此斗争的两个范畴。相反,它们是相辅相成的。《中庸》内的这段文字也足以说明这一问题,"诚者非自己而己也,所以成物也。成己,仁也;成物,知也。性之德也,合外内之道也,故时措之宜也"②。

在《孟子》中,"内"与"外"之间的互补性和相互依赖性更加突出。在与告子有关人性的著名辩论中,孟子再三批判了告子将"仁"与"义"、"性"与"命"严格区分为两个不对等范畴的主张。在孟子看来,"内"与"外"并非一种本质的区分,它们只是"度"之别,而非"质"之别。在面对"性"与"命"的错误二分法时,孟子认为:"口之于味也,目之于色也,耳之于声也,鼻之于臭也,四肢之于安佚也,性也,有命焉,君子不谓性也。仁之于父子也,义之于君臣也,礼之于宾主也,智之于贤者也,圣人之于天道也,命也,有性焉,君子不谓命也。"③故而,"内"与"外"如同"性"与"命"一样,是彼此部分一致的相关范畴。

在牢牢把握"内"、"外"相互作用、彼此依赖的基础上,我们对《孟子》中"内外"与"性命"之间的关联将获得更为恰当的认识。孟子认为《尚书》中记载的有关上古圣王的黄金时代"内无怨女,外无旷夫"④。在早期注解中,"内"与"外"被直接解释为家庭之内和家庭之外。尽管这种解释局限于文本而忽略了内外之间的相互依赖性,但我们可以从中看出女性所处的"内空间"与男性所处的"外空间"实际上是彼此交织在一起的。

---

① 《大学》第 10 篇。译自理雅各 1960:II,489—490 页。
② 《中庸》第 25 篇。相关翻译基于安乐哲和郝大维,部分内容有所调整。参看安乐哲、郝大维 2001:106 页或理雅各 1960:I,418—419 页。
③ 《孟子》7B/24;理雅各 1960:II,489—490 页。
④ 《孟子》1B/5;理雅各 1960:II,164 页。

换言之，"内"与"外"相互作用，即"有诸内，必形诸外"①。在《孟子》乃至整个儒家"四书"中，性别与内外之间的关联仅仅在上段文字中有所反映，但它们之间的关联显得格外松弛。由此我们可以推论"内外"一词在儒家"四书"中并不带有性别特质，它大体上意味着自我修行过程中的各种相关美德或行为方式。

"内外"作为一个二元组合最早出现在《尚书》中，它主要是一种空间概念，表示王朝实际辖区与外部军事领域之间的区分。在《尚书·洪范篇》中，"内外"一词出现在占卜国事的背景下，"汝则从，龟从，筮逆，卿士逆，庶民逆，作内吉，作外凶"。在这段记载中，王朝的政令取决于君主本人，而军事行动的成败则依赖于对贵族和百姓的合理调遣。"内"、"外"分别指代王朝统治下的内部民事与外部世界的军事活动。② 同样的使用方式也出现在《尚书·酒诰篇》中，这里的"内"指代涉及王朝及其臣民的内部区域，而"外"则指代涉及国际事务的外部空间。③ "内外"一词最初表示秩序井然的王朝内部与外部混乱世界的空间区分即文明与野蛮的区分，并不带有任何性别特质。而"内外"的初始含义——文明与野蛮的象征性区分——对于此后定义恰当的性别空间具有深远的影响。

尽管"内外"与礼仪化之间的联系较为隐秘，但它在理解汉代开化政策下内外性别构造的象征性功能上具有重要的意义。少数民族的入侵始于春秋时期（公元前 722 年—前 481 年），在西汉初年（公元 206 年）达到了顶峰。余英时先生在有关胡汉经济联系的经典著作中认为，少数民族的入侵使划分文明与野蛮界限的意识更加深入到汉帝国的自我表述中。④ 汉族与少数民族的界限划分采用了多种形式。公元前 3 世纪，秦朝在北部边界修筑了举世闻名的长城，这种划分方式一直延续到公元 16

①《孟子》6B/6；理雅各 1960：Ⅱ，434 页。
②《尚书·周书·洪范篇》，参照理雅各 1960：Ⅲ，337—338 页。
③《尚书·酒诰篇》，参照理雅各 1960：Ⅲ，407 页。其他包含"内外"一词的章节，参看理雅各 1960：Ⅲ，654、664 页。
④ 余英时 1967：4 页。

世纪末至 17 世纪初的明王朝。① 除了修筑有形的城墙以阻挡少数民族破坏中原王朝的文明秩序，通过恰当的性别区分，汉族的礼仪文明同样构筑起一道无形的界限。在汉人的描述中，少数民族无男女之别。在汉代文献《盐铁论》中，西北方最为强大的少数民族匈奴被描述为："处沙漠之中，生不食之地，天所贱而弃之。无坛宇之居，男女之别……"②而《后汉书》对于南蛮的描述与此相类似，"男女同川而浴……类如禽兽，无老幼之别"③。显然，少数民族与汉族之间的区分被象征性地概括为两性间恰当的礼仪区分，以及不平等但又相互作用的亲属角色之间的区分。

作为区分野蛮的少数民族与汉帝国的空间界限，"内外"不仅仅表现为由城墙实体化的有形政治界线，它更是与汉族秩序构造紧密关联并通过亲属、社会角色所展现的象征性文化界线。在中国人的认知中，性别不仅仅表现为人体生理特征或内在性别气质的不同，在家庭亲属序列中，性别的构造过程与区分所有不平等社会角色的礼仪化进程交织在一起。也就是说，性别作为不同社会角色的表现始于礼仪界限的构造，这一界限对于两性而言都是适宜的。而划分礼仪界限的举动同样也是通过"别"或"礼"等观念来区分不平等但却相互作用的社会角色的开始。

正如瞿同祖所言，礼不单单表现为仪式化的礼仪。④ 拒绝将礼和仪式化的礼仪进行简单类比的举动甚至可以追溯到晚周遥远的历史文化叙述中。据《左传》记载，鲁昭公在出访晋国时虽然也留心于观察仪式性的礼仪，但仍旧被讥讽为"无礼"，"是仪也，不可谓礼"⑤。类似的事情也发生在昭公二十五年，"子大叔见赵简子，简子揖让周旋之礼焉。对曰：是仪也，非礼也"⑥。相反，女叔齐认为礼是维护国家和民众秩序的基础，

---

① 参照韩庄 1994：12 页。
② 参照余英时 1967：40 页。
③《后汉书》，卷 116；有关其他少数民族部落的类似描述可以参看《后汉书》卷 115—120。
④ 瞿同祖 1965。有关礼的概念，看第 7 章，226—241 页。
⑤《左传》"昭公五年"；参照理雅各 1960：V，601、604 页。
⑥《左传》"昭公二十五年"；参照理雅各 1960：V，704、708 页。

"礼所以守其国,行其政令,无失其民者也"。① 类似的解释在《左传》中反复呈现,如"礼,经国家,定社稷,序民人,利后嗣者也"。②

礼既非客观的法律条文,也非外部所强加的规则,但它却是统治的基础。孔子在《论语》中有言:"道之以政,齐之以刑,民免而无耻;道之以德,齐之以礼,有耻且格。"(2.3)在《礼记》中,孔子亦言:"为政先礼,礼其政之本舆?"③荀子进一步解释说:"人无礼则不生,事无礼则不成,国无礼则不宁。"④礼不仅意味着一系列正式的法律规范和礼仪形式,它更是国家秩序得以建立和维系的基础。因而,《左传》中武力统领王室、善待百姓以致国家不宁的鲁昭公被讥讽为"不知礼",尽管他在出访时也曾留心于仪式化的礼仪。"知礼"也因此高居通晓各种具体的礼仪形式之上。就最低限度而言,"知礼"意味着懂得如何根据自我身份去建立和维系一个恰当的社会、政治秩序。而礼则是衡量所有与自我身份相一致的社会、人际关系之恰当性的尺度。正如荀子所言,"礼者,人主之所以为群臣寸、尺、寻丈检式也"⑤。

礼的主要功能在于形成差别和区分差别。这种区分与"乐"追求和谐的功效恰恰相反。《礼记》载:"乐者为同,礼者为异,同则相亲,异则相敬"⑥以及"乐者,天地之和也。礼者,天地之序也。和,故百物皆化;序,故群物皆别"⑦。而荀子认为,形成差别和区分差别的关键就在于人与禽兽之分,"辨莫大于分,分莫大于礼,礼莫大于圣王"⑧。简言之,形成区分就是进行一定的社会分工,高有别于低,贵有别于贱,上有别于下。

对礼的遵循实际上就是建立和维系不同身份、角色之间的社会分工

① 《左传》"昭公五年";参照理雅各 1960:V,601、604 页。
② 《左传》"隐公十一年";参照理雅各 1960:V,31、33 页。
③ 《礼记·哀公问》;参照理雅各 1967:II,266 页。
④ 《荀子》第 2 篇;译自德效骞 1928:45 页。
⑤ 《荀子》第 8 篇;参照德效骞 1928:118 页。《荀子》第 11 篇中也有类似的表述,"国无礼则不正。礼之所以正国也,譬之犹衡之于轻重也,犹绳墨之于曲直也,犹规矩之于方圆也"。
⑥ 《礼记·乐记》;参照理雅各 1967:II,98 页。
⑦ 同上;理雅各 1967:II,100 页。
⑧ 《荀子》第 5 篇;参照德效骞 1928:71 页。

和社会差异。《淮南子》言："夫礼者,所以别尊卑,异贵贱。"①类似的理解在《汉书》中也有所体现,"进退有度,尊卑有分,谓之礼"②。根据荀子的观点,形成这种不平等但却相互作用的社会分工,其目的在于调节人的欲望、满足人的需求,"人生而有欲,欲而不得,则不能无求,求而无度量分界,则不能不争。争则乱,乱则穷。先王恶其乱也,故制礼义以分之,以养人之欲,给人之求。使欲必不穷乎物,物必不屈于欲,两者相持而长,是礼之所起也"③。作为形成差别或划分界限的一种手段,礼的起源被阐释为造就和谐社会与美好统治之社会分工的需要。

礼仪规范反映了人们在关系网中不平等但却相互作用的社会身份和亲属角色。作为一种规范和制度的主体,礼实为社会、政治凝聚的关键所在。在所有的社会区分中,男女之分是人类有别于禽兽的基本表现。荀子对此之认识极为透彻,"故人之所以为人者⋯⋯以其有辨也。夫禽兽有父子而无父子之亲,有牝牡而无男女之别"④。仪式化、规范化的性别角色区分不同于两性生理上的区别,它使人性得以从非人的兽性中摆脱出来。此外,恰当的两性区分在西汉早期的自我表述中也被诠释为汉文明与周边少数民族部落的差异所在。"内外"作为汉、胡或文明与野蛮之间的界限标识同样与"男女之别"的理念缠绕在一起。

"男女之别"通常被渲染为男性和女性之间的一种严格区分,但将其理解为功能上的差异或许显得更为合理。西方学者将中国视为停滞文明的主观认识必不可免地导致了他们对中国性别体系内男女动态区分的片面理解。我们只需要仔细探寻女性超越男女界限的诸多历史事实就完全可以找到类似片面理解的漏洞所在,而中国历史上的首位杰出女性学者和官方历史学家班昭就是一个绝佳的例证。不可否认,城墙等可以进行礼仪交流的门窗同时也是明显的区分界限,这是中国人对于礼仪

---

① 《淮南子》II、Ia;引自瞿同祖 1965:233n25。
② 《汉书》卷 58,3b;引自瞿同祖 1965:233n31。
③ 《荀子》第 19 篇;参照德效骞 1928:213 页。
④ 《荀子》第 5 篇;参照德效骞 1928:72 页。

得体的根本性守护。但韩庄在《中国的界限》一书中提醒我们不要将以城墙等形式展现的有形界限等同于人体的静态特质,在"得体"与"不得体"之间划上有形界限的需要恰恰反映了中国人所认同的基于"气"和"势"等能量配置的机体流动性,而在能量配置中生理上的界限得以显现。① 在中国,人体并不被视为一种静态存在,因而划分生理界限作为可见的标识成为一种必需。沿着这样的理解方式,由城墙实体化的男女有形界限尽管构成了性别得体理念中的一部分,但却并不意味着男女性别化机体的静态特质。

更为重要的是,正如瑞丽所言,男性和女性的恰当区分在几部先秦和汉代典籍中被视为人类文明的决定性特征。② 恰当的两性区分代表着良好的国家秩序,而它的缺失必将导致国家的混乱。《墨子》中的诸多篇章已然将男女之别同进取与堕落或开化与野蛮等生活方式之间的区分相联系。墨子在第 9 篇《尚贤》中认为,"若苟贤者不至乎王公大人之侧,则此不肖者在左右也……是以入则不慈孝父母,出则不长弟乡里。居处无节,出入无度,男女无别"③。与之相对照,墨子在第 35 篇《非命》中则认为,当圣王任用贤者后,百姓"入则慈孝于亲戚,出则弟长于乡里,坐处有度,出入有节,男女有辨"④。维系恰当的男女区分代表着圣王的美德和有序的统治,因而两性区分也是国家和谐有序的具体表现。

成书于公元前 4—3 世纪的《管子》同样也将男女之别与国家的文明秩序联系在一起。根据《管子》一书的观点,形成并维系不平等的社会身份、两性区分是人类文明的开端,"古者未有君臣上下之别,未有夫妇妃匹之合,兽处群君,以力相征。于是智者诈愚,强者凌弱,老幼孤独不得

---

① 韩庄 1994:12—19 页。

② 瑞丽 1998:207 页。

③《墨子》第 9 篇;参照梅贻宝 1929:40 页。

④《墨子》第 35 篇;参照梅贻宝 1929:185—186 页。《墨子》中涉及"男女之别"理念的其他章节,参看瑞丽 1998:207—208 页。《墨子》第 39 篇将商王朝的灭亡与一系列自然灾异联系在一起,包括女性变为男性。瑞丽猜测这里的女性指的是妹嬉。但妹嬉处于夏朝而非商朝,因而笔者猜测这里超越性别界限的女性可能是商朝的妲己。参看瑞丽 1998:208 页。

其所。故智者假众力以禁强虐,而暴人止;为民兴利除害,正民之德,而民师之。是故道术德行,出于贤人。其从义理兆形于民心,则民反道矣"①。通过在不平等但却相互作用的社会身份之间作出区分,国家得以形成良好的秩序。

另一方面,《墨子》《管子》等典籍也将恰当男女区分的缺失等同于混乱、原始的生活方式,并且认为这种缺失使得人性堕落为兽性。《管子》一书认为,如果君主过分纵欲以全其生,则"从欲妄行,男女无别,反于禽兽。然则礼义廉耻不立,人君无以自守也"②。此外,《墨子》《管子》也将两性区分作为仁德君主统治下国家强大、秩序井然的标志,"内行不修,则不能朝远方之君。是故正君臣上下之义,饰父子兄弟夫妻之义,饰男女之别……"③男女之别或内外之间的区分同样也是民间秩序的表现,《管子》言:"君明、相信、五官肃、士廉、农愚、商工愿,则上下体而外内别也。"④简言之,恰当的两性区分是完美统治不可或缺的一部分,因而它也是人类文明社会的决定性特质,与之相反的原始社会在不平等对象之间则不存在区分。

当然,与文明、野蛮界限相结合的内外理念并不是静态的。将汉族区别于少数民族的内外空间设想并不唯一固化在有形的边界城墙上。更重要的是,它取决于人们对汉帝国秩序的文化认同程度。内外界限的动态灵活特质在《尚书》中被较好地阐释为五服理念。⑤ 余英时先生有关汉代对外关系的研究为我们通过五服理念理解内外界限的动态灵活特质提供了充分的说明。"自从夏朝起,中国划分为五个同心的和分层次的地带或区域。中心区甸服是皇室管理区,在国王的直接统治下。直接环绕皇室管理区的是国王建立起来的中国人的列国,被称之为侯服。侯

---

① 《管子》XI,第 31 篇,《君臣下》;译自李又安(Rickett)1985:I,412—413 页。
② 《管子》XXI,第 65 篇,《立政九败解》;参见李又安 1985:I,110—111 页。
③ 《管子》XXI,第 66 篇,《版法解》;参照李又安 1985:I,145 页。
④ 《管子》X,第 30 篇,《君臣上》;参照李又安 1985:I,403 页。
⑤ 《尚书・虞书・皋陶谟篇》,参照理雅各 1960:III,74 页。有关五服理论的更多论述,参看余英时 1986:379n6。

服之外是为统治王朝征服的中国人的国家,构成所谓的绥服或宾服。最后两个地区是留给野蛮人的。生活在绥服或宾服外面的蛮夷居地称为要服,这样的命名是因为假定蛮夷隶属于中国人的控制之下,即使这种控制是很松散的。最后,在控制地区以外的是戎狄,他们在荒服中基本上是自己作主,而以中国为中心的世界秩序在荒服到达了它的自然的终点。"①

在汉民族的认知中,世界被设想为一个不断向外扩展但却逐渐弱化的同心圆。在这个同心圆内,王畿是不断向外扩展之领域的核心,外围区域紧紧环绕着它。根据五服理念,汉民族的世界秩序存在着等级之分。但由于内外圆环的确定取决于它同王室中心的相对亲近程度,因而它们大体上又是相互关联、模糊不定的。作为一组相对范畴,"内"与"外"在特定条件下是可以相互转变的。中心与外围的相对性在《春秋繁露》的相关篇章中可以得到进一步确认,"未有不先近而致远者也。故内其国而外诸夏,内诸夏而外夷狄"②。相对于"国"而言,"诸夏"为"外";但相对于"夷狄"而言,"诸夏"却又为"内"。在五服理念下,文明与野蛮的界限同样只是相对于汉族中心而言。余英时认为:"五服说基本上和现实地看,无非是叙述内部和外部地区之间相对的二等分法。"③

"内"与"外"的相对区分与汉帝国中心的一致性也反映在大量汉代历史记载中。如同前文所述,"内"与"外"或汉与非汉的界限主要表现为有形的边界城墙。公元 177 年,蔡邕就认为"秦朝修筑的长城和汉朝修建的边境障塞都是为了把内部区域和外部区域区分开来。外部区域留给胡族人,而内部区域则委托给中国官员照料"④。"内"象征着帝国的直接统治,而少数民族居住的"外"则不在汉人聚居地之民政管辖范围内。随着边界有形城墙的不断修筑,"内"与"外"的界限也处在变化之中。在

---

① 余英时 1986:379—380 页。
②《春秋繁露》,第 6 篇《王道》。
③ 余英时 1986:381—382 页。
④ 余英时 1967:66—67 页。

汉族的内部区域,"内"与"外"的区分也同样存在。例如,靠近帝国都城的地区被称之为"内郡",而位于边境沿线的地区通常称之为"外郡"。[①]相对于"内郡"而言,"外郡"为"外";但相对于少数民族聚居的外部区域而言,它又是"内"了。

"内"与"外"之间的相对区分甚至也适用于少数民族聚居的外部区域。在建立于西汉的朝贡体系下,归顺于汉帝国且定期朝贡的少数民族被称之为"内夷",而时常入侵且不定期朝贡的少数民族则被称之为"外夷"。在《史记》和《汉书》中,"保塞蛮夷"和"内属"等词汇通常用来描述臣服于汉帝国的少数民族。[②] 内外区分实为性质问题,因而相对于长期入侵的少数民族来说,归顺于汉帝国的少数民族往往被视为相对的臣民。而生活在边境地区的帝国臣民相对于"内郡"臣民来说又往往被视为相对的少数民族。内外理念所展现的并非由两个彼此冲突、互不相容的区域所构成的绝对空间界限,而是中心与外围相互转变的空间划分,或者如安乐哲所说的由中心到外围不断弱化的同心圆。[③]

基于以上论述,内外理念在基本层面上首先是区分汉族与周边少数民族的空间界限,它通过边境有形的城墙展现出来。再者,在象征层面上,文明与野蛮之间的界限也意味着礼仪化和性别构造进程中上下、老幼、男女间的相对区分和彼此义务。建立和维系这样的区分又是文明社会的特征所在。在象征层面上,内外理念同时也是一种礼仪、文化区分。人类社会的礼仪通过建立和维系恰当的社会、性别区分得以展现。文明与野蛮之间的界限是一种文化而非种族区分,汉与非汉之间的界限同样也是一种动态的区分,它取决于少数民族对汉帝国中心的相对亲近程度。简单来说,借用高彦颐(Dorothy Ko)的表述,内外理念是"一种展现内部层级关系的相对范畴,它的界限随环境的改变而发生变动"[④]。

---

① 余英时 1967:67 页。
② 有关汉王朝对待少数民族的政策,参照余英时 1967:第 4 章,91 页。
③ 安乐哲 1994:204—208 页。
④ 高彦颐 1994:144—145 页。

内外、功能区分与层级性别体系

接受汉族文化并以汉帝国为中心不仅仅表现为政治、朝贡等方面的正式臣服,更为实质的是对汉族礼仪和生活方式的适应。而这又与建立和维系恰当的两性区分联系在一起。恰当的两性区分将汉族与周边少数民族区别开来。通过在两性之间划出礼仪性界限,文明之进程由此开启。随之而来的则是男女间的性别分工,他们开始被赋予一系列不同却又互补的责任和义务。根据传统解释,性别分工被描述为"男耕女织",也就是男子耕种、女子纺织。在帝国的年度祭祀典礼上,皇帝礼仪性的耕种和皇后象征性的养蚕举动共同反映了性别分工的传统。正如汉代文献《白虎通》对这一仪式的解释那样,"王者所以亲耕、后亲桑何以率天下农蚕也"[1]。曼素恩(Susan Mann)认为帝国农桑礼仪的象征意义在于"作为万民之父母的皇帝、皇后共同充当着天下子民的表率"[2]。由皇帝和皇后亲自参加的农桑典礼规定和反映了"男耕女织"的标准性别分工。由于作为文明标识的两性区分在某种程度上是通过标准的性别分工体现出来的,因而"男耕女织"的理念不仅展现了性别的构造进程,同时也反映了文明的演化进程。

标准的性别分工与文明进程之间的隐秘联系可以通过汉末魏初有关"中国化"和"文明化"的讨论得到更好的阐释,尽管乍看起来甚为荒谬。在汉末魏初,政府鼓励已然臣服但却过着游牧生活的少数民族发展较为固定的劳动密集型经济。据《后汉书》记载,帝国官员茨充就曾经鼓励南方少数民族种植桑、麻以发展蚕丝业和制鞋业。[3]《三国志》也记载帝国官员梁习鼓励辖区内的匈奴人发展农业和养蚕业。[4] 余英时在有关

---

[1] 《白虎通》,卷 17《耕桑》;译自曾祖森(Tjan Tjoe Som)1952;部分翻译参看金鹏程(Paul R. Goldin)2003:170—176 页。

[2] 曼素恩 1997:151 页。

[3] 宫川尚志(Hisayuki Miyakawa)1960:31 页。

[4] 余英时 1967:87 页。

少数民族归降待遇等问题的研究中困惑地指出，派往治理边郡的帝国官员"总是把教导蛮夷人耕地和纺织当做他们的紧迫急务"①。这一现象正表明"男耕女织"的标准性别分工不但是两性区分的一部分，更是汉族文明理念的重要组成部分。在汉族农业、蚕丝业等劳动密集型经济中，男女两性所扮演的既分工又互补的生产角色与自身的性别特质和种族身份紧密相连。

在具体实践中，"男耕女织"的性别分工对于定居式生活多有贡献。它支撑着家族血脉的延续、推动着区域群体的凝聚以及促成了中央集权统治的监察和税收体制。实际上，在16世纪晚期明代税制改革之前，所有的编户齐民都要通过上交丝织品和粮食等形式纳税。② 通过皇帝、皇后的亲耕、亲蚕仪式而规范化的标准性别分工强化了中央集权式的税收体制。而作为家庭经济中的主要生产者，男性和女性获得了帝国政府的同等认可。从象征意义来看，"男耕女织"的性别分工塑造出由勤劳、奋进、孝顺等美德所构成的自我道德特质。《穀梁传》(《春秋》在秦朝的扩充版本)对于标准性别分工的道德意涵有着明确的说明，"天子亲耕，以共粢盛，王后亲蚕，以共祭服，国非无良农工女也，以为人之所尽，事其祖祢，不若以己所自亲者也"③。皇帝、皇后对于祖先的孝道通过耕、织的性别分工而展现出来，如亿兆臣民一般，毫无贵贱之分。

由于"妇功"被礼仪经典和"女四书"等妇德女教类典籍定义为女性四德之一，因而女性的美德部分通过织布、纺纱和刺绣等技艺表现出来，相关内容我们将在下一个章作更为详尽的阐述。标准的性别分工不但是为了满足人类有序社会的需求而采取合作的必要行为，它更是礼仪和性别得体的标志，即在家庭经济中男性和女性所扮演的既分工又互补的生产角色。

但是，性别分工只是部分表现了两性区分的深远意义。从性别构造

---

① 余英时 1967:87 页。
② 白馥兰(Francesca Bray)1995:132 页。
③《穀梁传》4/7b，"桓公十四年八月"；参照曼素恩 1997:151—152 页。

进程来看,婴儿自出生开始就涉及空间规范、身体、财产以及礼仪准则等多方面的制约。例如,根据《礼记》记载,婴儿在出生时必须按照性别采用不同的礼仪,"子生,男子设弧于门左,女子设帨于门右"①。这里的"弧"指代射箭,是儒家教导男子的"六艺"之一。② "三日,始负子,男射女否。"③ 与"弧"相对应的"帨"则指代佩巾,象征着织布、纺纱和刺绣等女性技艺的重要性,它们被视为女性四德(妇德、妇功、妇言、妇容)之一。

根据《礼记》记载,男孩和女孩在 7 岁时开始不自觉地扮演起不同性别角色并且表现出恭敬的姿态,"七年,男女不同席,不共食。八年,出入门户及即席饮食,必后长者,始教之让……"④一旦开启了自觉的性别构造进程,恰当的两性区域划分也就悄然开始了。男孩和女孩分别生活在不同的区域并接受着不同的教育。男孩属于"外"领域(学习经典之所在),他在这里学习六艺、经典文本以及游刃于官场的恭顺和屈从态度。而女孩属于"内"领域(家庭技能和家内管理之所在),她在这里学习织布、纺纱、刺绣、为祭祀典礼准备食物的烹饪技能以及作为妻子的谦卑态度。⑤ 内外区分作为一种功能性区分为男女划分出了两个恰当的性别领域,而实际上它又固化了中国社会的性别问题。关于这一问题,我们将在第六章中作更为充分的说明。现在我们可以确切地说,推动两性区分的内外理念导致了男女在空间上的分隔。

显然,男女之间的有形分隔在定义恰当的性别空间上成效卓著,"内"、"外"通过围墙和门窗被划分开来。男女不但在礼仪规范层面上不允许进行直接的身体接触,甚至在实际生活中也无法做同样的事情、穿同样的衣服或分享同样的物品。在《礼记》中男女之间的身体分隔被清晰地表述为:"礼始于谨夫妇,为宫室,辨外内,男子居外,女子居内。深

---

① 《礼记·内则》;参照理雅各 1967:I,471—472 页。
② 儒家之"六艺"包括礼、乐、射、御、书、数。参看杜维明 1985:76 页。
③ 《礼记·内则》;参照理雅各 1967:I,472 页。
④ 同上;理雅各:I,478 页。
⑤ 同上;理雅各:I,478—479 页。

宫固门,阁、寺守之,男不入,女不出。"①甚至于"男女不杂坐,不同椸枷,不同巾栉,不亲授"②。通过规范两性区分的围墙和门窗所强化的男女身体分隔可以从《管子》的相关内容中得到印证。这些内容涉及地方行政和国家安全,

> 大城不可以不完,周郭不可以外通,里域不可以横通,闾闬不可以毋闤,宫垣关闭不可以不备。故大城不完,则乱贼之人谋;周郭外通,则奸遁逾越者作;里域横通,则攘夺窃盗者不止;闾闬无闤,内外交通,则男女无别。③

在这段文字中,两性区分与城墙、门窗等实体化的有形空间界限联系在一起,它们涉及国家的秩序和安全。而此处对于"内外"的理解与上文将其作为帝国内部与周边少数民族界限(通过边境的城墙表现出来)的认识是完全一致的。

但就象征意义而言,正如韩庄在有关中国界限的研究中指出的那样,作为界限的城墙"只在特定条件下产生意义,它们本身并不具备超越边界功能的固定意涵"④。也就是说,这些用来保障秩序和安全的有形城墙实际上只是一种礼仪性界限,它们的存在必须取决于统治者恰当的礼仪、道德表述以及生产方式。在上文有关国家安全的论述基础上,管子进一步认为:"地之守在城,城之守在兵,兵之守在人,人之守在粟,故地不辟则城不固。"⑤国家的安全最终依赖于土地的开垦而不是有形的城墙,土地的开垦又取决于"男耕女织"的合理性别分工。因而我们可以看到,由围墙和门窗所强化的男女身体分隔同样也是一种礼仪表述,也就是将自我放置于一个恰当的不受真实、有形的围墙和门窗约束的场域中所展现出的性别得体。

---

① 《礼记·内则》;理雅各:I,470页。
② 同上;理雅各:I,77页。
③ 《管子》V,第13篇,《八观》;参照李又安1985:I,226页。
④ 韩庄1994:13页。
⑤ 《管子》I,第3篇,《权修》;参照李又安1985:I,95页。

性别得体的象征意义在于区分行为。从礼仪性角度来看,正如伊佩霞(Patricia Ebrey)在有关宋代妇女的研究中写道,男性和女性"应该做不同的事情,或以不同的方式做同样的事情"①。例如,在传统丧葬礼仪中,男性和女性必须根据亲属身份穿着不同的丧服,并且以不同的方式完成相同的丧礼程序。② 这里所强调的正是尽可能区分男女的必要性,包括他们的责任和扮演的角色。而这种区分能力使人类与禽兽或文明与野蛮相分离,荀子认为:"无分者,人之大害也。有分者,天下之本利也。"③他进一步将区分的重要意义解释为,"人之生,不能无群,群而无分则争,争则乱,乱则穷矣"④。因而,将男性和女性归于"内"、"外"两个不同性别领域的举动是有序、繁荣、文明社会之开端。

尽管《礼记》对于性别得体有着清晰的阐述,有形围墙和门窗所分隔开来的"内"、"外"两个不同性别领域也在《礼记》的相关表述中有所说明,但内外理念与西方的公—私或国—家二元范例并不一致。然而在探讨内外理念时,我们往往忽略了二者之间的差异。根据高彦颐的概括,有两个普遍的错误认识时常产生。一是女性拖着那双残废的、受约束的小脚完全被分隔在内部屋舍中,围墙和门窗限制着她们的活动;二是将女性所在的家内领域与男性所在的政治领域相并列,进而认为这样的空间分隔也是公—私或国—家之分。⑤ 西方学者普遍将内外理念等同于公—私或国—家二元范例。

下面一段经常被引用的文字来自司马光的《居家杂仪》。司马光根据《礼记》罗列出家庭成员必须严格恪守的大量礼仪规范,而这段文字通常被用来论证"内"与"外"彼此之间的排他性。

> 凡为宫室,必辨内外,深宫固门。内外不共井、不共浴室、不共厕。男治外事,女治内事。男子昼无故不处私室,妇人无故不窥中

---

① 伊佩霞 1993:24 页。
② 同上:24n7。
③④《荀子》,第 10 篇《富国》。
⑤ 高彦颐 1994:12 页。

门。男子夜行以烛。妇人有故，出中门，必拥蔽其面，如盖头面帽之类。男仆非有缮修，及有大故，谓水火盗贼之类，不入中门。入中门，妇人必避之。不可避，亦必以袖遮其面。女仆无故，不出中门。有故出中门，亦必拥蔽其面。小婢亦然。铃下苍头，但主通内外之言，传致内外之物。毋得辄升堂室，入庖厨。①

以上这段文字似乎论证了男女间的身体分隔以及女性完全被束缚在内闱中等观点。然而，大量有关中国女性的历史研究已然否定了类似的观点。在社会和历史实际中，女性的活动和成就已然远远超出了内闱和家内技能的范畴，而女性所处的家内领域也不被视为一种有别于男性政治领域的孤立存在。相反，"内"是公共美德的集结地。② 以更为客观的立场去审视司马光的家训，我们会将其视为一种对礼仪规范的向往，为男女所设计的封闭空间也应该解读为一种礼仪空间，而通过恭敬姿态和象征活动所展现的性别得体远远比由围墙和门窗所带来的实际两性分隔更为重要。作为一种礼仪界限，两性之间的有形分隔是变动的、模糊的。高彦颐认为内外界限是"一种协商式的分隔，内与外被定位为相关联的统一体，而并非两个不相称的领域"③。但作为一种调节理念，根据内外所划分的恰当性别空间确实发挥了约束男女两性的作用（我们将在第六章中着重探讨强加于女性的源自于"内"的结构限制）。这也是惩罚或认可逾越内外界限时出现反复争论的原因所在，而逾越行为在日常生活中是必不可免的。

但内外理念不同于西方的公—私或国—家二元范例。首先，家和国并不是两个独立的领域。其次，与亚里士多德、霍布斯、洛克、卢梭、黑格尔等将家庭排除于公民政治活动之外的西方经典政治理论不同，在儒家伦理中，女性所处的"内"领域恰恰是政治秩序的中心。在儒家思想中，

① 参照伊佩霞 1993:23—24n2；胡缨 1997:79 页；或姚平（Ping Yao）2003:414—418 页。
② 参看高彦颐 1994、曼素恩 1997 以及维德梅尔（Widmer）1989。
③ 高彦颐 1994:12 页。

孝顺、友爱等家庭美德实际上被视为"仁"等公共美德的源泉,君子在公众场合的德行源自孝顺、友爱等家庭美德。正如孟子所言,"人有恒言,皆曰'天下国家'。天下之本在国,国之本在家,家之本在身"①。《大学》中也有类似的表述,"古之欲明明德于天下者,先治其国;欲治其国者,先齐其家;欲齐其家者,先修其身"②。家首先被定义为起点以及不断向外弱化之同心圆的中心。在这里,家庭、社会环境和政治秩序彼此紧密联系。③

由于家庭并不与政治领域相分隔,因而家内领域中的女性既不与男性所处的"外"领域相分隔,也不完全孤立于内闱中。相对于公共美德而言,有关家庭美德的论著也不处于边缘位置。在经典文本和妇德女教类典籍中,女性的美德和性别得体被反复地宣扬。这些美德和礼仪共同强化了由家庭、团体和国家构成的同心圆。在《列女传》(最早一部成书于汉代的妇德女教类典籍)中,夫妻关系的融洽被视为五种核心社会关系的基础,"夫妇之道,人伦之始"④。《荀子》中也有类似的表述,"夫妇之道,不可不正也,君臣父子之本也"⑤。而《中庸》亦言:"君子之道,造端乎夫妇。"⑥因而,处于"内"领域的女性对"外"领域具有一定的影响力,"内"与"外"之间存在着本质的关联和相互作用。在《孟子》的相关篇章中,妻子的美德甚至与国家相关联,国家风俗的改变被归功于两位高明的妻子,"华周、杞梁之妻善哭其夫而变国俗。有诸内,必形诸外"⑦。简言之,家与国或"内"与"外"都是相互关联而非彼此对立的领域。

西方所谓的公私之分完全反映在中国之过去和未来是否存在"市民

---

① 《孟子》4A/5;参照理雅各 1960:II,295 页。

② 《大学》,"经一章";参照理雅各:III,357 页。

③ 有关同心圆的比喻,看看杜维明 1985:171—181 页;有关禁欲的根源,参看詹姆斯·蒂勒斯(James Tiles)2000:314—315 页。

④ 《列女传》,"召南申公"(4.1)有关《列女传》各卷之标题,参照瑞丽 1998:附录一,263—267 页。部分翻译看看李波林(Pauline C. Lee)2003:149—161 页。

⑤ 《荀子》,第 27 篇《大略》;参照赫顿 2003:117 页。

⑥ 《中庸》,第 12 篇;理雅各 1960:I,393 页。

⑦ 《孟子》6B/6;理雅各 II,434 页。或参看万白安(Bryan Van Norden)2003:108 页

社会"或"公共领域"的争论上,这一争论最早由西方历史学家和哲学家们提出。但正如曼素恩所批判的那样,这一争论存在固有的漏洞。将市民社会与私人领域或家庭的强行分离反映了西方学者根深蒂固的"东方式"思维模式。在此思维模式之下,中国文明的发展进程和价值观也往往根据西方的标准来衡量。[①] "市民社会"或"公共领域"的概念源自西方的自由主义传统。如若以"市民社会"的存在作为判断标准,将西方历史史实作为一种理想的发展道路而运用于其他非西方社会,那么我们将扼杀诸多可供选择的发展模式。罗威廉(Willian Rowe)对于西方学者在这一争论中的理想化自我投影有所察觉,他认为:"简单地考察这个问题(例如中国是否存在市民社会),我们是否在实际中预设了一个'标准的'社会发展道路,从而忽略了地域文化的特性? 我们希望去探寻的仅仅是自我特殊文化发展道路的一种投影——或将我们自己的发展道路理想化? 我们是否反复地探究过这个已然成型的不可置疑的命题? 或者说,我们是否设想过中国的一系列发展实质上并不类似于欧洲近代早期的历史,尽管对于二者我们都表示出赞叹?"[②]的确,"中国是否存在市民社会?"与"中国到底是一个怎样的社会?"是两个截然不同的问题。前者预设了一个与私人领域或家庭相分离之"市民社会"或"公共领域"的标准价值,而后者则考虑到历史场域和文化特征的复杂性。

中国文化传统下的公私理念不同于西方自由主义传统下与国家相分离并且类似于自治体的"市民社会"或"公共领域"。[③] 西方"市民社会"的诞生与资本主义的发展密切相关,它使得城市资本家迅速兴起、知识分子获得自由。但在中国却没有出现过类似的发展,国家与商业或国家

---

① 曼素恩 1997:223 页。有关"市民社会"争论的相关内容,参看艾普丽(April)1993:《现代中国19:2》;专题研究参看罗威廉:《晚期中华帝国的'市民社会'问题》,139—157 页;魏斐德:《市民社会与公共领域之争:西方对于当代中国政治文化的反思》,108—138 页。
② 罗威廉 1993:139 页。
③ 根据罗威廉的观点,"市民社会"概念的使用最初涉及被统治者的身份。也就是说,"市民"或"政治社会"有别于不受统治的"自然国家"。将"市民社会"理念作为与国家相对立的自治实体概念则是后来的发展与衍生,参看罗威廉 1993:141—142 页。

与文人之间的分立从未得到明确的认定和维持。宗教、商业或私人书院等任何有组织的团体都无法获得国家的全力支持，它们只是从国家的掌控中分享相对的自治权。实际上，自治权与国家垄断之间的制衡大致上带来了"持续的协商"。分析人士在考察当代中国政治文化时也发现，"有组织的自治……不是一个或有或无的问题；更确切地说，它应该被理解为一种统一体"①。

在中国历史上，受科举制度的影响，文人始终是国家官僚政治的一部分。中国的文人大部分都是政府官员，因而士大夫形成独立话语权以制衡国家权力的自由理念几乎是不存在的。艾尔曼在有关宋明政治派别的研究中认为，在传统观念下只有帝国政府才代表着公众的意志，不受政府支持的文人意志则被斥之为"私"。文人和具有类似官阶、身份的士人组成超越正当国家职务之外的自由社团往往被批判为谋权者或被贴上"朋党"的标签。② 对于不受帝国政府支配之文人自治团体的批判则具有漫长的传统。在国家政治中，人们通常引用《论语》中的经典名言"君子朋而不党"来抨击帝国政府内部或外部的任何团体之合法性。③ 反对"朋党"的儒家政治理念同样反映在《尚书·洪范篇》中，它强调政治的凝聚力需要以"无党"为基础。④

此外，公私理念也同样适用于个人家庭。共同祭祀祖先的厅堂被称之为公堂，外部屋舍为公共区域，内部屋舍则为私人区域。在中国，公与私之间的区分同"内"与"外"一样，都是一种相对的统一体。我们可以公允地说，内外与西方公—私或国—家二元范例并非概念上的对等物。它与中国人认知中的公私或家国两组分隔领域亦非同等概念。

当内外区分适用于性别关系时，它意味着男性和女性分别在家外或

---

① 罗威廉 1993：147—148 页。或参看潘鸣啸（M. Bomin）、施维叶（Y. Chevrier）1991：579—582 页，引自罗威廉：147 页。

② 艾尔曼 1990：27 页。

③ 参照《论语》15. 22、7. 31。

④《尚书·周书·洪范篇》；理雅各 1960：III, 331 页。

家内关系中所扮演的角色。"内"是女性的活动空间,女性通过扮演家内领域中的女儿、妻子和母亲等角色成为社会所认可的"女性"——一个性别化的社会成员。相反,"外"象征着超越家内领域的扩展空间或称之为家外领域。男性的性别化不仅需要扮演儿子、丈夫和父亲等家庭角色,而且需要扮演家外关系网中的非亲属角色,例如成为一名官员。男性和女性在性别化进程中的不平等是无可否认的。但是,将女性限制在家内领域并不意味着女性天生比男性低下或从属于男性。相反,家内领域以及女性作为女儿、妻子和母亲的家庭角色是聚焦的中心和家外领域的基石。此外,在中国将"女性"这一类别外化于家庭、亲属领域是不可设想的。性别化进程实际上扩及层级亲属体系中的礼仪化进程。在层级亲属体系中,长辈比晚辈拥有更多的特权。在中国,性别的不平等不可避免地与层级亲属关系相互缠绕并且潜伏其中。

在中国的性别研究中,层级亲属体系与性别不平等之间的关联作为一个批判领域开始呈现。性别问题不再被理解为女性在生活各方面对于男性的一致性从属。相反,性别不平等被定位在复杂的亲属关系网中,它仅仅是长辈与晚辈之间社会不平等的一部分。性别本身并不能决定人们在生活中的地位。性别必须同年龄、生殖、婚姻、阶层等因素相结合才能释放出它的意义。人们在层级亲属体系中获得的合法社会地位同样也面临着转化。也就是说,某人在亲属体系中作为长辈或晚辈的身份并非固定不变。这些看似不平等的亲属角色被白露称之为"相互转化的不平等"[①]。在层级亲属体系中,人们由晚辈转化为长辈或同时兼具两种身份都取决于他所处的相对位置。人的身份地位一辈子都处在不断转变之中。

部分学者进一步认为从某种意义而言中国的亲属体系是无性别特质的。层级亲属体系的组织原则不在于性别而是依据其在宗族中的资

---

① 白露 1989:325 页。

历。因而,性别不平等问题实质上是层级亲属关系衍生出的历史问题。①
在中国的亲属体系中,处于同一阶层或具有相同身份的男性或女性在享
受社会特权和资源等方面颇为类似,这种优越的社会地位与其说是源于
自身的性别属性不如说是依据不同的亲属身份更为准确。就此而言,人
们的亲属身份优先于自身作为女性或男性的性别属性。将人们的亲属
身份视为首位,而性别属性视为第二位的观点部分获得了谢莉·奥特纳
(Sherry B. Ortner)有关层级社会中性别和性别行为之人类学研究的支
持。尽管她的研究主要关注于波利尼西亚社会,但所得出的结论仍然具
有跨文化意义,"不以性别原则为基础的社会组织要优越于以性别本身
为原则的社会组织,这是层级体系的固有特质"②。无性别原则的宗族长
辈们实际上并不在同一阶层内划分出男性和女性,而是在维系优越的社
会地位中共同享有特权。一个层级的社会以及与之相伴随的无性别原
则的宗族长辈,正如奥特纳总结的那样,处于同一社会层级的两性之间
实际上是趋于平等的。③

虽然如此,性别问题却不能仅仅通过亲属体系中无性别原则的宗族
长辈身份来诠释或简单化。毕竟在中国社会,就如同奥特纳所关注的其
他层级社会一样,"仍然存在着对于全体男性的偏爱","在这样的层级
中,男性在形式上高于女性,他们拥有近乎排他性的通向社会领导地位
的路径并且掌握了对于整个社会具有重要影响之问题的决策权"④。尽
管中国的性别构造与亲属体系紧密关联且潜伏其中,而无性别基础的宗
族长辈身份又是亲属体系的组织原则,但性别不平等问题远远比层级亲
属体系中晚辈对长辈的绝对服从要更为深刻。

历史与社会现实中的诸多矛盾现象使得我们对中国女性的实际地
位更为困惑。华如璧(Rubie Watson)在有关中国社会婚姻不平等的研

---

① 例如,许烺光(Francis L. K. Hsu)1968:83、592—593 页;凯安·约翰逊(Kay Ann Johnson)
　1983:25 页,引自华如璧 1991:363 页。
②③ 奥特纳 1981:396—397 页。
④ 同上:397 页。

究文集中对这些矛盾现象作了细致的归纳，"女性可能是财产的持有者，但她们很少或几乎没有对于财产的法定所有权；她们可能是决策的制定者，但却没有决策的权威；她们拥有行动的自由，但那是受社会和生计所迫；她们可能如帝王般掌握权力，但却无法获得帝王的尊号"①。中国女性的生存困境可以部分通过作为规范的内外理念来说明。在内外理念下，真实的越界行为在可见的、表现为性别得体的情况下是被允许的。由于内外是一种功能性的、规范性别得体的区分，女性只有在隐蔽的情况下才能进入政治、社会以及文学等外部领域。也就是说，她们无法获得正式的行为权利。因为缺乏进入外部领域的正式行为权利或社会合法性，所有阶层的女性都必须接受"三从"观念。这种观念认为受限于家内领域的女性必须在人生的不同阶段分别从属于父亲、丈夫和儿子。

　　"三从"观念最早出现在《礼记》中，此后它又被妇德女教类典籍以及《列女传》、《白虎通》、《孔子家语》等经典的注解频繁引用。在《礼记》中，"三从"观念与婚嫁礼仪结合在一起，"出乎大门而先，男帅女，女从男，夫妇之义由此始也。妇人，从人者也：幼从父兄，嫁从夫，夫死从子。夫也者，夫也。夫也者，以知帅人者也"②。《孔子家语》对此也有详尽的论述，"女子者，顺男子之教而长其理者也，是故无专制之义，而有三从之道。幼从父兄，既嫁从夫，夫死从子，言无再醮之端"③。乍看起来，"三从"观念似乎要求女性在人生的三个阶段都必须从属于男性。这也是将其视为女性先天卑下或从属于男性之标识的原因所在。但是为了强调女性的服从地位，"三从"观念往往被渲染为"三重服从和附属"，而这又忽略了女性在中国社会中的亲属身份。

　　依照女性在人生的三个阶段都必须从属于男性的理解而将"三从"观念渲染为"三重服从"的学者们，将无法回避中国社会存在女性权威的问题。在历史和社会现实中，母亲从不以任何方式屈居于儿子之下。事

---

① 华如璧 1991:348 页。
②《礼记·郊特牲》；参照理雅各 1967:I,441 页。
③《孔子家语》，第 26 篇《本命解》。

实恰恰相反,母亲尤其是年轻守寡的母亲对于儿子具有极大的权威,即使她的儿子贵为一国之君。母亲的权威不仅仅局限在儿子的童年时期。无论是家事还是国事,母亲教导或告诫已然成年的儿子被认为是天经地义的,尽管她的儿子可能是君主、将领或政府高官。

在《列女传》和其他妇德女教类典籍如公元 6 世纪的《颜氏家训》以及各种官方史书中保留了大量母亲教导儿子的例证。许多步入仕途的官员通常将自己的成就归功于母亲的英明教导。[1] 孟子的寡母就是无数母亲的典型代表,她不仅在孟子幼年之时悉心教导,即使等到孟子成为知名的儒家学者后,她仍然不断地教导和告诫儿子有关礼仪得体和国家政务等事情。[2] 在帝国皇室内部,母亲的权威进一步表现为太后摄政的制度化。在西汉早期,年幼皇帝的废立和婚姻完全掌握在太后手中。[3] 在帝国史书中,大权在握的太后屡见不鲜。她们掌控君主的权力甚至超越了教导和扶持年幼皇帝度过没有先皇守护之童年的初始目的。西汉的首位女主吕后攫取了只有皇帝才可以掌握的权力——“称制”。在其子惠帝死后,她便成为帝国实际上的女皇。唐朝的武则天废除了自己的儿子并且宣布自己为新王朝——周的开国之君,成为中国历史上第一位也是唯一一位女皇帝。而清朝慈禧太后的摄政象征着太后权力达到了顶峰,她将皇帝牢牢掌控在自己手中直到去世为止(20 世纪早期),她离皇帝的名号仅有一步之遥。

尽管太后权力的制度化只是在探讨中国社会女性从属于男性之时所提出的一个有关母权的极端例证,但母亲在日常生活中的权威不仅仅表现为礼教文本所记载之有德母亲的光辉形象,母权在实际上受到帝国

---

[1]《列女传》,卷一《母仪传》,“鲁季敬姜”(1.9)、“楚子发母”(1.10)、“邹孟轲母”(1.11)、“鲁之母师”(1.12)、“齐田稷母”(1.14);卷二《仁智传》,“鲁臧孙母”(3.9)、“魏曲沃妇”(3.14)、赵将括母(3.15);卷六《辩通传》,“楚江乙母”(6.2)。更多细节参看瑞丽 1998:《智者的故事》附录二,271—276、218n15。有关《颜氏家训》的部分翻译,参看姚平 2003:245—249 页。

[2]《列女传》(1.11)“邹孟轲母”。

[3] 太后摄政的制度化始于公元前 87 年的西汉,一直延续到 20 世纪早期的清王朝。参照毕汉斯 1980:151 页。

法律的支持,父母的权威高于子女。瞿同祖在有关中华帝国法律的研究中指出,法律不仅认可父母惩罚不孝之子的权利,而且给予他们向地方政府状告不孝之子并使其受到惩罚的权利。清朝的法律明确规定,"当父母状告子女时,地方官员必须受理并且不得对父母表示质疑或审讯。"①尽管历朝历代有关父母对于不孝之子施加肉体惩罚的认可程度有所不同,但父母惩罚不孝之子的权利(无论在家内或帝国政府)以及不经儿子同意选择或休掉儿媳的权利却一直受到官方历史记载的认可。②

中国社会对于母亲的尊崇受到 19 世纪末期来华的英国官员密迪乐(Thomas Taylor Meadows)的关注。尽管与西方相比,密迪乐对于中国女性卑下地位的质疑显得过于夸张,但他对中国社会母亲权威的细致观察仍然具有参考价值,

> 中国妇女仍较盎格鲁·撒克逊人更为男子的奴隶,但由于儒家孝顺父母的原则缓和了这种奴隶性质。政府即使明知真正的理由在逃避一些公务上的困难,也不敢拒绝身为独子的官员,以照顾年迈寡居的母亲为由告假……中国人极少将极熟识的朋友介绍给自己的妻子,而介绍给母亲却是常见。被介绍的人要向这位妇人叩头,也就是说跪在她的面前,并重复地以前额碰地。做儿子的并不阻止,只是以下跪和叩头向他的朋友答礼。就这样,在中国常可见到两个居高位、有着灰白胡子的男人,为尊敬一个和自己同一阶级的女子而叩头。一个做母亲的在县官面前控告自己的儿子时,不必细究其子何以冒犯长上,就会受到黑奴在美国鞭笞室中相似的责罚。读者或会得到这样的结论:认为在中国这种社会和法律上的母

---

① 瞿同祖 1965:25、28—29 页。
② 例如,在唐代和宋代的法律中,父母杀死子女是要受到惩罚的。如果子女不孝,惩罚力度将低于故意杀人罪。但是在元、明、清三代的法律中,父母杀死不孝的子女是可以免受惩罚的。甚至于清代法律规定,父母可以要求官府将不孝之子放逐到边远地区,直到父母同意其子返还。参照瞿同祖 1965:23—27、121 页。

权,会普遍地提高妇女的地位;事实上也是如此,虽然她们在自身婚
姻上,都只是被动的工具而已。①

在层级的亲属体系中,晚辈对于长辈的服从以及中国社会对于孝道重要
性的强调使母亲获得了社会的尊重与合法性权威。考虑到母亲的权威,
将"三从"观念等同于"三重服从和附属"的理解显然是不恰当。实际上,
瞿同祖则认为,"不存在任何证据可以支持妻子在丈夫死后必须服从于
儿子这种观点",母亲的服从问题必须同女性的服从等其他形式相
区分。②

　　或许有关女性从属问题的更多一致性研究将改变把"三从"观念理
解为"三重服从"或"三重追随和从属"的观点。考虑到礼教文本对于母
权的颂扬以及社会法律的支持,"三从"观念无法要求女性绝对服从于男
性,而不顾及她们的家内亲属身份。对于"三从"观念的渲染更可能是将
女性正式定位于家内领域并服从和依靠于家内地位最高之男性成员的
需要。而地位最高之男性成员往往充当着女性与外部领域合法联系的
媒介。玛丽娜·桑(Marina Sung)认为"三从"观念源自女性在丧礼仪式
中的着装规范。在丧礼中,女性的丧服必须与父亲(成婚之前)、丈夫(成
婚之后)、儿子(守寡阶段)的地位相匹配。"三从"的含义在于"女性必须
使自身安于由家庭中最为重要之男性成员所带来的社会地位。她们的
社会地位在成婚之前取决于父亲,在成婚之后取决于丈夫,而丈夫死后
则取决于儿子"③。"三从"观念意味着女性跟随和依靠家庭中最高地位
之男性的实际需要,而并非抛开女性亲属身份后相对于男性的先天卑下
与服从。

　　由于女性一般不具有爵位,因而依附于男性成为一种实际需要。女
性在社会中的身份和地位取决于她们的父亲、丈夫和儿子。这样的从属

---

① 引自杨联升 1992:17 页。
② 引自瑞丽 1998:219、n17。
③ 玛丽娜·桑(Marina H. Sung)1991:69n30。

性不可避免地反映了强加于女性的结构性限制,她们没有出入"外"领域的合法途径,也没有名字、头衔或爵位。然而,"三从"观念又提供了一种性别平等的可能,尤其表现在夫妻之间。这样的平等清晰地反映在《礼记》有关"三从"和婚礼得体的论述中,"(丈夫和妻子)共牢而食,同尊卑也。故妇人无爵,从夫之爵,坐以夫之齿"①。妻子因为获得丈夫所拥有的特权和身份而受到与丈夫同等的尊荣。尽管妻子的身份依赖甚至取决于丈夫,但二者被概念化为彼此平等的个体。从词源学角度来看,"妻"在《白虎通》中解释为"齐",也就是"与夫齐体"的意思。《白虎通》将妻子作为与丈夫平等之个体的解释适用于天子乃至普通百姓。② 丈夫与妻子之间的礼仪平等作为一种调节典范而适用于所有阶层。

对于夫妻平等的强调部分源自妻子作为一个成功的母亲在延续家族血脉和维护祖先荣耀等方面的重要性。根据《白虎通》的论述,得体的婚礼仪式充分展现了妻子角色的责任。当新郎亲自去迎娶新娘之时,父亲会告诫儿子说:"往迎尔相承我宗事,率以敬先妣之嗣。"③确保祖先荣耀和家族血脉的延续赋予了妻子角色的神圣性和重要性。正如《礼记》解释的那样,"婚礼者,将合二姓之好,上以事宗庙,而下以继后世也"④。由于妻子是实现婚姻两大目的的基本保障,丈夫必须给予妻子以足够的尊重和爱护,"妇至,婿揖妇以入,共牢而食,合卺而酳,所以合体、同尊卑,以亲之也"⑤。尽管存在着诸多约束,但总的来看,夫妻关系实为一种彼此相敬的平等而非单方面的支配。

综上所述,与阴阳二元类似,内外也是一种相互联系的二元组合,两者的界限随着具体环境的改变而发生变化。但不同于阴阳组合,内外是定义恰当性别领域和合理性别分工的一种功能性区分。尽管"内"、"外"

①《礼记·郊特牲》;参照理雅各 1967:I,441 页。《白虎通》卷三《谥号》云"夫人无谥者何? 无爵故无谥",参照曾祖森:I,373 页。
②《白虎通》,卷 40《嫁娶》;参照曾祖森:I,261 页。
③ 同上;曾祖森:I,249—250 页。
④《礼记·昏义》;理雅各 1967:II,429 页。
⑤ 同上;理雅各:II,429—430 页。

间的区分最初源自礼仪性界限,但内外区分将女性正式定位于家内领域
(家内技能和家内管理)、男性定位于家外扩展领域(文化学习和经典领
悟)的规范力量不仅仅是脱离社会现实的一种停留在理论层面上的美好
憧憬。为了进一步理解内外区分作为定位恰当性别领域而不顾及女性
社会地位和文化才能的规范力量,我们试图回到记载有德女性的王朝列
传和妇德女教类典籍等中国传统文字记述之中。在那里,女性既不是定
义和宣扬女性文化的主体,同时也不是被定义、限制到狭小、非文字之
"内"领域(适宜女性的领域)的客体。

第五章　妇德女教类文本与女性所独有的
　　　"内"领域

　　内外是一种非二元论、非对抗性且具有互补性的二元组合,它们之间的界限随着环境的改变而发生变化。[①]　然而,当内外区分涉及性别之时,它则意味着一种区分男女性别功能和性别领域的必须。女性居于作为内部聚焦中心之狭窄的"内"领域,而男性则占有作为外部扩展空间的"外"领域。这样的两性区分不仅仅是对于两种特定功能的划分,同时也是一种互补组合。然而,女权主义著述的传统设想认为女性所在的"内"领域处于边缘地位,顺从、受压迫和缺乏教育是中国女性的代表特征。为了挑战这一观点,我们试图从以下两种重要文学体裁中探寻"内"领域中贞洁烈妇的文学形象,首先是记载大量贞洁烈妇之列女传记,它们构成了帝国官方史书的重要组成部分;其次是妇德女教类文本,尤其是"女四书",它对女性行为的得体性作了诸多限定,这些文本大部分都是写给女性或由女性创作的。

　　作为帝国政府和儒家学说完美施政的表现,自东汉确认了女性角色的重要性以及女性所在"内"领域的恰当秩序,列女传记便成为王朝官方历史的重要组成部分。与此相反,由于对女性的过去缺乏系统的历史记

---

① 参照瑞丽 1998:6n15。

载,西方女性的历史记载方式频繁地发生变动。中国的列女传记始于西汉时期的刘向,一直延续到清代,在某种意义上创造出"一个历史记忆中的女性领域"①。不同于西方,中华帝国之列女传记使女性在历史记载中获得了自我独特的地位,并因而为历史上的女性创造出一种团结的主观印象。与西方女性在前近代文学领域中的悄无声息不同,女性作者所定义之恰当礼仪("内"领域中)的合法性不仅获得了认可而且受到了士大夫的普遍支持。妇德女教类的权威文本——"女四书"不仅是为女性而创作的,更重要的是它们都由女性所著述。女性之"内"领域不仅意味着女性角色在有关伦理道德和良好秩序等论题内的中心地位,更为重要的是,尽管"内"领域的强制力量使得女性束缚于繁琐的家务管理,但它却自相矛盾地赋予了女性以作者权威和在书信世界中读者身份的合法性。

然而,尽管偶尔的越界行为使得女性在政治、军事和文学领域获得了超出家内领域的成就,但作为一种两性区分,内外区分的规范力量仍然剥夺了女性通往具备完整人格之"外"领域的合法途径。在"外"领域中,人不仅是孝顺、得体的,而且是博学、有文化的。女性受到限制的性别角色可以通过列女传记和妇德女教类文本等宣扬女性美德的文字表述获得进一步阐明。在帝国的历史上,女性的道德标准由早期无性别特征的美德如"仁"(仁慈,威仪)、"智"(聪明)等逐步发展为突出强调女性对婚姻的忠贞和对子女的奉献。尽管妇德女教类文本由才华横溢的女性所创作,但它强化了女性作为女儿、妻子和母亲等功能角色的纯粹性,而受限于家务管理领域之女性的文学才华也成为多余。在中国的文化传统内,才华横溢的男性、女性作者所具备的文化(文)实际上是一种男性独占特权。

《列女传》、《闺范》和女性传记的传统

无论是否接受过教育,中国女性最先或主要被铭记的是她们遍布于

---

① 参照曼素恩 1997:205 页。

帝国史籍中的德行。最早的女性传记是刘向的《列女传》,它成书于西汉时期,它为后世王朝官方史书中女性传记的延续以及此后盛行于世之妇德女教类文本的创作奠定了基础。《列女传》记载了 125 位女性的生活故事,上至皇后下到民女。《列女传》最初的创作目的是为了劝诫汉成帝,使其意识到后宫女性的重要性,因为她们的德行关乎家国天下的安危。据《汉书》记载,刘向创作《列女传》的意图在于:"以为王教由内及外,自近者始。故采取诗书所在贤妃贞妇,兴国显家可法则,及孽嬖乱亡者,序次为列女传,凡八篇,以戒天子。"[1]为了宣扬这些美德,刘向将六种美德分列为六大章节,其余一章是《孽嬖传》,这一章节在此后的王朝女性传记中被省略。

　　刘向在《列女传》中所颂扬的六种美德分别是:母仪、贤明、仁智、贞顺、节义和辩通。在后世的女性传记中,女性被颂扬的原因多半是她们作为女儿、妻子和母亲的性别角色,这在明清的女性传记中尤为显著。与之相比,刘向在《列女传》中颂扬的六种美德并没有严格的"女性美德"特质。诸如"贤明"和"仁智"这两种美德也时常用于评价男性,它们频繁出现在《吕氏春秋》、《韩非子》、《战国策》、《孟子》、《管子》、《淮南子》以及《荀子》等战国和汉代早期的典籍中,用来描述君子和统治者的美德。[2]换言之,在早期文学代表性著作中,女性作为美德的代言人并不局限于她们作为女儿、妻子和母亲的性别角色。与后世盛行之女性的典型形象相比,《列女传》将女性作为道德和官方美德之理性代言人的表述方式具有特殊的启发意义。在后世盛行之妇德女教类文本和记载女性美德的王朝传记中,女性往往被表述为孝顺的女儿、忠贞的妻子或牺牲自我的寡母。由此我们可以从早期女性的代表性美德中得出以下两个推论:首先,儒家的伦理道德与将女性作为道德和官方美德之代言人的表述之间不存在根本性的冲突。其次,在后代王朝历史记载中,女性作为母性和

---

① 参照瑞丽 1998:6n15;李波林 2003。
② 瑞丽 1998:28 页。

寡妇守节等特定"女性美德"代言人之表述方式的改变是历史发展过程中产生的问题,必须结合特定的历史背景去考虑而不能将之归于儒家思想的自然辐射。

首先,瑞丽有关《列女传》之文本起源的研究表明,将女性作为理性美德代言人的表述方式并非西汉刘向之首创。瑞丽在汉代以前的典籍如《左传》、《国语》中找到了大量的例证。下文所举《列女传》中记载的事例大多以类似的记述方式出现在《左传》和《国语》中,如:"卫姑定姜"察觉到夫君错误地选择了后嗣,并由此预测到卫国不可避免的衰亡;"鲁季敬姜"通过类比织布来教导她的儿子,她在礼仪方面的知识获得了孔子的称赞;"楚武邓曼"准确预测到将要发生的事情,并通过劝诫夫君从而有效地避免了一场军事灾难;"曹僖氏妻"善于发掘丈夫的才能并成功地拯救了丈夫和国家。①

尤其值得注意的是,《列女传》中所颂扬的"辩通"美德与印象中中国女性的被动形象存在着巨大的差异。在《列女传》之《辩通》这一章节中,女性总是以活跃的形象出现,她们通过富有成效的辩论使自己化险为夷。例如,在"晋弓工妻"的故事中,女主人公的丈夫做了一把无用的弓箭引得晋平公大怒而欲杀之,她勇敢地消除了晋平公的愤怒,认为问题在于平公打猎技术不佳才使得弓箭显得无用,并且进一步指导平公的箭术——在当时只有男性才能学习的六艺之一。结果,她不仅拯救了丈夫的性命,而且获得了平公丰厚的赏赐。这个故事的真实性难以考证,但是根据刘向谨慎的表述,这位女性显然是西汉时期普遍认可的一位通过巧妙方式大胆劝诫君主的女性代表。这个故事完全可以作为一个"历史"例证去否定有关中国女性被动形象的普遍认识。

同样,在"楚野辩女"的故事中,平民赵氏妻子的马车在狭窄的道路上与郑国大夫的马车发生碰撞,在冲突中赵氏妻子并没有屈服于大夫的权威,她指责大夫的仆人不该独占本就狭窄的道路。如果大夫不去惩罚

---

① 瑞丽 1998:第 4 章《〈列女传〉之文本起源》,87—112 页。

自己的仆人,那么这个仆人有可能会犯第二次错误并且有损他大夫的体面。大夫顿感羞愧而无言以对。在这个故事中,民妇没有屈从于自己卑微的社会地位,而是通过据理力争使自己摆脱危险。在早期的文学表述中,女性并不表现为被动屈服。在"齐女徐吾"的故事中也讲述了一位通过机智辩论使自身免遭排挤的卑微女性。在这个故事中,一位名叫徐吾的贫穷妇女由于负担不起所需的蜡烛费用而被邻居们排挤出夜间纺织的集体劳作。徐吾对此进行了机智的辩驳。因为贫穷难以提供蜡烛与大家共用,她常常早到晚归打扫屋舍,坐在偏远的角落里以免妨碍他人。此外,正如她所说的,多一个人并不能使屋内的光亮减少或增加。此后再也没有人反对她加入集体劳作了。在早期文字表述中,女性获得赞美并不是因为她们的被动和顺从,相反,她们的"美德"来自机智辩论。

然而,在后期的《列女传》版本和历代女性传记中,将女性作为"聪慧"美德之代言人的文字表述逐渐转变为强调严格的家族美德和特定的"女性关注",例如对于婚姻的忠贞、寡妇守节和母性等。在对《列女传》汉、宋版本和明、清版本的比较研究中,女性代表性美德的转变尤其显著。汉、宋版中的编目主要以"美德"为导向,也就是说,女性获得赞美是根据这六种美德而不涉及她们限定的性别角色。而在明代《列女传》的扩充版本《闺范》中,编目主要以"角色"为导向。在明代的版本中,获得赞美的"有德女性"被归入三种女性生活圈——女儿、妻子和母亲。换言之,晚期中华帝国的"有德女性"大多被理解为孝顺的女儿、忠贞的妻子和自我牺牲的寡母。

《闺范》共有四册。第一册主要编辑有史以来经典文本中有关性别规范的相关文字。其余三册则着力于证明"女性美德"取决于三种生活圈和家庭角色。例如,第二册主要致力于阐明"女子之道",其中有 14 个故事(共 30 个)被单独列入《孝女》这一章节内。第三册涉及"妇人之道",其中超过一半的故事主要侧重于得体礼仪和贞洁等内容,大多命名为《夫妇》、《孝妇》、《死节》、《守节》和《守礼》等。最后,第四册探讨了"母道"。此外,在《闺范》的最后部分还涉及姐妹之道、姑嫂之道、女仆之道等等。

正如瑞丽所观察到的那样,在列女传记的明代版本《闺范》中,《列女传》所赞扬之两种无性别特征的美德——仁智和辩通已然不复存在或被重新组合,取而代之的则是妻子的忠贞和礼仪的得体。[①] 例如,在《列女传》中,"晋弓工妻"的故事被归入"辩通"美德,但在《闺范》第三册中则被归入"死节"这一美德。工匠的妻子以机智的辩论反驳了箭术不佳的晋平公,但在明代的版本中,她却被塑造为通过拯救丈夫的性命表现自身忠于丈夫的贤妇形象。在"齐女徐吾"的故事中,尽管贫穷的徐吾无法承担本该由她提供的蜡烛,但她通过机智的方式化解了邻居对她的排挤,但在《闺范》中这一故事却被编入《守礼》章节中。换言之,徐吾的行为所展现出的美德被归结为她对恰当礼仪的熟知而不在于她的机智应对。[②]

在明清时期,对于女性代表性美德之孝顺和贞洁的不断强调也反映在王朝列女传记数量的激增上。与刘向《列女传》的编目原则相背离,此后王朝历史记载中的女性不再被分门别类地归于某种特定美德之下。由于不再将女性归于特定的美德之下,各王朝女性传记对于"有德女性"的判定更具灵活性。在东汉的史书中只记载了 80 位有德女性,其中包括中国历史上第一位也是最为重要的一位女性文学家和官方史学家——班昭的传记以及她所创作的《女诫》。在此后的隋代、唐代和宋代,有德女性的传记大致保持在 50—60 篇左右。[③]

在元代的史书中,被记载的女性激增至 187 人。有德女性之传记的激增集中于元末明初,它是 14 世纪早期元朝政府将寡妇守节行为制度化的副产品。随着寡妇守节的制度化,有德女性逐渐被定义为具有贞洁和婚姻忠诚等特定美德的女性。在明代,近 300 名女性的人生经历被记载到帝国正史之列女传记中。而在清代,被记载的有德女性之人数空前

---

① 瑞丽 1998:117 页。

② 同上:第 5 章《女性之才智在明代版本中的变化》,113—38 页或附录 5,285—289 页。

③ 在二十四史中记载了大量具有美德之女性,参照陈东原 1937:430—439 页;或参照《隋书》卷 45《列女传》、《旧唐书》卷 143《列女传》、《新唐书》卷 130《列女传》、《宋史》卷 219《列女传》。

庞大,超过 400 名女性被作为有德女性记载到清代正史中。① 在 15 世纪到 17 世纪,中国的人口数量由 5000 万激增到 1.5 亿,到 19 世纪更增加到 3 亿,在考察有德女性数量的激增之时也必须将此因素纳入其中。然而,史学家们尝试从大量地方历史记载中找寻女性传记来考察帝国政府对于记述有德女性的浓厚兴趣,或许是作为帝国政府顺应时势舆论的一种需要,又或是作为帝国政府有意识地宣扬完美统治秩序的道德载体。

在清代,列女传记中有德女性的评判标准集中于孝顺、女性之贞洁和对婚姻的忠贞。在清代列女传记的序言中,女性获得赞美的主要原因在于她们是孝女、孝妇、烈女、烈妇以及践行守节、顺节、未婚守节等行为。② 一方面,明清时期女性传记数量的激增可以理解为帝国政策对于"有德女性"关注度的逐步提高;另一方面,对于孝顺的女儿、忠贞的妻子和自我牺牲的寡母的强调,迫使有德女性的形象固化在特定的女性美德上,即孝顺、忠贞和寡妇守节等。

从明清时期女性传记数量的激增和《列女传》改编为《闺范》这一盛行于明代的妇德女教类文本来看,评判有德女性的历史认知以及女性社会地位的改变是显而易见的。明代对于探讨忠贞、孝顺等"女性美德"的浓厚兴趣应该放置于关注男性政治忠诚的背景中去考察。在明朝末年的混乱时期,当汉人的领土不断遭受满族践踏之时,男性对于大明王朝的忠诚变得尤为重要。战国时期将妻子对丈夫宗族的忠诚与官员对正统君主的忠诚相类比的传统在明朝末年再次复兴。呈现在明清王朝历史中的寡妇守节和自杀等举动也是社会所认可的带给女性以荣耀的自我牺牲,就如同骑士为了他的勋爵所带来的荣耀而视死如归那样。《史记》将家庭领域中的贞妇与政治领域中的忠臣作了类比,"士为知己者

---

① 参看陈东原 1937:430—439 页;或参照《明史》卷 189—191《列女传》和《清史稿》卷 293—296《列女传》。但记载于主要王朝史书中的女性传记之数量与乔健(Chiao Chien)的统计稍有出入:隋 15、唐 31、宋 52、元 166 和明 257。参看乔健 1971。
② 参看《清史稿》,卷 293《列女传》。

死,女为悦己者容"以及"家贫思贤妻,国乱思良臣"①。因而,在盛行于世的妇德女教类文本和王朝历史中展现的对于女性贞洁和婚姻忠诚的强调,可以部分归结为明朝后期在政治领域对男性忠诚的要求,传统观念认为家庭内丈夫与妻子的结合等同于政治上君主和臣子的结合。

　　除了政治环境的改变,其他社会因素的变化也推动了女性忠于丈夫家族等问题的探讨。商业的活跃以及带有雕版插图之印刷物品的增多是晚明较为显著的变化。经济的繁荣推动了贵族们的奢侈生活,他们的娱乐需求不仅来自高等妓女,同样也来自文学世界。在明代,创作小说的流行题材由传奇和冒险等转向历史,这也证明了这一时期印刷文化的发展。② 随着商业印刷的发展和雕版插图的辅助,印刷技术不再局限于高等文化领域。正如柯丽德(Katherine Carlitz)所言,明代印刷产业逐渐由官方出版商印刷的经典文本转变为商业性印刷,"从鉴赏性物品到家庭祭祀物品……另一方面,门神和纸钱也成为印刷对象"③。在明代,插图印刷推动印刷产业达到了一个新的高度,插图印刷品能够满足半文盲公众的需求。预先画好的、设计好的雕版插画被用于小说、剧本甚至说教类书籍的商业印刷中,这就相应地模糊了娱乐和美德之间的界线。根据柯丽德的研究,明代插图版《列女传》中的一幅插图即被用于描绘得了相思病的少女的小说中,也被用于描绘一位坚贞的寡妇刘长秋(译者按)。④ 进一步而言,说教类书籍中的相关道德信息或许也时常通过栩栩如生的插图表达出来。从插图版《列女传》仪态端庄的皇后肖像来看,皇后的目光极具讽刺地注视着皇帝筵席上大胆的、半裸着跳舞的女孩,而不是将脸上不合礼仪的神色隐藏在角落中。⑤

　　令人印象深刻的插图一方面有助于向半文盲公众推广妇德女教类文本中大力宣扬的社会美德,从而强化了保守的"性别"美德。但另一方

---

① 参照瑞丽 1998:12n4;或鲁威仪(Mark Edward Lewis)1990:73n89、n90。
② 更多详细内容参看安德鲁·帕克(Andrew H. Plak)1987。
③ 柯丽德 1991:118—119 页。
④⑤ 同上:128—131 页。

面,插图在小说和说教类文本中的流行性和互用性也给说教类文本中有德女性的形象带来了某种讽刺意味。而这些涉及有德女性之插图的说教价值和娱乐价值不相上下。栩栩如生的插图推动了说教类信息对于没有接受过正规教育之未婚女性和新娘等特定读者的影响。明末清初说教类文本的盛行,可以部分归因于插图在商业印刷中的增加,它在一定程度上模糊了受教育者、贵族阶层和半文盲之间的界线。有德女性的生动形象也给插图带来了一种戏剧性效果,例如插图中自残的寡妇或自我牺牲的孝顺女儿等形象的呈现,甚至超过了一个贤明的母亲教导儿子或有才华的年轻女子反驳皇帝等形象的呈现。

　　明末清初"辩通"和"仁智"等机智美德的消失和有德女性之形象的转变,正如瑞丽所言,或许仅仅为悲剧语境下插图的情绪感染所推动,而并非源自刻意的保守主义倾向。① 换言之,早期有德女性是智慧和美德的代言人,而后世女性之"德"则固化为特定的"性别"美德如孝顺、忠贞和母性等。明清时期的这类转变或许并非所谓的"新儒学"(理学)之自然辐射。这也并非是通常将男性正统观念强加于女性的片面性反映。相反,它也许正是印刷和插图时代男女共同分享之流行理念的副产品。

　　令人惊讶的是,此后成为官方衡量"贤女子"之标准的"四德"却是由才华横溢的女性来构想和阐明的,她们极力支持女性需要恰当的领域和有限的性别角色功能等保守性言论。尽管著书立说并参与文坛活动,但与此同时,她们也通过"内"领域(纯粹的家务管理领域)合法的女性作者和读者身份来抗衡保守主义。自相矛盾的是,由早期"有德女性"到晚期中华帝国"女性化美德"的转变恰恰获得了才华横溢之女性的认可和推动,她们在遵守规范的同时也抗衡着涉及女性所独有的"内"领域的保守家族言论。

---

① 瑞丽 1998:118 页。

妇德女教类文本之《女四书》

与"外"领域占支配地位的儒家《四书》的权威性相平行，《女四书》则支配着女性所独有的"内"领域。由于男性被期望负责家外事务而女性负责家内事务，因而我们无需惊讶于将《女四书》作为女性教育的标准文本，它们不仅是为女性而创作的，也是由女性自己创作的。《女四书》由不同时代之才华横溢的女性所创作的四本说教类文本组合而成。它在清代中期首次由王相（1789—1852 年）编辑而成。《女四书》是贵族女性教育的一部分，它在清代小说《红楼梦》中与其他女性经典一起被提及，至今还完整保存着若干日文版本，它的广泛影响和普及性由此可见一斑。[1] 鉴于《四书》在男性教育中的权威地位，由男性编辑而成且命名为《女四书》的女性权威指导用书显然暗示了"内"与"外"的平等地位，也就是说，男女作者身份之权威的平等与男性和女性在各自适当领域的教育相联系。正如《四书》指代"外"领域中的儒家人格典范——君子，《女四书》则代表了才华横溢之女性所定义的"内"领域中理想的女性人格。

《女四书》中最早也是最为重要的文本是班昭的《女诫》，它为后世的妇德女教类文本奠定了基础，它频繁地被相关著述的男女作者们所引用。它是现存最古老的指导文本，它被完整地保存在《后汉书》有关班昭的传记中。据《后汉书》记载，班昭"博学高才"且留心于寡妇礼仪的恰当性。在哥哥班固死后，和帝（公元 88—105 年）委任班昭继续完成《汉书》这部王朝正史。[2] 她先后写就了《汉书》之《天文志》和《八表》，《八表》是记录先秦和汉代贵族、高层官员的大事年表。除了《女诫》和《汉书》之外，班昭流传下来的文字作品还包括三首短诗和一篇汉赋，它们分别刻

---

[1] 曹雪芹、高鹗 1978：53 页；引自刘咏聪（Clara Wing-chung Ho）1995：19n27。有关妇德女教类典籍之摘要目录，参看廖天琪（Tienchi Martin-Liao）1985，165—189 页。

[2]《后汉书》，卷 74《列女传》之"曹世叔妻"（班昭）。有趣的是，类似班昭这样一位拥有傲人之血统、成就和才华的女性，在三朝列传中首先或主要以性别亲属角色出现。

在两个用来纪念帝国皇帝和皇后的石碑上,汉赋讲述了班昭和她的儿子长途跋涉到东方边界之驻防地等内容。① 她生前凭借渊博的学识受到了男性和女性极大的尊崇。班昭不仅是邓太后的良师益友,她在邓太后21年的摄政生涯中给予了悉心的指导,而且也是诸多官方历史学家的指导者。② 与《女诫》所颂扬的受限于非文化之"内"领域的女性相反,班昭作为有才华的官员积极活跃在帝国政治和文学世界中,而这两者都属于"外"领域。具有讽刺意味的是,作为首位也是最为重要的官方女性历史书写者,班昭写就的这部极为保守的著作在此后骇人听闻的妇德女教类文本中被用于证明女性受到奴役和卑下地位的正当性。然而与乍看起来相比,班昭《女诫》中的保守主义倾向并不那么显著。

班昭之《女诫》共分为七章,分别为《卑弱》、《夫妇》、《敬顺》、《妇行》、《专心》、《曲从》以及《和叔妹》。在第一章《卑弱》中,通过陈述《诗经·斯干》中记载的观察出生之婴儿这一古老礼仪所展现的女性卑下地位开始,探讨总结女性的主要功能在于服侍他人并在他人面前表现出谦卑的姿态。在第二章《夫妇》中,丈夫和妻子的关系类似阴阳之道,因而丈夫应该主导妻子而妻子应该服侍丈夫;然而,这一章也强调了丈夫和妻子的相互作用,他们必须彼此尊重对方。班昭对于阴阳的理解与我们在有关汉代宇宙论的研究中所展现的阴阳理念是完全一致的,它们虽有层级但却彼此互补。第三章《敬顺》中,班昭建议年轻妻子应该避免与丈夫发生冲突并体谅丈夫。第四章《妇行》中,有德女性必须遵循四种行为准则,包括妇德、妇言、妇容和妇功,它们也被称为"四德"。在第五章《专心》中,班昭强调妻子对于丈夫的忠诚以及建议女子要表现得温和得体。在第六章《曲从》中,班昭要求女子顺从公婆的意愿。与上述章节相类似,在最后一个章节中,班昭力劝女子要处理好与叔伯、姑嫂之间的关系,以此避免家庭中不必要的冲突。

《女诫》中最具影响力的是有关女性行为之得体性的第四章。这一

---

① 孙念礼(Nancy Lee Swann)1968:第5章《参与编修汉书》,65页或参看第6、8、9章。
② 同上:第4、5章。有关《女诫》的完整翻译,参看孙念礼1968和王蓉蓉(Robin R. Wang)2003:177—188页。

章中班昭有关"四德"的谦卑保守性文本被广为引用,尤其是在明清时期,它被用来论证排斥和限制女性进入文学艺术领域的正当性。"四德"首次出现在《礼记·昏义》中,它被作为婚前三个月内对准新娘进行适当训练的一部分。在班昭有关"四德"的谦卑保守性文本中,妇德意味着女性对适当礼制的遵从,它表现为一种平和的态度而非女性才华和智慧的多彩展现。与此相类似,"妇言"并不指代某人能说会道的口才而是指代其小心谨慎的言语。"妇容"关注女性自身的整洁和仪表的适宜而不是引人注目的外貌。最后,"妇功"包括纺织生产中的编织和纺织等实用技术以及为筵席或祭祖准备食物的家内技术。

在班昭对于"四德"的诠释中,评判有德女性首先或最主要依据于她对礼仪得体性的遵守,这体现了家内技能和妻子劳役所在之"内"领域的女性特质。

在明清时期,贵族阶层的知识女性把班昭作为女性美德的典范,然而,这却带来了对于"四德"的过分解读。清代的知识女性强烈排斥明代流行之"女子无才便是德"等言论,并将具备文学才能作为纠正有违仪式得体性之盲目遵从的先决条件,调节班昭有关德与才相冲突的论述。此外,班昭的文学成就(作为史学先例和崇拜对象)使后世的知识女性将"妇言"这一美德由语言扩展为文字表达,也由此证明了女性进入家外之文字领域的正当性。

无论保守与否,根据班昭在《女诫》序言中的介绍,这本著作最初是作为教导家族女性成员遵守礼节而写就的一种家族训诫文本。作为朝廷史官和邓太后的贴身智囊,班昭具有较高的政治地位。《女诫》在邓太后早期摄政阶段——汉朝历史上一个混乱的时期——的出版使其难免带有官方和政治色彩。《女诫》所展现出的过度谦卑和保守主义,正如陈幼石(Yu-shih Chen)所言,在某种程度上可能是一种蓄意而为的策略,即避免摄政期间因为与邓太后的亲密关系而导致潜在的危险,这一时期处在朝臣密切关注中的邓太后可能会进一步夺取最高权力。① 如果将西

---

① 陈幼石 1996:245 页。

汉吕后摄政时期的危险先例考虑进去,那么《女诫》所展现出的刻意的保守主义姿态则是必须的。吕后统治汉朝历经惠帝(公元前195—前188年)及两个儿皇帝直到公元前180年去世。《女诫》所表达的对于女性领域和谦卑、低下地位的保守性遵循,从某种角度也可以看作是班昭和邓太后在男性政敌关注下所展示的对于父系汉王朝的忠诚。

陈幼石在有关班昭《女诫》的研究中,将班昭的保守主义倾向归结于她的道学渊源。考虑到班昭家族背景中的道学渊源以及她在《汉书·天文志》中表现出的有关阴阳宇宙等方面的学识,班昭《女诫》中强调的卑、弱、顺、让等美德,在陈幼石看来,恰恰反映了不稳定的环境中关注自我保护和实际生存的道学渊源。[1] 尽管就《女诫》在传统列女传记和指导书目中的权威地位而言,陈氏将班昭《女诫》重新划归道学而非儒家典籍的举动稍有夸张,但《女诫》中班昭的过度谦卑与道家"顺从"美德之间的密切关联确实相当引人注目。

尽管存在刻意保守之嫌,但《女诫》仍然是中国历史上现存最早的明确提倡女性应该具备读写能力的典籍。班昭在第二章中极力倡导丈夫与妻子之间的平等,"但教男而不教女,不亦蔽于彼此之数乎!《礼》,八岁始教之书,十五而至于学矣。独不可依此以为则哉[2]"! 事实上,班昭试图将阴阳之间的平等和互补扩展为男孩和女孩在教育上的平等,以此突破经典文本《礼记》仅仅侧重于男性教育的藩篱。班昭对于女性具备读写能力的极力倡导似乎使她本人远离了《女诫》中全面的保守主义倾向,这一矛盾之处为学者们提出有关班昭创作《女诫》之意图的前后一致性表述带来了困难。

萧虹认为与班昭序言中极为谦卑的自我陈述相反,一种可能的表述在于,班昭创作《女诫》的意图是为了帮助所有女性建立规范的指导标准,以此作为她对汉代儒学运动的贡献,而汉代儒学运动旨在恢复先秦

---

① 陈幼石 1996:233 页。
② 孙念礼 1968:84—85 页。

社会的礼制。① 根据萧虹的观点，班昭对于女性具备读写能力的倡导只是将女性置于控制之下的一种手段，为了使她们符合自己在书中所描绘的被动形象。鉴于当时的显著政治地位，班昭创作《女诫》的意图很有可能是为了获得除家族女性成员及学生邓太后以外的更多读者。与其他所有写给女性和男性的有关礼仪恰当性的经典不同，班昭之《女诫》明确表达了女性的读写需求。考虑到班昭的家族背景——无论男性或是女性皆为博学有才之士的显贵家族，我们也不用以诧异的目光去质疑作为首位官方历史学家和皇太后之贴身智囊的班昭为什么会极力倡导女性读写能力的合法化，尽管《女诫》中存在着浓厚的保守主义倾向。又或者如瑞丽所言，班昭的《女诫》可以被解释为"对于女性读写能力的抗争，以保守的男性读者可以接受的方式呈现"②。无论如何，《女诫》所展现的保守性和进步性深刻地影响着此后有关性别得体的著述。

班昭自身已然成为寡妇的保守性偶像和受人尊重之女性的进步榜样，这些进步女性不仅具有美德而且博学多才，尤其是在女性读写能力和女性美德之兼容性受到严重质疑的明清时期。班昭创作《女诫》之意图的不确定性连同她显著的文学成就已然带来了两个有关性别得体的对立观点：一方面，从《女诫》来看，文学才能对于承担家内管理等性别职责的有德女性而言是不相干的，甚至会分散其注意力；但是另一方面，班昭所树立的女性文学典范也可以作为"内"领域中女性读写能力与美德相互兼容的象征。

《女四书》中紧随班昭《女诫》之后的第二本是唐代宋若莘和宋若昭姐妹创作的《女论语》，它给年轻女子提供了类似《女诫》的实用性指导，以备将来处理婆媳关系以及承担家务管理。不同于班昭的《女诫》，《女论语》并没有提出定义性别得体的准则。相反，它简明扼要的十二个章节完全由描述四种美好品质的简单诗句组合而成，这可能是为了减轻识

---

① 萧虹 1994：22—23 页。
② 瑞丽 1998：245n51。

字较少的年轻女子学习和背诵的负担。此书简明的写作风格和易懂的指导方式与其志存高远的标题之间形成了极大的反差,作者将其与最为知名的儒家经典《论语》相比拟。该书宏大的标题使蓝鼎元、章学诚等文人感到不安,他们公然批评将《女论语》这本小册子与儒家经典《论语》相比拟的言论。① 但恰恰由于适用于半文盲女性的简单文字和易懂诗句,《女论语》在早期中国成为流通最为广泛的小册子之一。②

《女论语》口语式的创作风格与其作者——唐代宋氏姐妹的渊博学识形成了极大的反差。该书最初为宋若莘所创作,她是唐代文人宋廷棻五个博学多才之女儿中最为年长的一个。此后该书又为其妹宋若昭(五姐妹中最为博学多才)所扩充和加注。宋若昭将班昭这位才华横溢的年轻寡妇作为激励自己的偶像,她决心过一种独居式的文人生活。宋若昭的四个姐妹先后被皇帝召入宫中并册封为妃嫔,而她却拒绝了皇帝的册封且终生未嫁。她的决心得到皇帝的尊重,皇帝委任她负责后宫的文学事宜并指定她随同外朝男性文官一同承担教育皇子和公主的责任。宋若昭和班昭的人生经历是如此的相似,宋若昭也时常将自己与班昭相比拟。③ 班昭早年的守寡经历以及她的文学才华激励着后世上层社会的知识女性,她们将早年守寡视为走向独居式文人生活的一种途径。相对于固化为女儿、妻子和母亲等为社会所认可的性别角色而言,这无疑是一种受人尊崇的选择。尽管这两本指导用书都带有保守主义倾向,它们规定了家内领域中受限制的女性角色,但是这两本书的作者——班昭和宋若昭创造了一种超越文盲和大众女性范畴的独居式文人生活。

班昭最先倡导的女性文学确实对上层社会之女性产生了变革性的影响,她们在自己的著述中继续支持性别得体等保守的正统观念,但她

---

① 蓝鼎元:《女学》之《序言》;蓝氏认为《女论语》只是最为基础的阅读书目,其文本不够精练和文雅。章学诚在《妇学》中也认为《女论语》不够精练且过于炫耀。转引自廖天琪 1985:174 页。
② 同上。有关《女论语》的完整翻译,参看王蓉蓉 2003:327—340。詹合英(Heying Jenny Zhan)、布拉德肖 1966。
③ 同上。有关宋氏姐妹生平的不同看法,参看詹合英、布拉德肖 1966;王蓉蓉 2003:327 页。

们的行为却含蓄地颠覆了她们所倡导的保守价值观。这样一种扩展女性"内"领域的颠覆行为在明末清初尤为显著。在明清时期,保守经典文本之出版、流通数量的上升与女性文化水平的提升相伴随,这又反过来挑起了一场有关女性才德兼容性问题的激烈讨论。

尽管"女子无才便是德"在明代社会广为流传并且在一定程度上打击了女性对于读写能力的追求,但《女四书》中的第三本著作——《内训》却是由明代的仁孝文皇后徐氏所创作。她通过借鉴传统权威经典如《史记》、《尚书》、《礼记》和《易经》向人们展示了她的学识。延续了班昭《女诫》和宋氏姐妹《女论语》的传统,徐皇后创作的《内训》由二十个章节组成,它也为女性得体地展现自我之性别角色提供了实用性的建议。与先前的两本著述不同,根据《内训》序言所示,它主要是为明代的后宫女性而创作的。它旨在教导未来的皇后和内命妇,因而其关注点超越了传统女性的美德和家内领域的劳役,它更多地关注朝廷的政策和管理,包括历代皇后的资质和美德、如何对待皇室侍从及处理与后宫之间的关系等等。

尽管它的创作风格、写作内容与通常旨在教导大众女性的其他妇德女教类文本有着极大的不同,但与班昭之《女诫》类似,《内训》也主张女性应该接受教育并具备读写能力。徐皇后根据《礼记》在该书的序言中写道:"男子八岁而入小学,女子十年而听母教。小学之书无传,晦庵朱子爱编辑成书,为小学之教者始有所入。独女教未有全书……"徐皇后从婆婆的教导中受益(即明代的马皇后,她曾经是一位有着大脚的农民,她的才德源于自学[1]),通过创作《内训》将婆婆马皇后的教诲转变为女子全面教育的一部分。换言之,徐皇后试图将家内领域之女性教育提升到

---

[1] 马皇后出身贫贱,她通过自学广泛地阅读书籍并定期组织妃嫔宫人学习古训。她因为多次劝谏明太祖而为后人所缅怀。并且,马皇后有一双天然的大脚!这在缠足相对较为普遍的明代可以说是一件令人震惊的事情。考虑到她贫贱的出身也就可以理解她没有缠足的原因了。明太祖登基后还为马皇后没有缠足进行过辩护。据说马皇后去世后,明太祖因深切怀念她而没有另立皇后。更多详细内容参看狄百瑞 1994:44 页。

与家外领域之男性教育获得同等尊重的水平,并暗示了朱熹为教育男性所创作之《小学》与她为教育女性所创作之《内训》的同等地位。

对于女子才德兼容性的争论在清代达到了顶峰。与此相矛盾的是,大量女性作品的出版在中国历史上达到了空前的高度。[①] 明末清初女性读写能力的增长是显而易见的,不仅在清代的流行小说《红楼梦》中提到了作为女性得体教育文本的《女四书》,而且在盛行的妇德女教类文本和文学作品如《闺范》、《女范捷录》以及《妇学》(清代文人章学诚所作)中都提到了女性读写能力等问题。

有关清代女性读写能力的可见性和激烈争论也反映在《女四书》中的最后一本著作——《女范捷录》中,这本书由汇编者王相的寡母刘氏所创作。她花了整整一个章节来专门探讨女性才德兼容性等问题。在最后一章《才德》中,刘氏指出了常见观点的不当性,这种观点忽视了女子美德的重要性并认为女子无才便是德。刘氏认为培养自我之美德对于男性和女性而言都是应该优先考虑的事情。她通过援引权威经典《诗经》——大部分诗歌为女性所创作——来论证古代各阶层女性之才德兼备。她也将历史上大量才德兼备的女性如汉代的班昭、唐代的宋氏姐妹以及明代的徐皇后作为值得女性敬仰的典范。与此相反,她认为没有接受教育的女性往往容易忽视礼仪,因而她们德才全无。只有接受过教育的女性才能兼具才华和美德。与普遍的信条相反,在刘氏看来,接受教育是体悟礼仪得体的前提,女性之美德源自教养。简言之,才华与美德不仅仅具有兼容性,在现实中它们也相互交织在一起。

与班昭相似,刘氏也强烈主张女性应该接受教育。但与班昭不同的是,刘氏对于女性自主有着强烈的意识,她拒绝将女性置于较低标准之下。班昭之《女诫》与刘氏之《女范捷录》的显著区别在于,后者并不过多关注于家内管理,也不过分沉溺于降低女性地位的谦卑说辞。相反,由九个章节组合而成的《女范捷录》更多地关注美德的培养以及历史上具

---

① 参看胡文楷 1957:170—624 页;或刘咏聪 1995:203n46。

备特定美德的女性典范。例如,在第一章《通论》中,刘氏不仅主张女性应该接受教育,更进一步认为女性教育比男性教育更为重要,由于女性必须从"内"领域走向"外"领域。她援引了历史上诸多才华横溢的皇后来说明"内"领域在帝国延续中的重要性。刘氏不仅证明了女性接受教育的正当性,而且通过将"内"领域塑造为"外"领域的必要基础来进一步提升"内"领域的重要地位。

同样,"内"领域相对于"外"领域的优先性在第二章《母仪》中也有所体现,刘氏认为年幼子女最先接受的是母亲的教育,因而母亲的端正品行要比父亲的告诫更为重要。刘氏在第三章中探讨了无性别特质之美德——孝,她拒绝将女性置于较低标准之下,认为尽管男女有别,但就遵循广受关注的孝道而言,男女是相同的。在第五章《忠义》中,刘氏认为由于女性从属于夫君,因此适用于男性的美德也应该适用于女性。总而言之,《女范捷录》展示了女性在自我认知和读写能力影响上的微小变化,这种变化在保守的妇德女教类文本和女性传记中得到了证实。尽管保守的"女性文本和传记"是将性别得体的传统价值强加于女性的源头,但它也是激励女性的力量之源,由此女性在她们的历史认知中获得了自我肯定。

女性读写能力的提升以及参与阅读、写作及出版活动的增加含蓄地挑战了"内"领域中传统的性别得体观,在传统解释中,真正的有德女性主要依据于她对父系家族的自我牺牲和忠诚而不是对于自我文化需求的探索。与"外"领域中的男性不同,文化才能在女性的"内"领域中并不重要。换言之,女性无法获得参与科举考试的合法途径,这又最终导致了官僚主义作风。女性的文化追求对于自身的性别身份而言最多只是一种奢侈。明清时期以盈利为目的的说教类文本(带有插图)、浪漫小说(针对女性)之出版量的增长以及贵族阶层对于私人家庭教师(知识女性)之需求的增加,掀起了一场有关女性文化之得体性及其与传统"四德"之兼容性的激烈争论。在这场争论中,我们一方面看到了权威传统的保守倾向,另一方面也看到了对于女性文化未曾逾越礼仪得体之界限的有力反驳。

对于女性文化的质疑与"妇言"之德

　　质疑女性文化之最具影响力的文章或许是清代文人章学诚（1738—1801）所写就的《妇学》。这篇文章的广泛影响反映了女性文学的显著发展以及官方文人所共有的保守倾向——反对一些进步但却有违传统的文人（例如诗人袁枚）。袁枚坦言自己收受女弟子，并且积极征集女性诗稿以备出版。在探讨章氏的论点之前，需要指出的是，章氏之《妇学》几乎是研究女性文化之得体性领域中对袁枚进行人身攻击最为尖刻的一篇文章。袁枚是一位广受欢迎的诗词评论家，他看到了诗词的效用仅仅局限于娱乐方面而不具备任何道德影响，他大胆承认在自己诗词创作和交流圈中存在着一群才华横溢的女弟子，并且至少有三名女弟子逾越了性别得体之界线。[①] 在抨击袁枚的非传统文化理论和非传统、享乐主义生活方式的基础上，章氏《妇学》恢复经典文化和性别得体的用意就更容易理解了。

　　章氏通过恢复经典文化来抗衡袁枚所倡导之"女性文化"的意图首先反映在文章的题目中。"妇学"一词最早为袁枚定义女性之诗词学习所用，它类比于《诗经》。[②] 含蓄地讲，袁枚似乎将女性文化降低为诗词创作，而没有从历史背景和历代注解中正确把握《诗经》的道德意涵。这就是袁枚走向女性文化和诗词学习的非传统路径，而这些大部分遭到了章氏的强烈批判。在《妇学》一文中，章氏指出古代女性的学习涉及四个不同方面：德、言、容、功（即四德），与此相反，当代女性的学习只涉及文学艺术（如诗词创作与阅读）。但是在古代，女性只有很好地掌握了古典礼仪并能够完成书信写作才被视为博学。[③] 章氏对于袁枚文化理论的抨击

---

① 参看刘咏聪 1995：206—207 页。
② 曼素恩 1992：42n4。
③ 同上：44 页。

解开了诗词创作中历史背景和礼仪得体之间的关联。作为官方儒家学者,章学诚试图将古典文化带入女性文化之中。在古典文化中,对于礼仪的正确理解必须先于个人的文化艺术追求。

与其他大多数清代学者一样,章学诚认为女性文化的问题不仅仅局限于女性是否应该接受教育或女性是否拥有足够的聪明才智去学习古典文化。① 他曾经反复地将历史上的诸多知识女性例如汉代的班昭,宋代著名的词人、画家——李清照、管道升——作为女性名望和美德的典范。章氏认为更重要的问题在于女性文化的构成以及女性接受教育的目的。在章氏看来,通过诗词表达个人情感和浪漫氛围的文学趋向,以及唐代以来有关舞女、艺妓之宫廷文化的体制化,将女性文化降低到娱乐和浅薄的层面。高级艺妓精通诗词之艺妓文化的盛行模糊了受人尊崇之女性与卑下女性的界限,尤其当女性的名望仅仅依据其文化才能来衡量。袁枚主张通过诗词写作自由地表达个人的内心情感而没有将礼仪的得体性放在首位。在章氏看来,袁枚的主张根本不值得冠以"女性文化"的称呼。袁枚忽视了男女之别(或内外之别)的规范,他大胆承认并不合时宜地收受了女弟子。在章氏眼中,袁枚的行为与禽兽无异,他不配拥有饱学之士的美称。②

根据章学诚的观点,真正的女性文化必须包含以下四种美德:妇德、妇容、妇言和妇功。在"四德"中,妇德深奥难懂,妇功主要表现为纺织和针线,通常比较容易掌握。在章氏看来,妇言和妇容在女性需要培养的美德中最为重要,它们交织出现在《诗经》和《礼记》这两本经典中。根据传统注解,《诗经》为文化学习、《礼记》为得体行为提供了最为基本的指导。章氏认为,对于恰当礼仪准则的学习必须先于诗词创作,

> 至于妇言主于辞命,古者内言不出于阃。所谓辞命亦必礼文之

---

① 刘咏聪在有关清代学者对于女性接受教育之观点的研究中提到:大部分清代学者如陈宏谋(1696—1771)、周广业(1730—1798)、李兆洛(1769—1841)等都主张女性应该接受读书写字之教育,尽管这样做的主要目的在于使她们能够更好地担当起妻子的角色和责任。
② 参看倪德卫(David Nivison)1966:263 页。

所须也。孔子云:"不学诗,无以言。"善辞命者未有不深于诗。乃知
古之妇学,必由礼而通诗……古之妇学,必由礼以通诗;今之妇学,
转因诗而败礼。①

换言之,没有理解礼仪的得体性,学习诗词创作往往就会误入歧途。章
氏对于妇言的理解与袁枚不同,他认为妇言并不局限于精通文化艺术和
技巧,而是更加重视女性对于礼仪的把握。只有在遵循礼仪的基础上,
女性在古典文化和文学艺术上的学识才能得到恰当的展现,并且没有逾
越内外区分所标识之性别得体的界限。

在明末清初,女性文化的问题实际上就是性别得体的问题。根据内
外区分所标识的男女之别,考虑到女性的性别身份,文化在"内"领
域——恰当的女性领域——中往往处于边缘地位。曼素恩就将"内"领
域表述为一个真正沉默的领域。② 根据礼仪规范,女性必须止步于内室
之门。"内"的隔绝与女性的功能性别角色不仅使女性难以获得文化学
习的机会,从礼仪角度来看,学习文化知识也是不必要的。尽管母亲的
传统职责在于为年幼的子女提供基础性的教育,但对于女子的教育常常
局限在烹饪、纺织等基础且实用的家内技能上,而不是对于经典、六艺和
国家管理技能的广泛学习。女性教育的有限范围是作为功能性差别之
内外区分的合理辐射,如果考虑到女性没有参与科举考试合法途径的事
实——它最终导致了"外"领域中的官僚主义作风,女性杰出的文化才能
将注定成为不值一提的琐事。根据权威观点,学习和创作必须具有公共
的伦理效用。不同于男性,博学多才的女性没有进入"外"领域的合法途
径。而在"外"领域中,男性的才能可以为政府所用,因而男性杰出的文

---

① 相关翻译参看曼素恩 1992:49—51 页。曼素恩将"辞命"译为"恭敬的、顺从的",但通过对辞
命一词的研究,笔者并未发现前人有过类似的翻译。"辞命"最早出现在《孟子》中,表示一个
人精通辩论的能力(《孟子》2A/2,参看理雅各Ⅱ,192 页;《孟子》2A/9,理雅各Ⅱ,207 页)。
"辞命"的另一个变异词是"辞令",它出现在《左传》"襄公三十一年"(参看理雅各Ⅴ,561、
565)、《礼记·冠义》、《墨子·鲁问》和《史记·屈原列传》中。
② 曼素恩 1992:53—54 页。

化才能被认为是合理的。由于缺乏合理性,女性杰出的才能常常被视为与她们的性别身份或公共利益不相干的无用的社会剩余。

从实际来看,女性拥有文化才能确实是不幸的事情。如果女性杰出的文化才能远胜过她的兄弟或丈夫,但却始终没有发挥其才能的合法途径,这将给她的家庭带来痛苦而不是荣誉。女性杰出文化才能的悲剧本质为知识女性所共享,她们多余的文化才能只是一种妨碍而非满足生活需求的途径。清代诗人梁兰漪在其《课女》一诗中写道:"汝母薄命人,尝尽诗书苦。四德与三从,殷殷勤教汝。婉顺习坤仪,其余皆不取。"[1]梁兰漪的诗作最终收录于《国朝闺秀正始集》——清代女性诗文选集。博学而又聪慧的女性诗人将创作诗词的声名与她们的性别领域——"内"彻底撕裂开来,在"内"领域中女性杰出的文化才能完全处于非实用性状态。

知识女性对于她们"无关紧要"之文化才能的矛盾心理标志着"内"领域中的性别身份与"外"领域中的文化追求之间的无言冲突。从总体来看,将文化和创作划归"外"领域是显而易见的。"从政"是"习文"的最终归宿,这是男性所特有的权利。强加于女性的"内外"限制(作为一种性别特质)在根本上固化了前近代中国的性别不平等问题。在前近代中国,所有阶层的女性必须完全屈服于父系家族的意愿。劳动的内外性别分工不仅将父系家族中的女性功能降低为生育能力,而且也否定了各阶层女性通往文化资源的合法途径,而文化资源是培养儒家完美人格的必需。儒家的完美人格标志着自我存在于世界中的本质。

从象征性来看,"内"领域也是一个隐蔽的领域。章学诚对于袁枚收受女弟子、发表女性诗词的抨击可以解读为对标准性别界限的正统性防御,"内"领域中的文化才能必须隐藏起来而不能出现在公众的视野中。由于"内"领域的沉寂和非文化特质,章学诚所塑造的终极典范——具备美德、广受尊重——只是一个静态的女性,她被隔绝在"内"领域(家内)

---

[1] 参看刘咏聪 1995:199 页。

中并消失在"外"领域（文化、公共）的视野下，"女之佳称，谓之静女，静则近于学矣。今之号才女者，何其动耶？何扰扰之甚耶？"①换言之，女性的美德和可敬，首先或主要根据它与性别得体的一致性来考量，它表现为"内"领域的沉寂而不是女性的文化才能。由于创作和出版属于"外"领域，因而它们也不是有德或可敬之女性所应该追求的。含蓄地讲，与大多数清初学者一样，尽管章学诚并不反对女性接受教育或发表诗词，但章氏认为一个可敬的女性应该更多地专注于"内"领域（非文化领域）的礼仪得体，并掩藏自身的文学才能。确切地说文化才能应该归于"外"领域（公共领域）。

尽管章氏的《妇学》颇为盛行，但清朝女性出版作品的数量仍旧达到了空前的历史高度。我们无法想象知识女性在她们所处的时代是如何调节诗词创作、出版之公共艺术与非文化"内"领域中沉寂之间的冲突。首先，如说教文本《女范捷录》的作者刘氏等知识女性，她们公开否认女性美德与才华之间的冲突本质——就如同明代流行谚语"女子无才便是德"所表明的那样。在知识女性看来，想要拥有美德并恪守礼仪得体的界限，女性就必须接受教育，这是最基本的要求。正如刘氏所言，没有接受过教育或没有领略过权威经典中记载的古代礼仪，女性就会完全忽略礼仪的得体性。再者，尽管女性无法依靠杰出的文化才能来实现她们的家庭角色，但是知识女性通过把《诗经》中的女性诗人视为榜样，从而将妇言的传统意涵由语言表达扩展到文字创作。女性参与文化学习的合理性也由此得到了证实。由于《诗经》中记载的古代女性皆是德才兼备，因而今天的女性也应该在拥有美德的同时掌握诗词创作的文化技能。

女性利用《诗经》作为自身参与文学艺术创作之合法性的理论辩护或"历史"先例的举动，展现在清代女性诗词选集《国朝闺秀正始集》的序言中。清代女诗人恽珠在序言中大胆写道："昔孔子删《诗》不废闺房之作，后世乡先生每谓妇人女子职司酒浆缝纫而已，不知《周礼》九嫔掌妇

---

① 参看曼素恩 1992：53—54 页。

学之法。妇德之下,继以妇言,言固非辞章之谓,要不离乎辞章者近是。则女子学诗,庸何伤乎?"①首先,恽珠否认了传统礼仪的概念,即"女性的言语不能越过内室之门",进而否认了"内"领域的沉寂特质。其次,通过援引保留在《诗经》中的女性诗歌,恽珠将妇言的传统意涵由语言表达扩展到诗词创作,由此证明了"内"领域中文化学习和诗词创作的正当性。杰出的文化才能也因此得以与女性的美德相并存。

但是,通过《诗经》中的女性诗歌所展现的博学多才之女性形象似乎与《礼记》所推崇的女性礼仪界线之间存在着矛盾。与男性的完美人格塑造于家族和政治领域不同,所有阶层的女性必须首先从符合"内"领域的礼仪得体中获得标准的女人品质。也就是说,有德女性的真正职业应该与她们受限于家内领域的性别角色相符合。男主外、女主内的恰当性别区分标示着文明与野蛮的界限。当男女之间标准的礼仪界线受到侵犯,社会所认可的人性将沦落为兽性。例如,章学诚就曾抨击袁枚在对待女弟子时缺乏恰当的性别区分,从而沦落为禽兽行径。② 章氏文中的争论点不在于女性的学习能力或她们的智力而在于如何定义真正的女性品质。显然,清代的贵族男女追求着两种截然不同的女性典范,它们分别展现在《诗经》和《礼记》中。支持和反对女性创作、出版诗集也因而共同成为那个时代的主流倾向。

无论如何,男主外、女主内之礼仪界线的权威性仍未获得挑战。换言之,无论是否拥有文化才能,女性必须首先或主要从"内"领域之家庭角色中获得她们的性别身份。只有通过扩展妇言的传统内涵,女性参与文化艺术活动的行为才能获得合理性的支撑。恪守内外礼仪界线在判定女性美德与名望中的分量是显而易见的,这不仅表现在理论层面上而且落实在历史史实之中。班昭就是一个完美的例证,她的文学成就以及她在东汉朝廷的政治活动都很好地证明了此点。乍看起来,班昭似乎逾

---

① 参看曼素恩 1992:56 页。
② 参看倪德卫 1966:263 页。

越了内外之间的礼仪界线,与《女诫》中所展现的那些受限于"内"领域之家庭角色的有德女性不同,班昭逾越了性别界线而得以进入"外"领域,即男性所主导的文化和政治("文"与"政")领域。但与此相反,帝国历史上保守的官方文人和知识女性都将班昭视为女性美德与名望的终极榜样。在保守的官方文人眼中,班昭的女性品质首先因为她的年轻守寡而获得了担保,守寡行为合乎女性的贞洁美德以及妻子对父系家族的忠诚。其次,她续写《汉书》所做出的贡献被视为一种孝行,也就是在哥哥班固死后肩负起家族的使命,而不是对于"外"领域之个人名望的追求。第三,在邓太后代表年幼皇帝摄政的 20 余年间,班昭的尽力辅佐被视为班氏家族对于东汉朝廷的政治忠诚,而不是在王朝由弱转强时期追逐个人的利益。总之,班昭进入文化和政治领域的行为是合理的,这种合理性通过班昭作为孝顺的女儿继承家族的文化传统和作为一个年轻寡妇仍然忠于丈夫家族得以证实,这是"内"领域之性别角色的扩展。不同于男性,班昭在文化和政治领域的成就仅仅从基于性别身份的个人满足角度是无法说明的。

　　尽管诸多文本所呈现的"内"、"外"之间存在着重叠部分,并且在不同的语境下相互妥协,但可以明确的是,两者都标示着人性与文明的开启。女性被定位于有限的"内"领域,而男性则被定位于宽广的"外"领域。总的来说,女性之"内"领域就是实用型的家务管理领域,在这个领域内,妻子受到劳役并对父系家族保持着忠诚。虽然杰出的文化才能在大量女性传记和妇德女教类文本以及晚清大量出版的女性作品中有所展现,但它与礼仪的得体性要求并不相容。对于女性的性别身份而言,杰出的文化才能是多余的、无关紧要的,女性的性别身份首先或主要依据于功能性的家庭亲属角色来定位。

　　从实际来看,女性拥有文化才能确实是不幸的事情。与男性在"外"领域中得以实现的非家庭、公共角色不同,女性的文化才能并没有能够发挥的合法途径。因此,女性在事实上被认可的才能,由于性别角色未能在第一时间内转化为性别和家庭角色的扩展,而不能合法地为政府所用,就如同班昭事例中所展现的那样。从这个角度来看,中华帝国之性别不平等问题可以说是从"内"、"外"领域之性别功能的区分中衍生出来的。因而"内"、"外"领域之间的区分也是男女性别不平等的开始。然而,需要牢记的是,西方世界主要从智力的有限性特征来定义"女性"范畴,这表现在亚里士多德、奥古斯汀、康德和尼采的主流哲学传统中。与西方所定义的"女性"范畴不同,中国女性的特征表现为缺乏理性和意志。① 中国女性以有限的、适合女性的"内"领域为表征,"内"领域掩藏了女性的才能并将其转化为一种无用的技能。因此,无论是否具有文化才能,传统中国之女性在本质上都是外化于文化领域的无名氏,也就是说,她们不属于值得记忆的领域———一个盛名得以流传下去的领域。

---

① 相关内容参看马霍瓦尔德(Mary Briody Mahowald)1994。

第六章　儒学与中国的性别歧视主义

　　在第二章中,我们探讨了"儒"或儒学的复杂性和模糊性。如何尽可能地弄清中国之性别歧视主义与作为中国最高文化之象征的儒学之间的明确联系? 早期女权主义者将儒学描述为统一的、含有性别歧视成分的思想形态,这完全是对儒学的误解和过度简化。在早期学者看来,儒学与性别歧视之间的联系主要集中表现在孔子或儒生提出的一些言论上,最具知名度的便是"唯女子与小人难养也"。在这句话中,孔子将女子与存在道德缺陷的小人进行了类比。汉代儒生董仲舒将卑下的"阴"和受人尊崇的"阳"视为女性卑贱和男性卓越的象征。宋儒程颐更是将寡妇守节视为绝对的教条。在《礼记》中,内外区分被解读为公私之间的严格分立或两性之间的生理隔绝。鉴于中国最高文化之象征的儒学与中国社会持续存在之父权家长制传统的共存,女权主义者对于儒学中包含男性至上主义的批判或许存在一定的合理性。但是,将某些礼仪文本或个别儒生的男性至上主义言论等同于整个儒学或儒学中的性别主义,那么势必会得出以下两个极具危险性的结论:一是将摒弃儒学看做实现中国社会性别平等的必要且充分的条件;二是使我们陷入一种逻辑谬论,即因为个别哲学家的言论而否认哲学的价值。

　　关于这一逻辑谬论,重要的是,至少在理论层面上为了判定哲学的价值而将哲学与哲学家相分离。女权主义者和汉学家在判定儒家伦理的价值时,大体上集中认为它在历史记述中缺乏一种积极的女性形象。瑞丽在《知礼的女性》一文中更进一步地指出,即使孔子对于两位有德女性盛赞有加,但儒学依旧存在着微妙的男性至上主义性质。她以孔子遇到的两位有德女性作为案例,其中一位老妇人——敬姜出身于鲁国炙手可热的季氏,而另一位则是贫穷的仆妇——南宫縚之妻。尽管在先秦和汉代文本中多次出现孔子对于这两位女性的赞美,但瑞丽认为,在历史记述中,孔子和这些有德、博学之女性并非施主与受益人的关系,相关记述可能来自孔子的男性弟子。① 换言之,孔子只是将这些女性作为道德说教的实例,而并没有论及女性是不适合教育的对象。尽管瑞丽对于以上两个案例中透露出的任何信息都持有谨慎的态度,但她却进一步认为:"他们确实提供了令人不安的信息,即孔子有关人类具备可完善性和自我修行的主张已经超越了社会阶层,但却没有超越两性界限。"② 然而我们不必将相关历史记述中呈现的孔子和女性之间的施主、受益人关系解读为女性无法通过自我修行实现高尚人格的暗示。换言之,儒学的价值并不仅仅取决于历史记述中缺乏明确谈及作为道德"君子"的女性。否则,类似的批判将适用于绝大多数杰出的西方哲学家,包括亚里士多德、康德、尼采等等,不一而足。但是,人们对其道德学说的大致评价并没有涉及他们明显的性别态度以及有关女性的著述。

例如,亚里士多德在《动物的起源》中写道:"女性是未完成的男性。"在《政治学》中,他又认为"女性的理性特质不如男性那么有影响力"③。基于这些论述,在亚里士多德看来,女性的缺陷特质导致她们无法进行理性的思考。而否定女性进入道德领域之可能性的类似论述也呈现在康德的著述中。康德在《对优美和崇高感情的观察》中对两性进行了区分,其中女性被视一种美丽的性别,她们对涉及具体形态的事物具有出

①② 瑞丽 2002:285 页。
③ 马霍瓦尔德 1994:25、31 页。

色的理解。而男性则被视为高贵的性别，他们天生对涉及抽象推理的事物有深刻的理解。根据康德的观点，由于女性存在的固有特质，她们不应该学习几何、物理或哲学。"女性满脑子都是希腊……或进行有关力学的重要辩论……倒不如留着胡子。"至于原理中的充分理性，正如康德所言，"她们所知道的只有对于盐的需求感"①。由于天生缺乏深刻的理解力和进行抽象推理的能力，女性也无法理解康德的伦理准则。因而可以说康德的道义论剔除了女性进入道德领域的可能性。

　　同样，在尼采的著述中，意志力被视为自我转变的基础，而女性则缺乏男性所具备的意志力。就像在《关于女性、老与少》中阐述的那样，"男人的幸福源自于自我意志，而女人的幸福源自于他者意志"②。在尼采看来，女性对男女平等的渴望，"是最糟糕的发展之一，它丑化了欧洲"。此外，尼采不认为女性可以通过意志力获得教化，"无论女性如何描述自己，我们最终将保留一个有益的质疑，女性是否真的想要获得教化——她们是否拥有这样的意志力"③。因而，尼采认为女性是两性中的弱者，她们应该被视为一种可以关起来的个人财产，要以对待东方人的方式对待他们。④ 就此而言，我们可以说，尼采的著述中不仅带有性别歧视主义，同时也带有种族主义倾向。尽管三位哲学家的著述中都带有较为明显的性别歧视成分，但学者们仍然对亚里士多德之伦理观、康德之道义论以及尼采之存在主义伦理持肯定的态度。同理而言，通过自我修行获得完美人格之儒家美德——"仁"的正当性，也可以在不涉及历史记述中孔子与女性之间的施主、受益人关系或儒生明确的性别歧视倾向而获得独立的评判。⑤

　　自从首次将剔除儒学作为实现性别平等的必要条件以来，儒学一直

① 马霍瓦尔德 1994:103 页。
② 同上:193 页。
③ 同上:196 页。
④ 同上:199 页。
⑤ 详细内容参看笔者对于万白安所著《孔子与〈论语〉:新论文》之简评，《哲学季刊》53:213（2003.10）:609—613 页。

在中国女性受压迫问题上扮演着替罪羊和被告者的角色。这一观点被西方女权主义者和清末民初中国的上流士人所认可。1919 年爆发的五四运动是一场由追求新文学逐渐转向政治领域的文化运动,或者说相当于一场知识分子要求取缔旧文化的政治运动。在这场运动中,群众的反儒情绪甚为高涨。对他们而言,儒学象征着清政府的积弱与腐朽。在 20 世纪 40 年代,儒学又为共产主义所"净化"。在 20 世纪 60 年代末—70 年代初的社会主义"文化大革命"中,对于儒学的批判达到了空前的高度。直到 20 世纪 80 年代末—90 年代初,儒学研究才得以复兴。在清王朝(中国历史上最后一个王朝)灭亡后,儒学不再是国家政治中占统治地位的知识力量。虽然在相关政治宣言中明确排斥儒学而坚持平等的共产主义乌托邦理想,但早期女权主义者普遍认为共产主义中国与性别平等之社会相去甚远。对儒学——好似一种固化在时间和政治舞台中的性别歧视主义和封建意识形态——的清除和"净化"并没有创造出一个性别平等的中国。

中国女性受压迫的根源比起作为国家意识形态的儒学更为深刻。儒学不仅仅只是有关社会和政治领域之精英的一种国家意识形态。如果它在日常生活中与性别压迫存在一丝的关联,那就一定能够被发现。相反,在家族传统中,儒家强调孝顺长辈的美德,家族姓氏的延续和祖先崇拜更像是一种生活方式。儒家所倡导的家族传承更是一种调节典范,它巩固了恰当的礼仪概念和人性。换言之,中国性别压迫的根源必须从家族传统中找寻。在家族传统中,家族姓氏延续、孝道和祖先崇拜等三种文化因素共同融汇成儒家所倡导的家庭美德。它们成为酝酿、支撑和论证社会虐待女性行为之合理性的强大基础。在下文中,我们试图通过考察残杀女婴、收养童养媳、纳妾、守寡和缠足等特殊社会行为来探讨儒家伦理道德和中国性别歧视主义之间的关联,而家族传承、祖先崇拜、孝道以及文化力量之间复杂的交互作用共同构成了中国性别压迫的文化基础。

性别压迫和儒家道德伦理

尽管在现代读者眼中,残杀女婴、收养童养媳和纳妾等社会行为透露出明显的"男权至上主义"倾向,但是我们对于中国性别压迫问题的研究将突破过分简化的"性别阴谋"理论,不再将所有的男性视为压迫者、所有的女性视为受害者。我们首先预设存在于特定社会共同体中的这些行为对于所有参与者而言都具有充分的文化、社会意义。这些透露出"男权至上主义"的行为得到了男性和女性的认可,尽管它给女性带来了普遍的消极影响和副作用。换言之,在下文中,女性不再被视为完全受到男性压迫的无知受害者。我们将男性和女性视作顺从社会、文化理念而积极参与证明、支持和维系可确认之"男权至上主义"行为的主体。考虑到姓氏延续、祖先崇拜和孝道等文化因素的影响,残杀女婴、收养童养媳和纳妾等社会行为的动因可能会变得更加清晰。作为父系家族中唯一的姓氏继承人,男性拥有一定的特权并且与祖先崇拜等宗教行为或孝道联系在一起,而女性的重要性则降低为诞下男性后嗣来确保家族香火的延续。在确保男性后嗣之优先地位的整体文化脉络下,女性纯粹的功能性角色尤其通过残杀女婴、纳妾等行为得到了阐释。

尽管与其他国家相比,中国社会普遍存在之残杀女婴行为的动因尚不明确[1],但是偏爱男性的文化特征在权威文本《礼记》中甚为明显,它通过不同的出生仪式来象征男性和女性的区别。残杀女婴等社会行为最早出现在秦末汉初的文献记载中,《韩非子》中提到"父母之于子也,产男则相贺,产女则杀之。此俱出父母之怀祍,然男子受贺,女子杀之者,虑其后便,计之长利也"[2]。残杀女婴行为的普遍性也可以从公元6世纪官

---

[1] 霍蒙格林(Holmgren)对假定中国社会之残杀女婴行为的普遍性提出质疑,1981:158—163页。霍蒙格林的文章主要关注了19世纪末至20世纪初的中国社会。更多有关残杀的研究,参看克罗尔2000:第3章。克罗尔认为:在今日之中国社会,女孩的出生对家庭来说依然是令人沮丧的事情,并因而带来虐待、忽视等行为,父母与女孩常常处于自暴自弃的状态。
[2]《韩非子·六反》;引自蔡显龙(Cai Xianlong)1979:87页。

方学者颜之推(531—591)所创作的《颜氏家训》中看到,颜氏对此行为进行了强烈谴责,"世人多不举女,贼行骨肉,岂当如此而望福于天乎"①?无论这一行为是否普遍,正如《韩非子》中记载的那样,残杀女婴是一种策略,它增加了获得男性后嗣的可能性并且为养育男性后嗣保留了有限的家庭资源,而男性后嗣的存活直接关系到家族血脉的延续和年迈父母的赡养。

同样,纳妾是在嫡妻无法生育或没有生下男性后嗣情况下的补救行为,它不仅得到社会的认可,而且也是一种文化需要。在孟子看来,不能生育男性后嗣是最为不孝的行为,"不孝有三,无后为大"②。生育男性后嗣的重要性也在民间法则"七出"中得到了体现,它为《孔子家语》、《列女传》等汉代典籍所认可。根据相关文本记载,无法生育男性后嗣是休妻的一个正当理由。③ 在理论上,劝阻纳妾行为的唯一恰当理由在于嫡妻已经生下了男性后嗣。根据汉代典籍《白虎通》的解释,纳妾行为的初始目的是为了确保家族血统的延续,"卿、大夫一妻二妾者何? 尊贤重继嗣也"。而各阶层男性的纳妾数量是严格按照身份等级排列的,天子可以纳九个妾,贵族可以纳两个妾,而普通官员只能纳一个妾。④

在实际现实中,富人常常违背上述礼仪规定。但纳妾并不只是富人和权势之家的性特权。拥有男性后嗣被视为孝道的完整表达,它的重要性获得了政府法令的认可。早在北魏时期(386—534),一些政府官员甚至建议颁布诏令,规定没有男性后嗣者必须纳妾,否则他们将承担"不孝之罪"。⑤ 此后,元代和明代的法律明确规定,超过 40 岁尚未拥有男性后嗣的所有男性臣民为了确保血脉延续而必须纳妾。⑥ 因而,正如汉学家艾思柯(Florence Ayscough)在 20 世纪 30 年代中后期所认为的那样,纳

---

① 《颜氏家训》,第五章《治家篇》;参看陈东原 1937:66—67 页;或姚平:2003b。

② 《孟子》4A/26;理雅各 1960:Ⅱ,313 页。

③ 《孔子家语》,第 26 章《本命解》;或参看《列女传》之"宋鲍女宗"(2.7)。

④ 《白虎通·嫁娶》;参看曾祖森 1952:I,251、257 页。

⑤ 参看蔡贤龙 1979:98—99 页。

⑥ 同上:99 页。

妾行为是父系家族和社会结构中一种合乎逻辑的副产品,它要求男性后嗣主持祭祀祖先的仪式。[1] 从这个角度看,解读前近代中国的性别压迫问题可能需要和孝道、父系家族以及祭祀祖先等文化因素相联系。

性别压迫与儒学之间的交集在于两者共同强化了上述三种文化因素和儒家的道德伦理,它将孝道等家族美德视作公共美德的源泉。孝道是《尚书》、《史记》、儒家"四书"等古代典籍的永恒主题。孝道离不开子孙对祖先尊崇——也就是对自我血统的认可。在最低程度上,孝道表现为继承祖先遗留下来的功业、尊敬父母和延续家族血脉。例如,《尚书·商书》载:"王懋乃德,视乃厥祖,无时豫怠。奉先思孝,接下思恭。"[2]《尚书·周书》也称:"父义和! 汝克绍乃显祖,汝肇刑文、武,用会绍乃辟,追孝于前文人。汝多修,扞我于艰,若汝,予嘉。"[3]同样,在《诗经》中,武王因为遵奉祖先的治国理念而获得颂扬,"下武维周,世有哲王。三后在天,王配于京。王配于京,世德作求。永言配命,成王之孚。成王之孚,下土之式。永言孝思,孝思维则。媚兹一人,应侯顺德。永言孝思,昭哉嗣服! 昭兹来许,绳其祖武。於万斯年,受天之祜! 受天之祜,四方来贺。於万斯年,不遐有佐?"[4]在古代文献中,孝道和显赫家族之血脉的延续是无法分离的。

就儒学而言,值得注意的是,孝道不仅仅是有限的、适用于家内领域的个人美德。例如,在《论语》中,孝道被视为政治领域中"君子"美德特质的根源所在,"有子曰:其为人也孝弟,而好犯上者,鲜矣;不好犯上,而好作乱者,未之有也。君子务本,本立而道生。孝弟也者,其为仁之本欤"(《论语》1.2)。家内领域的孝道为人们在政治领域中的道德感召力奠定了基础。这一关联在前引《诗经》之武王事例中得到了具体的说明,武王对孝道的恪守与他的道德感召力直接相关,并且

---

[1] 艾思柯 1937:54 页;或奥哈拉(O'Hara)1945:3 页。
[2] 参看理雅各 1960:Ⅲ,208 页。
[3] 同上:618 页。
[4] 理雅各 1960:Ⅳ,458—59 页。

促使他继承了祖先保卫家国的光辉功业。孝道的核心始于对父母的奉养，但孝道的范围却远远超越了家内领域而扩展到整个国家。在汉代典籍《孝经》中，孝道始于家内领域中对父母双亲的侍奉，在政治领域中通过报效国家而达到顶峰，最终使父母和家族血统得以显扬，"夫孝，始于事亲，中于事君，终于立身"①。简言之，孝道是竭尽全力报效国家之广义政治美德的预演。

此外，孝道并不提倡绝对顺从或屈从于父母的意愿。例如，舜在婚姻上就违背了不讲道德之父亲的意愿，但舜却被视为孝道的典范。② 孝顺父母更多地表现为做恰当或符合礼义的事情而不是不顾一切地顺从父母的意愿。与婚嫁礼俗相反，舜没有告知父亲自己将要迎娶尧的两个女儿。在没有男性后嗣的情况下，舜对于父亲意愿的违背是合理的。舜虽然没有服从父亲的意愿，但却做了恰当且符合礼仪的事情，因而他是最为孝顺的。

遵循孝道的子女有责任违背父母的意愿，就如同正直的臣子必须反抗君主错误的旨意。荀子认为："孝子所以不从命有三：从命则亲危，不从命则亲安，孝子不从命乃衷；从命则亲辱，不从命则亲荣，孝子不从命乃义；从命则禽兽，不从命则修饰，孝子不从命乃敬。"正如荀子阐释的那样，真正的孝道必须"从道不从君，从义不从父"③。同样，根据《孝经》中的相关内容，子女有责任劝诫父母，如同正直的大臣有责任劝诫君主。④孟子认为真正的孝道，正如从舜的事例中得到的启发那样，"舜尽事亲之道而瞽瞍厎豫，瞽瞍厎豫而天下化，瞽瞍厎豫而天下之为父子者定，此之谓大孝"⑤。

无论在家内还是政治领域，孝道都被视为基本的美德。正如《孝经》

①《孝经》，第一章《开宗明义》；相关翻译参看伊沛霞 2003：374—375 页。
②《孟子》5A/22；理雅各Ⅱ，345—346 页。
③《荀子》，第 29 篇《子道》。
④ 参看《孝经》，第 15 篇《谏诤》；参看伊沛霞 2003：378—379 页。
⑤《孟子》4A/28；理雅各 1960：Ⅱ，315 页。

反复强调的那样,不孝敬父母、不尊重兄长被视为极大的罪过。[1] 孝敬父母和已故的先祖被视为个人道德价值的最低要求。正如孟子所言:"不得乎亲,不可以为人;不顺乎亲,不可以为子。"[2]孝敬父母体现了一个人的良知。但是,孝敬父母不只意味着奉养父母以食物。正如孔子所说:"今之孝者,是谓能养。至于犬马,皆能有养;不敬,何以别乎?"(《论语》2.7)孝敬父母的真正含义在于当父母健在之时,依照礼仪侍奉他们;当父母去世后,依照礼仪安葬、祭祀他们(《论语》2.5)。同样,《礼记》也称:"是故,孝子之事亲也,有三道焉:生则养,没则丧,丧毕则祭。"[3]而《孝经》中对于孝道也有类似的定义。[4] 总而言之,作为人性之本的孝道实际上与丧葬礼仪和祭祖仪式相关联。

在婚嫁礼仪中,祭拜祖先和守孝三年的重要性是显而易见的。根据经典礼仪文本《礼记》的解释,婚礼的目的在于确保宗庙祭祀和家族血脉的延续。[5] 由于以上两点是娶妻的主要目的,因而妻子的地位主要通过以上两点来确认,这是毫无疑问的。特别是,妻子的地位不同于妾室,它直接标识着妻子的礼仪职责,即妻子需要协助丈夫完成祭祀祖先的仪式。而妾被视为嫡妻的助手,根据相关礼仪规定,妾在进入夫家之时必须先向嫡妻奉茶。[6] 就象征性而言,妾室是嫡妻的延伸,因而她分担了生育男性后嗣的使命。在相关历史记载中,嫡妻为了延续家族血脉而为丈夫安置妾室,例如杰出的宋代儒士司马光。由于没有男性后嗣,司马光的嫡妻和姐妹们都要求他纳妾,尽管他本人并不介意。[7]

但是在祭祀祖先的宗庙仪式中,妾室不得替代嫡妻,妾室也不得直

---

① 理雅各 1960:Ⅲ,392 页;《孝经》,第 11 篇《五刑》;参看伊沛霞 2003:378 页。

②《孟子》4A/28;理雅各 1960:Ⅱ,314 页。

③《礼记·祭统》;参看理雅各 1967:Ⅱ,237—238 页。

④《孝经》,第 10 篇《纪孝行》;参看伊沛霞 2003:380 页。

⑤《礼记·昏义》;参看理雅各 1967:Ⅱ,428 页。

⑥ 参看华如璧 1991a:240 页。

⑦ 参看伊沛霞 1992:635 页。

接待奉公婆,因为这两项职责只属于嫡妻,她被视为父系家族中的一员。① 祭祀祖先是嫡妻的主要职责,而嫡妻的地位反过来通过她所参加的祭祀活动得到确认。实际上,根据传统观点,妻子依据相关礼仪在宗庙内拜祭过祖先才标志着婚礼的完成。正如《白虎通》所载,"妇入三月,然后祭行……女未庙见而死,归葬于女氏之党,示未成妇也"②。此外,从《孔子家语》所载之民间法则——"三不出"来看,妻子为公婆守孝三年即是"三不出"条例中的一条,它可以推翻"七出"条例。③ 换言之,妻子参与祭祀祖先和为公婆守孝三年即标志着丈夫与妻子的永久结合,从而奠定她在父系家族中的牢固地位。只有在丈夫的家族中获得牢固的地位,女性才能找到她们合法的社会坐标。

而没有婚嫁的女性实际上并不具有固定的社会坐标。考虑到延续家族血脉的重要性,婚姻不仅是女子也是男子最为重要的成年仪式。然而,婚姻明确了女性"唯一"合法的社会地位,但这并不适用于男性。这就是说,婚姻不仅仅是男子和女子成年的标志,更确切地说,婚姻是女子获得女性特质的见证。正如我们在涉及"阴阳"之第三章中探讨的那样,在中国社会,"女性"范畴表现为妻子或母亲角色,而妻子或母亲的角色反过来被视为女性性别身份的构成要素。这些亲属角色并非女性之"核心"概念的外部附加物,只有通过占据这些角色,女性才能成为社会所认可的女性。婚姻是获得女性特质的决定性标志,因而,就某种意义而言,定义未婚女子并不完全依照性别来划分。婚前女子所在的出生家族具有暂时性的特征。简言之,女子是待字闺中的女性,是处在过渡阶段的人。

已婚女性不得祭祀其出生家庭之祖先。对于出生家族来说,她就像一个陌生人。相反,她被视为丈夫家族中的一员。在婚姻中,女性在丈夫家族中的牢固地位通过她参与祭祀仪式和诞下男性后嗣来确认。考

---

① 华如璧 1991a:243 页。
②《白虎通·嫁娶》;参看曾祖森 1952:Ⅰ,250 页;或《礼记·曾子问》,理雅阁 1967:Ⅰ,322 页。
③《孔子家语》,第 26 篇《本命解》。

虑到这些文化的限制，女性对残杀女婴和纳妾等社会行为（能够确保她们在丈夫家族的牢固地位）的极大兴趣就不难理解了。出于同样的原因，女性必须加入收养童养媳的行列。她们通常收养小女孩作为儿子未来的新娘，从而确保未来儿媳的忠诚。而这个儿媳也注定要承担为父系家族（对她有养育之恩）生育男性后嗣的职责。在体现男性至上主义的诸多社会行为中，孝道、祖先崇拜和血脉延续这三种文化因素实际上汇聚成一个强加于女性的基本要求。

女性通过参与优先生育男性后嗣等社会行为来确保她在父系家族中的地位，这必然反映了女性人格中难以言说的一方面。而这一方面完全外化于"外"领域——一个包括文化学习、"文"、伦理政治成就的领域，在这个领域中，人们的姓氏和美名将得以传承并获得后世的铭记。作为性别区分的内外分隔，连同《礼记》对于婚姻目的的解释，共同渲染出女性在家庭结构中所呈现出的纯粹功能性和可替代性。不同于男性，"内"领域中的性别角色（作为妻子和母亲）并非女性自身所具有的明确标识，生育男性后嗣是女性仅有的功能。但男性却是家族姓氏和自身美名的持有者，而女性则是丈夫家族世系中亲属称谓或一般身份术语的持有者。例如，尽管汉代的班昭出身于显赫的家族且具备文化和政治成就，但她却常常被称之为"曹大家"。她本来的"班"姓被丈夫的"曹"姓所代替，她的名"昭"也被名誉上的亲属称谓"大家"或"大姑"所代替。[1] 概言之，女性总是以丈夫家族的亲属称谓被提及或记住，仅此而已。

但是，正如华如璧所观察到的那样，姓名在中华文明内具有转型的力量，由于取名的过程给男性带来了重要的社会转变，男性的社会成长通过取名获得标示和扩展。[2] 姓是亲子关系的标志，通过血脉的传承，人们首次在家族世系中获得了定位，而名则意味着某人在文字世界中所展

---

[1] 参看《后汉书》之班昭传记；参照孙念礼 1968：第 4 章《班昭的生活》。有关亲属称谓"大家"，参照孙念礼 1968：52n7。关于另一种变异称呼"大姑"，参看《女孝经》；相关翻译参看伊沛霞 2003b：380—90、374n2。

[2] 华如璧 1986：619 页。

现的风格,至于头衔和谥号则标示着某人超越家内领域的政治成就。名号意味着某人与他者的外部联系以及自我人格领域的拓展。一个人拥有越多的名号,他的人格成就也就越丰富。与此相反,女性作为"内"领域之人或"内人"——男性在提及自己妻子时的习惯称呼——是没有名号的。由于"内"领域的限制和隐匿,绝大多数女性处于个人成就范畴之外,因而也外化于能够被铭记之领域。无论作为女儿、妻子还是母亲,她们的社会地位完全依赖于与之相对应的男性,她们没有明确的自我标识。与评判男性之标准相反,华如璧认为:"女性无法、也确实不能获得完整的人格特质。"①

女性人格中难以名状的一面不仅仅限于没有接受教育的民间女性。在古代,不管女性的社会地位如何,她们都无法获得官方头衔。正如《白虎通》所解释的那样,"女者,如也,从如人也。在家从父母,既嫁从夫,夫殁从子也。《传》曰:妇人有三从之义也……妇者,服也,服于家事,事人者也……妇人因夫而成,故曰姻"。这也是《礼记》宣称"妇人无爵,从夫之爵"的原因所在。她们活着的时候没有头衔,因而死后也不能获得谥号。② 总之,女性完全是依附性的存在,她们不具备任何正规途径以获得"外"领域之社会荣誉,包括"文"。相反,它被视为男性的特权。

与"文"相对应的"武"(武术)也是男性所独有的特权。雷金庆(Kam Louie)和李木兰(Louise Edwards)在有关"文"、"武"之中国男性气质的研究中已明确表示,不同于西方,"武"(武术)并非"男性"的表征。③ 与"文"(文明、有教养的生存方式)相比,"武"是男性气质中的次要形式,假如你愿意的话。尽管儒家不断强调在追求完美人格的自我修行中要文武兼备,但在孔子——首位也是最为重要的一位如同"文"之代表的先师——的传统表述中,"文"胜于"武"的趋向是显而易见的。人们所理解的儒学是有关圣人和贤者的学问,他们所倡导的"仁治"理念并不依赖于

---

① 华如璧 1986:619 页。
②《白虎通·嫁娶》;参看曾珠先 1952:Ⅰ,223—224 页。
③ 雷金庆、李木兰 1994:135—148 页。

"武"而是依赖于"文"。儒学与标榜继承圣贤之"仁治"理念的"文"学一样，共同强化了"文"、统治理念和"外"领域之间的复杂关联。简言之，"文"是男性所独有的特权。

"文"作为男性之特权最为显著的表现在于科举考试对所有女性的排斥，无论她们是否具备真才实学。科举考试主要涉及"五经"和儒家"四书"的学习。但与"文"相比，在实际上，女性更容易接近"武"，这与西方历史具有显著的差异。在中国的历史记载中，大量著名的女性将军和女性英雄得到帝国朝廷的认可，如唐代的平阳公主、宋代的梁红玉、明代的沈云英和秦良玉、清代的林普晴。而公元 6—7 世纪的花木兰和 10—11 世纪的穆桂英等传奇故事，至今仍是家喻户晓并且通过戏剧表演等形式反复传唱。① 但是，在中国历史上并没有出现女性宰相——帝国最高的文职官员，甚至是教导后辈官方历史学家、包括皇后在内之宫廷女性的班昭也从来没有获得朝廷授予的官衔。她继承兄长遗志续写《汉书》的贡献也没有获得应有的认可。将女性驱逐出"外"领域不仅仅剥夺了女性参与国家政务的机会，也使得女性的文化才能成为社会多余，从而失去了任何伦理政治功能。这种对于女性才能的隐藏转而巩固了女性作为妻子和母亲的纯粹功能性角色——生育男性后嗣，为了满足孝道、祖先崇拜和家族血脉延续等三种文化因素的需要。

案例研究:守寡和缠足

乍看起来，明清时期达到顶峰的守寡崇拜和持续了千年的缠足行为对于为了延续家族血脉而优先生育男性后嗣的整个文化体制而言似乎是一种偶然现象。在崇拜守寡的案例中，尤其是对没有生育子嗣之寡妇或婚前丧偶寡居之待嫁新娘的神圣化似乎与延续家族血脉的文化理念相矛盾。对于女性立志守寡的肯定在实际上挑战了父母的传统权威，也

---

① 参照李又宁（Li Yu-ning）1992:106 页。有关《木兰辞》的翻译，参看王蓉蓉 2003:250—254 页。

挑战了亲属关系中长辈凌驾于晚辈之上的等级权力。尤其是在明清时期,女性立志守寡的意愿高于亲属体系中获得社会和法律认可的长辈权威。简言之,对守寡行为的崇拜不但无助于生育男性后嗣的正式目的,反而挑战了父母的权威,这似乎动摇而不是巩固了家族结构中的父系家长制和层级体系。在缠足的案例中,一双受到束缚的小脚和生育男性后嗣之间的关联就更加模糊了。尽管清政府在公元 1636—1902 年间反复宣称将对涉及缠足的帝国臣民严惩不贷,但缠足行为不仅继续在汉族中盛行而且还进一步扩展到非汉族之中,甚至远及朝鲜。直到 1997 年,在中国农村依然能够找到裹着小脚的老妇人。[1] 我们应该如何理解这些为社会认可的有害于女性的暴力形式、这些与延续家族血脉无关的社会行为? 为社会所广泛认可的守寡和缠足行为与儒家伦理道德之间究竟存在着什么样的联系?

　　首先,直到元朝守寡行为才成为标准的社会典范,它在明清时期发展到顶峰。尽管理学和守寡行为之间存在着所谓的关联,但儒家《四书》中并没有对于守寡行为的强调。而在《五经》中,只有《礼记》和较晚的《易经》注解中才能找到明确提及女性在丈夫死后保持贞洁和忠诚是妻子美德的构成部分等文本内容。[2] 在古代,寡妇再嫁是较为普遍的行为。事实上,孔子的儿子去世后,他的儿媳就改嫁到了卫国,而在她去世后,孔子的孙子——子思依然追悼他的母亲。[3] 在先秦时期,寡妇或鳏夫再婚并不会背负社会的骂名。相反,为了避免存在过多无人照顾的老弱,各国的社会政策不允许存在过多的寡妇和鳏夫。在公元前 4 世纪的《管

---

[1] 参照贝芙莉·杰克逊(Beverly Jackson)1997:1 页。有关朝鲜女性的缠足举动,参看霍华德·李维(Haward Levy)1966:253—254 页。

[2] 《礼记·效特牲》;参看理雅各 1967:Ⅰ,439 页。有关《易经》六十四卦之三十二卦"恒卦"的注释,参看卫德明、贝恩斯 1961:135 页。然而《诗经》第 45 篇《鄘风·柏舟》在传统上被解读为寡妇抗议母亲敦促其改嫁。这与《礼记》中将寡妇的忠贞作为妻子美德的明确解释不同,在《诗经》中它表现为尽管母亲敦促其改嫁,但寡妇仍然决心守寡;参看理雅各 1960:Ⅱ,73—74 页。

[3] 《礼记·檀弓》;参看理雅各 1967:Ⅰ,151—52、152n1。

子》中明确记载了这一政策："所谓合独者,凡国、都皆有掌媒,丈夫无妻曰鳏,妇人无夫曰寡,取鳏寡而合和之,予田宅而家室之,三年然后事之。此之谓合独。"①《孟子》中也有类似的表达。孟子建议齐宣王通过社会法令促使男女都能找到各自的伴侣,如此则"内无怨女,外无旷夫"②。

《礼记》将婚姻的目的解释为延续家族血脉和祭祀祖先,而两者又完整的表现了孝道这一基本美德。通过婚礼,新郎承担起父亲的角色,新娘承担起母亲的角色,她们由此进入成年阶段。换言之,婚礼为两性提供了一个承担合法社会身份和角色的社会仪式。既没有配偶也不再婚嫁之寡妇、鳏夫在层级亲属体系中占据着较为模糊的社会身份并且无法发挥正式的社会功能,而这一切完全基于婚姻的建构。考虑到拥有一个男性后嗣的重要性,尤其是没有生育子嗣的寡妇、鳏夫自然得到再次婚嫁的鼓励。确实,在历史上不乏杰出人物的寡母或守寡之女儿再次婚嫁的案例。

尽管如此,自汉代起,守寡成为一种被认可的社会美德,它标示着丈夫与妻子的终生结合。将守寡与贤臣对正直君主的政治忠诚相类比的传统,强调了守寡行为的高贵。这一长期获得认可的女性美德在明末清初受到了空前的关注。在明末清初,守寡行为不仅获得了美化,而且存在着诸多以捍卫自身名节为名义的自我牺牲、自杀等非常行为。正如下文将要详细探讨的那样,在明末清初,对"内"领域之守寡行为的急剧关注与对"外"领域之政治忠诚的强调密切相关。

第一个谴责再次婚嫁的成文法令出现在秦朝,秦始皇认为那些生育子女且再次婚嫁的帝国臣民应该为他们的不忠行为而接受惩罚。但秦始皇所强调的对于配偶的忠诚同样也适用于男性,帝国法令明确规定杀死有通奸行为的丈夫是无罪的。③ 在公元前58年的西汉,贞洁的寡妇首次被授予国家级的荣誉。与孝敬、恭顺、忠诚甚至长寿等社会所认可的

---

① 参看董家遵 1979:139—140 页;或参看牛志平 1995:131 页。
②《孟子》1B/5;理雅各 1960:Ⅱ,163—164 页;《孟子》3B/3;理雅各:268 页。
③ 参看刘吉华(Liu Jihua)1995:103 页;参看董家遵 1979:140 页。

其他美德相似,寡妇守节最终也获得了帝国政府所赐予的旌表。① 两汉时期的官方学者——西汉之刘向和东汉之班昭——在他们所创作的《列女传》和《女戒》中都倡导将女性贞洁和守寡行为作为女性美德的一部分。然而在汉代,无论是平民阶层还是皇室、官宦人家,再婚行为都是习以为常的事情。东汉灭亡后,三国鼎立。有意思的是,三个政权的建立者都娶了寡妇为妻。② 我们可以由此推断,尽管自汉代以来寡妇的忠贞已然成为社会所认可的美德,但守寡行为在社会现实中尚未广泛普及。

第一个明确反对寡妇再嫁的帝国禁令出现在隋代(581—618)。公元 6 世纪末,帝国政府颁布法令禁止九品以上官员之妻再嫁、五品以上之官员纳妾。③ 根据相关历史记载,禁止寡妇再嫁是为了捍卫日渐沦丧的公共道德。在隋代,高级官员去世后,其妾室或女仆常常被男性继承人以再嫁的形式卖掉。④ 在《颜氏家训》中,颜之推(531—591)就关注和谴责过公元 6 世纪买卖妻女以换取金钱和丝绸等严重的社会问题。⑤ 因而我们可以将隋代开国之君所颁布的寡妇再嫁禁令视为对女性的一种"保护",它遏制了父系家族将女性视作商品等行为的蔓延。此后这一禁令被臭名昭著的隋炀帝所撤销,他将征召而来的寡妇许配给驻守边疆的士兵。⑥

虽然寡妇再嫁对现代读者来说似乎是一种进步,它符合现代的性解放理念。但在传统社会,再嫁对于女性而言并无益处,因为寡妇的再嫁多半是由家族中的长辈来安排,而不顾及女性自己的意愿。实际上,寡妇再嫁表面上的"自由"仅仅反映了亲属体系中女性的从属地位以及作为妻子、母亲等性别角色的依赖性。的确,传统中国寡妇再嫁的共通性反映了女性既无法表达自我意志也无法获得性自由的处境。她们在社

① 伊懋可(Mark Elvin)1984:11—12 页。
② 董家遵 1979:146 页。
③④ 刘吉华 1995:107 页;董家遵 1979:151 页。
⑤《颜氏家训》,第五章《治家篇》;参看陈东原 1937:66—67 页。
⑥ 董家遵 1979:152 页。

会中极易受到伤害,所有阶层的女性都没有拒绝婚姻的权利,她们在社会中的合法地位完全依赖于自身的婚姻状况。从这个角度而言,禁止寡妇再嫁的王朝法令实际上认可了女性守寡意愿的自主性。

在唐代,王朝法令首次禁止除祖父母、父母外的任何人强迫寡妇再嫁的行为,并且依据与寡妇的亲属关系对违法者进行严惩。那些不是寡妇亲属的违法者将被判处一年监禁,而寡妇亲属也将面临至少两个月的监禁。[①] 在这一法令中,尽管寡妇拒绝再嫁的"权利"得到了保护,但高于子女的绝对父母权威仍然受到帝国政府的高度关注。就寡妇再嫁而言,祖父母或父母的权威依然高于寡妇自身的意愿。

尽管存着合法的保护,但在唐代,绝大多数的寡妇仍然被鼓励再嫁,甚至是显赫家族的女性。例如,根据唐代官方正史之列女传记的记载,当某个显赫家族的女儿成为寡妇并立志守寡之时,她的兄弟姐妹们便会举出某位像她那样年轻且没有子女之寡妇的再嫁事例来说明再嫁行为是合乎礼仪规范的,以此来劝说这位女性放弃守寡的意愿。[②] 由此我们可以推断,在唐代,寡妇再嫁行为仍然是一种社会常态。实际上,寡妇再嫁行为甚至得到了皇室的认可。在唐代 211 位公主中,有 28 位公主再嫁,有 3 位公主再嫁达三次至多![③] 乍看起来,唐代公主再嫁的比例并不太高。但值得注意的是,在此之后,除宋代有一位公主再嫁外,后代王朝再也没有出现过公主再嫁的行为。此外,对女性而言,再嫁本身并不必然意味着各种自由。事实上,皇室中的再嫁行为常常与亲属间的乱伦行径联系在一起。例如,唐玄宗与杨贵妃众所周知的风流韵事实际上就是公公与儿媳之间的乱伦行径。同样,在唐高宗驾崩后掌握朝政的武则天——中国历史上唯一的女皇——原本也曾是先皇的女人。

直到宋初,寡妇再嫁仍然是一种社会常态。宋代著名儒生范仲淹在

---

① 董家遵 1979:153 页。
②《旧唐书》,卷 143《列女传》之"楚王灵龟妃上官氏";参看牛志平 1995:136 页。
③ 董家遵 1979:154—158 页。参看聂崇岐 1979:130—131 页。根据聂氏统计,唐代共有 27 位公主再婚。

幼年之时就曾跟随寡母再嫁,后来他筹集专项资金用来帮助寡妇再嫁。其子早逝后,范仲淹也将儿媳改嫁给他的弟子。① 然而,与唐代相比,寡妇守节观念对宋明两代的皇室影响较大,在宋代 80 位公主中,只有一位公主再嫁;而明代则完全没有。②

守寡理念的盛行常常被归结于一段有关寡妇守节之重要性的臭名昭著的陈述,这一陈述源于宋儒程颐,而朱熹在《近思录》中对此进行了重申。当被问及男性娶一位寡妇是否合乎礼节时,程颐回答道:"然。凡取,以配身也。若取失节者以配身,是己失节也。"当被问及无依无靠之贫穷寡妇的再嫁行为是否合乎礼节时,他则回答:"只是后世怕寒饿死,故有是说。然饿死事极小,失节事极大。"③

显然这是一种为了捍卫自身的名节而不顾实际生存问题的精英话语。即使朱熹本人也承认,作为强制性社会典范的寡妇守节与寡妇再嫁这一实际需求之间存在着落差。朱熹在相关注解中认为:"夫死而嫁固为失节,然亦有不得已者,圣人不能禁也……"④作为精英道德之寡妇守节与寡妇再嫁这一实际需求之间的落差在程颐的个人生活中得到了体现。尽管程颐坚持守寡的理念,但是他的侄女和侄媳都选择了再嫁。⑤程颐还骄傲地将父亲为守寡之侄孙女提供住所并于再婚之际将住所赠予侄孙女的举动告知众人。当朱熹被问及程颐之父的举动是否与寡妇守节理念相违背时,朱熹回答道:"理固如此,但此亦人所不能尽者。"⑥因而,程颐有关寡妇守节的陈述也应该理解为一种伦理道德式的精英话语或是一种理想典范,而不是绝对的教条。

程颐就寡妇再嫁与失节之间的类比折射出有德女性与忠臣之间的传统

---

① 陈东原 1937:132 页。
② 董家遵 1979:161 页。
③ 《近思录》,6.13《家道第六》,由朱熹和吕祖谦合编;参看陈荣捷 1967:177 页。部分翻译参看王蓉蓉 2003:316—326 页。
④ 参看陈伦杰(Chen Lungjie)1992:346 页。
⑤ 陈东原 1937:139 页。
⑥ 《近思录》,6.17;参看陈荣捷 1967:179 页。

类比。清初的评论家写道:"孀妇不可娶,以自修君子言之。若市井小人,何能问此? 然或疑程子此章之言为过,则程子此言非过也,常理而已。孀妇怕寒饿死而失节,何异于臣怕战而降贼哉?"①换言之,如同刚毅的大臣有不畏生死而辅佐君主的职责,寡妇作为已婚女性也应该为了捍卫自身的名节而不顾及现实的生存条件。寡妇的非凡牺牲常常等同于士兵在战斗中的英勇牺牲,由于根据二者身份所彰显的价值和"义"完全超越了他们的生命。

在探讨程颐对寡妇守节的态度时,学者们常常忽略了一个事实,那就是程颐也倡导夫妻间的平等。在程颐看来,婚姻是两个对等之人的匹配。也就是说,他们必须在道德方面相对等。程颐认为配偶死后再次婚嫁的不正当行为也适用于男性。当被问及鳏夫再婚的正当性时,程颐回答道:"大夫以上无再娶礼。"他进一步解释道:"凡人为夫妇时,岂有一人先死,一人再娶,一人再嫁之约? 只约终身夫妇也。"②然而,根据程颐的观点,配偶间互相忠诚的理念尚存一种例外。那就是,当妻子去世后,如果没有人侍奉其父母、延续宗庙之祖先祭祀,那么鳏夫将被允许另娶一个妻子。③ 这一例外与上文所提及的作为阐释中国男性至上主义理念的三种文化因素——孝道、祖先崇拜和家族延续相一致。

尽管程颐的相关陈述较为流行,但直到元朝,寡妇守节才成为社会的主流观念。在元朝,守寡理念首次凭借蒙古人的本土习俗而制度化。但极具讽刺意味的是,蒙古人认可儿子和守寡之继母或侄子和守寡之姑母间的乱伦行径。④ 在元朝,寡妇守节与其他社会美德一同作为惩恶扬善之王朝传统的一部分而继续受到政府的尊崇。公元 1304 年,帝国政

---

① 《近思录》,6.13;同上:177 页。
② 参看陈东原 1937:138 页。
③ 同上:138—139 页。
④ 参看刘吉华 1995:114 页、陈东原 1937:173 页。或参看《元史》,卷 87《列女传》I 之"脱脱尼"。脱脱尼为蒙古人,她拒绝了两个继子在其丈夫去世后按照蒙古风俗将她收为妾室的要求。而《元史》的编纂者可能是个汉族人,所以他极力赞美这位女子以极端行为挑战蒙古风俗的勇气。后来元帝国政府宣布这一本土风俗不再具有合法性。作为一个地道的蒙古人,脱脱尼却谴责这种本土风俗为禽兽行为,这些都反映了汉族对蒙古族的影响。

府为表彰守节之寡妇而进一步设立了明确的标准。根据相关标准,可以获得帝国荣誉的寡妇必须在 30 岁前就已经守寡且守寡年限至少为 20年。一旦获得认可,寡妇的家族将得到一块褒奖其功绩的匾额以高悬于大门之上,获得表彰的家族有别于其他普通家族,他们将被免除劳役。[1]由此,寡妇守节在元朝成为一种方式,普通家族的女性可以凭借自己的力量获得最高的社会荣誉,而不依赖于她们的父亲、丈夫或儿子。从另一个角度而言,寡妇守节之美德反映了女性的自我意愿,她们所获得的尊荣与家族的男性成员无关,完全凭借她们自己的德行。

正如科举考试是所有阶层之男性为自己和家族争得帝国荣誉的主要途径,元代守寡行为的制度化,在某种意义上,也可以看作是所有阶层之女性自由争取帝国荣誉的一种方式,它在传统上超越了女性所能触及的范围。在元朝的表彰制度下,寡妇守节被提高到与科举考试同等的地位,通过科举考试获得功名的应试者能够给自己和家族带来最高的社会荣誉——帝国的认可。

平民阶层中作为标准典范之守寡行为的盛行反映在有德女性传记的数量上,它由北宋时期的 60 篇传记急剧增加到元朝的 160 篇,其 90% 为守节之寡妇。[2] 有德女性之传记数量的激增清晰地展现了元代女性美德的普及,或如伊懋可所谓的寡妇守节美德之"大众化",也就是一种使民众更易接近之大众化社会美德。[3] 表彰守节寡妇的帝国荣誉主要是为平民而设置的。高级官员的妻妾并不是表彰的主要对象,她们可以凭借丈夫的官阶而获得相应的荣誉称号。[4] 因而,寡妇守节之传统可以看作一种重新分配社会资源和权利的手段,平民百姓也由此得以实现自身的社会流动。有趣的是,守寡行为的盛行也与明清时期精英男性(凭借科

---

① 伊懋可 1984:134 页。
② 乔健 1971:207 页。据乔健统计,元朝史书中贞洁烈妇的传记达到 116 篇。陈东原统计的数据为 187 篇,参看陈东原 1973:180 页。
③ 伊懋可 1984:114 页。
④ 同上:124 页。

举考试)流动率的下降相互映衬。男性流动率的下降在某种程度上可归因于人口增长。在晚期中华帝国,精英男性流动率的下降也有助于推动作为身份标识之守寡行为的普及,它是实现社会流动的一种备选方式。①

明朝延续了元朝对于守节之寡妇的表彰制度。公元 1368 年,明朝开国皇帝朱元璋颁布诏书,明确规定:所有的孝子、贤孙、义士和守节之寡妇一旦得到社会的公认就应该给予嘉奖并赐予匾额以光耀门楣。但是,只有守节之寡妇的家族可以免除劳役。② 明显,寡妇守节高于其他所有的社会美德或成就,它成为家族和地方社会获得尊荣的另一条有效途径。作为一种社会进步的表现,寡妇守节的盛行也深深反映在公元 1465 年明朝颁布的诏书中。为了应对大量请求表彰守节行为的地方上书,朝廷认为有必要对地方谎报寡妇守节的上书者施加惩罚。③ 公元 1511 年,明武宗扩大了能够树立贞节牌坊的对象,包括那些为了免遭玷污或被迫再嫁而自杀之女性。现代读者试图从这份诏书中推论出某些限制女性自由之男性至上主义的动因。但是,公元 1511 年的这份诏书应该从衰落的明王朝抵御力量日益壮大之满族的背景下去理解。公元 1559 年,满族最终在北方建立起满洲政权。而公元 1511 年颁布的诏书则是针对那些居于边境的贞洁烈妇,她们在面对蛮族或盗贼入侵时毅然选择了死亡而不是丧失贞洁。④

在明末清初,寡妇自杀的行为呈现出某种政治意义。它被用来象征誓死守护明王朝之忠义臣民对满洲政权之野蛮力量的反抗。顾炎武的事例就是最好的说明。顾炎武是明末著名的反清人士,公元 1645 年,他的养母以绝食的方式抗议满族入侵其家园。作为秉承养母遗志之孝子和明王朝之忠义臣民,顾炎武也多次拒绝出仕清朝。⑤ 清初,由于寡妇自

---

① 曼素恩 1987:40n8。
② 曼素恩 1987:41 页;或参看陈东原 1937:179 页;刘吉华 1995:116 页。
③ 陈东原 1937:179 页;伊懋可 1984:134 页;曼素恩 1987:41 页;刘吉华 1995:118 页。
④ 刘吉华 1995:117 页。
⑤ 有关顾炎武的故事,参看彼得森(Peterson)1968:144—145 页;曼素恩 1997:25n28。

杀与忠义臣民反抗清朝的政治运动相联系,因而寡妇自杀行为在实际上遭到了清朝的再三禁止。[①]

　　然而,寡妇守节和寡妇自杀行为在晚明走向了极端。此时守寡不仅是已婚妇女的行为,未婚女性在成婚前得知未婚夫去世的消息后也开始终身守寡。归有光(1506—1571)、毛奇龄(1623—1716)等明末清初的诸多文人便极力反对未婚守寡和寡妇自杀的行为。他们认为未婚守寡有违婚嫁礼仪的恰当性,即标示丈夫与妻子的合法结合。因而,在没有婚嫁礼仪的认可下,丈夫与妻子的终生契约便不能生效。而寡妇自杀不仅史无先例,而且违背了个人对于家族的孝道,而服侍和奉养父母是孝道的开始。[②] 但他们的反对影响甚小。如果说寡妇守节和寡妇自杀等行为存在某些意义的话,那便是在守寡盛行的传统社会,它也是平民阶层之女性及其家族通过帝国朝廷获得社会尊敬以及提升他们在本地区之社会地位的一条备选途径,而平民与贵族阶层通过参与制度化的守寡行为相应地支撑了帝国政权的合法性。政府与平民之间这种互惠的利益关系不可避免地推动了寡妇守节和寡妇自杀等行为,尽管它遭到一些儒家文人的反对。

　　在清代,寡妇守节成为一种崇拜、尊奉守节之寡妇的狂热宗教行为。在清代授予帝国荣誉的详细步骤和规程中,符合条件的女性被划分为三个类别:第一类为"节妇",她们必须年满 50 并且守寡达 20 年之久,或者未满 50 而亡但守寡超过 10 年;第二类为"烈妇"、"烈女",她们为免遭玷污而死,或在受到玷污后因羞愧而自杀,或反抗再嫁而死,或死于反抗未婚夫在婚前的性侵犯;第三类为"贞女",她们在成婚前得知未婚夫去世的消息而选择了自杀或在夫家守寡。清代授予贞洁烈妇之帝国荣誉的深度和广度超过了此前所有的王朝。

　　与此前所有的王朝不同,在清代,贞洁烈妇的家族往往会得到修建

[①] 有关清朝早期寡妇自杀之禁令和 1851 年取消寡妇自杀之禁令,参看伊懋可 1984:126—129 页;曼素恩 1997:25—26 页。

[②] 罗普(Ropp)1981:128、130 页;或参看陈东原 1937:246—250 页;刘吉华 1995:117—118 页。

牌坊的财政支持。根据收到的表彰文书，那些符合条件的贞洁烈妇将被奉祀于京师和地方的节孝祠中，在春秋二祭中接受世人的膜拜。① 随着建立牌坊和奉祀节孝祠，贞洁烈妇被提高到与正统儒士相等的地位。正统儒士在孔庙中接受供奉和尊崇，春秋二祭也在京师和地方同时进行。显然，"内"领域中针对女性的寡妇守节与"外"领域中针对男性的文化学习是对等的，两者都是获得社会尊敬的有效方式。

诚然，对寡妇守节的强调在某种程度上源自女性忠于父系家族的需要，因而，严格来讲它并不能反映女性的自我意愿。但寡妇守节在实际上也有损父系家族的结构。仔细考察清朝的法律条文，它对强迫寡妇再嫁之亲属的惩罚显示了寡妇拥有自愿守寡的合法权利，这一合法权利往往超越了亲属系统中长辈对于晚辈的绝对权威。与唐代法律免除父母或祖父母强迫寡妇再嫁之罪名不同，根据清朝法律规定，所有违法者依据他们与寡妇之间亲属关系的远近来定罪。对于违法之长辈的处罚要轻于晚辈，违法者与寡妇之间的亲属关系越近则惩罚越轻。② 这一法律条文再次表达了个人对家族长辈所应有的基本尊重态度。但是，清代法律中最新颖、最根本的改变在于即使是运用特权强迫晚辈再嫁的祖父母或父母也将受到惩罚。根据清代的法律，女性不愿再嫁的决心比父母的权威更为重要。如果清朝法律没有考虑到女性性别角色的先天依赖性和从属地位，尤其是女儿之于父母或儿媳之于公婆，那么它也无法从根本上获得完全的支持。在社会实际中，人们常常容忍某人因为贫穷而买卖他的妻子和女儿。清代法律对强迫寡妇再嫁行为的反对实际上认可了晚辈对长辈意愿的拂逆，因而它在中国历史上首次承认并从法律角度认可了女性——服从者——以自愿守寡等方式成为自我代理人的举动。

我们还需要从寡妇的角度来探讨这个问题。实际上，再嫁给她们带

---

① 曼素恩 1987：41—42 页；刘吉华 1995：122—123 页。
② 有关清朝法律强迫贞洁烈妇再嫁等内容，参看苏成捷（Sommer）1996：附录Ⅰ，119—120 页。

来的伤害要远远多于好处,她们要放弃以子女的名义继承已故丈夫之财产的权利以及丧失对子女的监护权。寡妇再嫁几乎对家族中除寡妇之外的所有人都有利。而根据长幼尊卑等原则,在新的婚姻中,寡妇必须在层级亲属体系中再次展现出卑下的社会地位。考虑到这些结构性的限制,我们就无需惊讶于寡妇立志守寡的意愿——作为忠于配偶和夫嫁血统之美德的表现,它标识着女性唯一固有的社会地位。

　　总而言之,寡妇守节在社会层面上所具有的象征意涵,首先或主要表现为忠于配偶的传统美德,丈夫和妻子之间的终身结合类似于忠臣和明君之间的政治伦理关系。儒家所倡导的"义"是维系君臣关系的主要原则,在被限制于"内"领域的女性事例中,"义"在夫妻关系中得到实现,"内"领域之有德女性对父系家族的坚贞和忠诚等同于"外"领域之忠臣对明君的辅佐。其次,由于已婚女性捍卫贞洁的道德意图优先于父母的权威,而父母的权威强调了长辈高于晚辈的特权,因而自唐代以来帝国法令对于自愿守寡之女性的保护意味着女性的自我代理。第三,随着表彰守节寡妇之家庭和免除劳役等制度的实施,寡妇守节也成为一项具有实际影响的社会美德。与适用于男性的科举制度相比,守寡相对于女性而言也是实现社会流动的一种途径,也就是女性凭借自身的德行获得最高的社会荣誉——帝国的表彰,而不依赖于父亲、丈夫或儿子。最后,在晚清时期,寡妇守节也成为一种宗教表现,与正统儒士在孔庙中接受尊奉相似,守节之寡妇也被尊奉于地方的节孝祠中。也就是说,守节之寡妇在清代受到了尊崇,她们的德行被仿效和纪念从而超越了家内领域,她们获得认可的美德比拟于儒家所推崇的典范。在一个女性没有名字、没有获得头衔之合法途径且外化于记忆范围的传统社会中,将守节之寡妇尊奉为道德典范是女性的终极荣誉。简言之,守寡作为女性自我代理的一部分,它是女性能够在"外"领域中获得有关儒家伦理道德之话语权的一种途径,在"外"领域中人们的名与姓将获得传承和颂扬。

　　至于臭名昭著的缠足举动,西方人将其幻想为一种引发情欲的行为,而且认为它是旧中国落后和野蛮的根本标志。从 1966 年李维出版的《中国女性之缠足:奇异的性爱习俗史》到 1997 年贝芙莉·杰克逊出版的《华丽的绣花鞋:中国的千年情色传统》,在西方人看来,缠足是一种性爱传统。① 缠足被视为男性对于女性纯粹的性压迫,为了满足男性的欲望。同时,缠足行为也反过来推动着女权运动的萌发,它被视为中国社会之男权至上特质的根本性标识。在西方世界,中国女性拖着残疾小脚步履蹒跚的受害形象成为旧中国可怕的象征。但是,类似的看法是对纷繁复杂之缠足历史的简化理解,缠足行为跨越了不同的社会阶层、历史时期、民族和地区。通过与性别得体、礼仪乃至汉人的种族认同相联系,缠足行为的本质内涵将变得更加清晰。

西方学者对于第三世界女性的关注,正如钱德拉·莫汉蒂(Chandra T. Mohanty)在其选集《第三世界之女性与女权主义政治》中陈述的那样,主要将其视为在"传统的男权至上文化"中的受害者,而不是将女性作为主体或代理者。在早期女权主义著述所展现的这些新殖民主义话语中,第三世界的女性常常被她们的西方白人姐妹作为推论和拯救的对象,而她们自身则转而被假定为自主的,不受任何地域传统束缚的道德主体。② 为了能够超越"不受约束"的西方女权主义者与"传统"、"男权至上"文化之残余的错误二分法,我们将越过缠足仅仅作为男性对于女性之性压迫的简单论断,考虑到缠足行为所展现的文化内涵。在特定文化下,女性不仅仅是性对象;相反,她们也积极参与了推广缠足的活动,并将其视为剥夺文化教育下女性特有的工作、知识和文化。

根据传统观点,缠足始于公元 10 世纪中叶,它是宫廷舞者为了练就某种舞蹈技艺而采用的方式,类似于现代的芭蕾舞技艺。③ 学者们普遍认为,在唐代(公元 618—906 年)之前不存在有关缠足行为的历史证据。

---

① 李维 1966、贝芙莉·杰克逊 1997;更多关于缠足体验的研究,参看高彦颐 2001。
② 钱德拉·莫汉蒂 1991:序言,29 页。
③ 陈东原 1937:125 页;李维 1966:17 页。有关缠足起源的其他解释,参看贾伸(Jia Shen)1979:183—185 页。

从唐代女性的穿着和活动来看,穿靴子和骑马在女性中甚为流行,因而可以肯定地说缠足行为在唐代并不存在。① 在宋代早期,缠足行为还大体局限于高等妓女,杰出的宋代诗人依然喜欢赞美女性自然发育的双足。② 正如伊沛霞所言,宋代朱熹在南方倡导将缠足作为女性顺从和守节之表现的故事极有可能是编造的。③ 在宋代,相对于缠足而言,男性文人更多地关注于作为女性美德标识的寡妇守节和配偶忠贞。对寡妇守节的关注在宋代文人对于李清照(著名女性词人)的抨击中有所展现,同时代的男性词人时常直接而严厉地抨击李清照,甚至谎称她于晚年再嫁。④ 在宋代,寡妇守节远远超过一双受束缚的小脚而成为性别规范的索引。

然而,在南宋末年,缠足逐渐由高等妓女扩展到贵族阶层。我们找到了这一时间对于缠足行为最早的评论。南宋车若水在文集中写道:"妇人缠足不知始于何时?小儿未四五几,无罪无辜,而使之受无限之痛苦,缠得小来,不知何用?"⑤的确,令人感到疑惑的是,父母为何愿意让年幼的女儿经受致使身体残缺的极端痛苦。为了将脚掌的尺寸缩短为完美的三寸,女孩的四个小脚趾被用力地向内弯曲使骨架接近于垂直。更令人费解的是,与我们此前所探讨的其他具有性别歧视成分的社会行为不同,缠足行为需要女性的直接参与,尤其是在母亲和女儿或者姑母与侄女之间,由于缠足行为仅仅发生在女性的内部居所。缠足大概从 5 岁—7 岁开始,在开始缠足的前两年往往需要母亲持久的监督以束缚年

---

① 参看傅乐成 1979:165—180 页。根据贾伸的观点,缠足在唐朝就已经产生,他主要根据发现于西藏的拱形灯具得出这一结论。在西藏,这种灯具普遍称之为唐朝公主的绣鞋,这些唐朝公主嫁到西藏是为了在唐朝和入侵蛮族部落之间约为联姻;参看贾伸 1979:186 页。

② 参看贾伸 1979:187 页。

③ 有关朱熹的声明促进了缠足的普及等观点,参看李维 1966:44 页。对这一观点的反对意见,参看伊沛霞 1990:217n39。

④ 参看陈东原 1937:161—172 页。有关李清照的诗词创作才华,参看法蒂玛·吴(Fatima Wu)2003:435—436 页。

⑤ 部分翻译参看伊沛霞 1990:217 页;李维:1966:65 页。或参看贾伸 1979:189 页。

幼女儿的双脚。① 换言之,没有女性持久而积极的参与,缠足将无法进行。当然,缠足行为在某种程度上毫无疑问地受到男性性欲望的推动,他们热衷于一双被束缚的小脚所展现的阴柔之美。那种标准化的阴柔之美反过来成为适婚女性的标识。尽管女儿因疼痛而哭喊甚至于由此带来无数病症,但母亲还是愿意束缚年幼女儿的双脚,这一切实际上表达了母亲对女儿未来婚姻生活的关切。在未来的婚姻生活中,女性需要牺牲自我并绝对服从于丈夫。人类学家布雷克(Fred Blake)将缠足行为解释为"母亲为了告知女儿如何在男性主导的世界中得以生存下去而甘愿承受的折磨"②。换言之,缠足行为是母亲对于女儿有目的的训练,女儿由此为将来受到男性奴役的生活做好充足的准备。

实际上,缠足给女性的身体带来了诸多伤害,它极大地限制了女性能够参与的活动范围,因而有助于将女性限制在"内"领域,并且固化了女性作为妻子受限制的、从属的性别角色——也就是"内人"或"内"领域之人。局限于"内"领域也有助于强化女性之忠贞、顺从等保守性美德。类似的表述也出现在《女儿经》——一位无名作者为女性而创作的指导类用书中,"为什事,裹了足? 不因好看如弓曲。恐她轻走出房门,千缠万裹来拘束"③。通过缠足行为强加于女性的身体约束确保了恰如其分的两性关系,并且进一步固化了"内"领域——女性所独有的领域——的空间隔绝。

通过缠足行为强加于女性身体上的严重缺陷和残疾也减弱了女性对于家族经济的贡献能力。尤其是在缠足的初始阶段,由于剧烈的疼痛,年幼的女孩必须花费她们大量的时间坐着或躺在床上,有的女孩甚至需要丫鬟的搀扶才能够行走。因而,残疾无用的、受约束的双脚也象

---

① 然而在不同的区域,风俗也各式各样。一些地区的女孩可能在两三岁就开始缠足,而另一些地区的女孩的缠足年龄可能晚到十二三岁。最佳的缠足年龄通常为六七岁,除了因为在这个年龄她们的脚有很好的柔韧性外,这个年龄也是她们自我性别意识萌发的时期。参看杰克逊 1997:27 页;布雷克 1994:678 页。

② 布雷克 1994:676 页。

③ 相关翻译参看赫兰(Headland)1895:559 页。

征着家族的财富,它需要负担闲散之女性成员的经济开销。此外,在缠足的初始阶段尚需要日常的医疗护理。缠足需要家族对于女儿毫无价值且畸形的双脚投入大量的财力。残疾的双脚不仅代表了女性内心的坚强,更重要的是代表了美誉和整个家庭的贵族身份。

在元、明两朝,缠足行为从贵族阶层扩大到戏子和平民百姓。从明代对于缠足的相关历史记载来看,在宋代早期缠足还只是极个别的现象,但到了明代,就连小女孩都开始羡慕有着一双三寸金莲的女性。① 在明代,缠足不再是贵族阶层所独有的特权,它是一种共享的女性典范,一种为多数人所称赞的审美对象。受到束缚的双脚所带来的不只是女性的阴柔之美,它也是身份地位的象征,一种得到社会认可的标识。但在贫穷人家,男子无法接受文化教育而女性也不去缠足。② 贫穷者占据了社会的最底层,卑下的地位使他们不至受到社会规范——男子之文化学习、女子之缠足——的约束。就此而言,缠足之于女性的重要性与文化教育之于男性的重要性是对等的。只有通过这些活动,作为获得社会认可之规范存在的男性、女性才能得到恰如其分的标示。换言之,正如文化教育标示着男性的礼仪文明,缠足行为也标示着女性的礼仪文明。正如布雷克所言,缠足可以理解为女性对于儒家修行方式的颠覆。③ 不同于男性,女性没有接受文化教育的合法途径,她们只能通过约束自己的身体来追求礼仪文明。也就是说,在儒家追求自我修行的背景下,缠足行为被演化为对自我躯体的重塑,对自我肉欲的严格限制,就如同“修身成仁”那般。④

然而,儒学的自我修行理念是道德人格的基础,它必须始于对“文”和“礼”的学习,也就是学习先贤的文化和礼仪传统。孔子曾对他的儿子说道:“不学诗,无以言”、“不学礼,无以立”(《论语》16.13)。通过研习《诗经》——有关中华文明的最早文字记录,人们不仅能够领略到先贤的

---

① ② 转引自贾伸 1979:187 页。
③ ④ 布雷克 1994:676 页。

德行,而且也能够学习到表达自我情感之优雅、诗意的格调。因而,通过研习《诗经》,人们可以探讨完全具备文化修养之人的存在本质。一个精通先贤之文化传统的人,必定能够弥补自身在礼仪方面的缺陷。一个没有体认先贤和杰出人物之礼仪传统的人便没有立足于社会的凭据。古代先贤的智慧必须获得新生,也就是在特定情况下通过人们的亲属关系和社会角色来实现,否则人们关于圣王之"道"的体悟就仅仅流于一种求知欲望。总之,在儒家世界中,对于"文"和"礼"的追求是人们立志终身修行(作为有文化、有道德之存在)的起点。"文"和"礼"是儒家奉行之终身修行的主要课题,但与此同时,正如我们之前所探讨的那样,"文"也是男性的正当特权。在《礼记》中,针对男女而设立的两种不同教育课程反映了两性的不平等。自我性别意识始于 7 岁,对男性的教育包含了对不同礼仪、六艺和文学知识的广泛学习,这又转而为日后的官场生涯奠定了基础。[1]

相比之下,对女子的教育仅仅局限于家务管理,这为她们日后成为妻子而辛苦劳作打下了基础。"女子十年不出,姆教婉娩听从,执麻枲,治丝茧,织纴组紃,学女事以共衣服,观于祭祀,纳酒浆、笾豆、菹醢,礼相助奠。十有五年而笄,二十而嫁……"[2]男子和女子之间的教育差异是显而易见的,她们的教育目标也有所不同。性别化进程与文明进程同步而行,男子通过学习"文"、"礼"成为一个完整的文化存在,而女子也通过学习家务技能为日后的辛劳生活(作为妻子)做了准备。

与男子通过学习文化和礼仪知识而终身奉行自我修行之理念相对等,女子则通过终身缠足行为来塑造和约束自我的肉体。7 岁——一个男女开始有意识地区分性别特质和领域的标准年龄——也是女子开始缠足的标准年龄。当她的兄长通过文化学习在文化交流中塑造自我之时,她则通过缠绕和捆绑来塑造自我。女性通过有意识的身体摧残颠覆

---

① 《礼记·内则》;参看理雅各 1967: I ,478 页。
② 同上:479 页。

了儒家"成人"的方式,这也是文化认知中女性生存之卑下处境的无言证据。换言之,为了能够成为一个完全的文化存在,女性首先必须自残,通过人为的方式来标示自我。女性的自然身体象征着野外尚未被驯服的动物,通过改变自然的身体,正如身体迫害也同样适用于驯服牛马一样,女性的自然身体由此得以进入男性领域,也就是文化的领域。作为人的标识且适用于驯服牛马之有目的的改变,在《庄子》的相关篇章中得到了具体的阐释。当庄子被问及何谓天、人之时?他回答道:"牛马四足,是谓天;落马首,穿牛鼻,是谓人。"①同样,通过缠足这一有目的的自残方式,女性如同动物般的自然身体得以进入男性领域。在文化领域,"文"是男性文明的真正标志,对于被剥夺"文"的女性而言,畸形的双脚则是女性文明的标志。

虽然缠足行为发生在女性的内部领域,但它却不只是私人的家内事务。相反,第一次缠足对于女性而言具有重要的意义,在此之前母亲往往会寻求神的祝福。对于家族中的女性朋友和亲属来说,这也是一件值得庆祝的喜事,她们借助一双残疾的小脚从远方赶来参加这个活动,因为缠足标志着"女子成年期"的开始。② 正如称之为"金莲"鞋的样式和形状那样,各个地区、各个家庭的缠足手法各不相同。缠足是一门学问和手艺,它由母亲传给女儿,由姑妈传给侄女。制作一双独具特色的捆绑样式或绣花鞋,不仅表现了女性自身的传统,也是女性的正当工作。在缠足过程中,女性通过缠绕和针线创造了属于她们自己的文化模式和传统,就如同男性通过笔墨和文字创造出属于他们的文化作品那样。男性书写文化和女性身体刻印文化之间的平等性被"文"的特定意涵所证实,它足够有趣地表现为书写文化(男性正当特权)与丰富多彩的图案(通常和女性刺绣、手工艺品相关)。根据《说文解字》的定义,"文"指代花纹、图案。缠足是女性的专有文化,她们的作品不是通过文字或笔墨创作

---

① 《庄子》,第 17 篇;相关翻译参看梅维恒 1998:159 页。
② 杰克逊 1997:28、33 页。

的,而是使用布匹和针线。在缠足中,女性既是受到约束的客体又是进行捆绑样式制作的主体,她们独享和传承着女性祖先的文化。

在外族入侵的时代,例如在元代和清代——两个朝代都是由非汉民族所建立的,缠足也呈现出一定的政治意义。它是汉民族种族认同的标识物,它使汉民族有别于统治帝国之未开化的大脚野蛮人。而蒙古和满族也都严格禁止本民族的女性缠足。① 就此而言,缠足不仅代表了性别身份,更重要的是,它代表了汉民族的种族身份和灿烂文明。作为一种有目的的身体印记和人为的文化形式,缠足被视为女性着装得体的一部分。或者说,通过这种方式,一种适应文化的身体得以适当地展现。高彦颐在有关缠足的研究中指出,在中国人看来,得体的着装打扮将人类和牲畜、文明与野蛮区分开来。② 作为文明标识的得体着装展现了"文"的宏大意涵,它不仅包括文字书写等文化形式,而且还包括手工艺品和服装等极具审美意趣的物件。在 17 世纪的中国,正如高彦颐所得出的结论,缠足首先是中国人有关文明理念的表达;其次,它是区分汉族和满族之种族界线的标识;第三,它也是一种身体装饰,或者说是女性身体之得体的、文化的隐藏方式。③

缠足,连同着装打扮、发饰和簪环等明代风格屡次为清朝政府所禁止并且施以严酷的惩罚。清朝开国皇帝在 1636 年颁布的诏书中命令:"凡有不遵定制变乱法纪者,王、贝勒、贝子议罚,官系三日,民枷责乃释之。出入坐起违式,及官阶名号已定而仍称旧名者,戒饬之。有效他国衣冠、束发裹足者,治重罪。"1638 年,皇帝又重申了禁止男性和女性穿着明式服装和缠足的法令。④ 在清朝这个新生王朝的初始阶段,汉民族的服饰被看做前明王朝的遗物,它必定象征着臣民对前明王朝的政治忠诚。为了消除前明王朝所有的文化残留,清朝开国皇帝将满族的着装样

① 参看李维 1966:第二章《起源与存在》,53 页。
② 高彦颐 1997:12—25 页。
③ 同上:10 页。
④ 同上:16 页。

式强加于他的汉族臣民,特别表现为男性必须接受满族的发式,将头发剃光仅在后脑勺留有一条辫子,而女性则禁止缠足。尽管爆发了反抗清朝"剃发令"的大规模暴动,但可以肯定地说,到 17 世纪末期,对留辫发式的统一在官员和平民阶层中大体完成。①

当汉族男性被迫改变发式成为象征顺从清朝统治之时,汉族女性依然违抗禁止缠足的法令,尽管清朝统治者对缠足之女性和她们的父母进行了严厉惩处。公元 1645 年,缠足之女性被禁止出入帝国宫廷。公元 1664 年,康熙皇帝再次下令凡 1662 年以后出生的女性禁止缠足,违令者的父亲将遭受鞭刑和流放。② 一直到公元 1902 年,清廷依旧重申禁止缠足的法令。③ 由此可见,公元 1664 年前后发布的所有缠足禁令大多都是徒劳。尽管有关男性束发较为公开而女性缠足相对较为隐秘的观点具有一定的合理性,但是如果没有汉族臣民的认同,面对清廷所施加的严酷惩罚,缠足行为将不会持续下去。④ 因而,在清代,缠足也是一种政治反抗的方式,通过这种方式,汉族民众得以抗衡少数民族统治者的权威。

总而言之,对于缠足这样一种持续千年并在大量帝国禁令中得以保留下来的文化行为的理解应该有所超越,也就是说,超越它作为男性对女性之性压迫的象征和父系家庭结构中女性受害者形象的象征。相反,我们可以对缠足行为作出如下解释:首先,它是中国文明理念的标识,也就是说,女性通过布匹和针线创造和传承了女性祖先流传下来的独特文化传统。其次,它是性别得体的标识,即通过一双受束缚的脚、通过对女性身体有目的的隐藏来标示"女性气质"。最后,它是种族身份的标识,通过持续反抗清廷的权威来展现汉民族的文明理念。直到 19 世纪末期,在反抗实力不断上升之西方帝国主义的无数次失败之后,对于缠足文化意涵的认知开始发生逆转。女性的缠足,就如同男性的辫子成为中

---

① 关于辫子的历史,参看戈德雷(Godley)1994:54—57 页。
② 高彦颐 1997:22 页。
③ 李维 1966:79 页。
④ 高彦颐 1997:21—22 页。

国野蛮、落后的显著标志。从 19 世纪传教士的描述到当今女权主义者有关中国性别歧视问题的探讨,在西方人看来,有着畸形双脚的女性已然成为有关中国的恐怖景象。

然而,上述批判并没有削弱缠足作为一种侵害女性且获得社会认可之暴力行为的残忍性。为了达到"三寸金莲"的完美标准,年幼的女孩在六七岁时就将遭受残害其自然身体的暴力行为,在准确修剪皮肉和调整脚的骨架结构过程中还伴随着危险的感染和无尽的痛苦。在母亲或家族中的年长女性帮助女孩忍受缠足头两年的剧烈疼痛之后,年幼的女孩将独立承担起余生中缠足的责任。不同于今天美化女性身体之美容技术,缠足是一种终生行为,它需要女性自己持续不断地坚持下去。将缠足后的双脚恢复到之前的"自然"状态并非完全不可能,但是它绝不亚于缠足初期的痛苦。强迫成年女性畸形的双脚恢复到先前的"自然"状态是残忍的,至少不亚于第一次强迫孩子调整自己的骨架结构。这在某种程度上解释了 19 世纪末期到 20 世纪初期,当社会精英们的观念已然开始脱离缠足行为之时,女性依旧给自己和女儿裹足的原因。[1]

除了残忍之外,缠足也是一种应时的行为,一旦女孩错过了缠足的适当年龄,她的双脚就再也不能被适当的束缚住。因而,是否给女儿缠足不仅是父母代表女儿的最终抉择,而且也是一种决心。如果错过了缠足的年龄,她们将要承受女儿在余生中丧失追求女性典范之权利所带来的社会后果。大多数父母不愿意承受这样的后果,尽管她们知道缠足有着极大的健康风险、尽管听到年幼女儿的哭喊并怜悯她的请求。相互矛盾的是,尽管缠足甚为残忍,但它却也是父母爱护女儿和关心女儿未来的表现。

作为旧中国的一项陋俗,臭名昭著的缠足行为在西方众所周知,但

---

[1] 有关 19 世纪末到 20 世纪初由士大夫发起而贵族表示反对的反缠足运动,参看鲍家麟(Pao Chia-lin)1979:266—295 页。在公元 17—18 世纪,中国社会已经有了批判缠足的早期评论家,他们对缠足的批判早于西方传教士来华,参看罗普 1981:120—289 页;或参看贾伸 1979:189—192 页。西方有关缠足(1300—1890)的著述,参看伊沛霞 1999。

是很少有人意识到缠足行为强加于当代女性身体的臭名昭著的文化烙印。这一观点与其说是通过阐释来消除其"性别歧视"成分而为纳妾、守寡或缠足行为进行辩护，不如说是在"文化多样化"的旗帜下原谅它们。毕竟这些行为中的绝大部分已然不再作为标准的社会典范而存在于中华文化圈内，包括大陆、台湾和香港。当然，此处之目的在于让现代读者超越西方简单的错误两分法，即西方人是自主的道德主体，而世界上其他地区的人则是受害对象，他们需要被救援、解放或使她们意识到自身处于"性别歧视"、"思想保守"的社会。这一预设演化出一种层级的文化、种族意识。在这样的层级意识下，西方被视为道德理论的提供者，而世界其他地区都存在急需解决的道德问题。这种预设不仅阻碍了其他道德理论的生成，而且限制了我们对于外国文化背景下的社会活动的理解，而外国文化所具有的象征意涵常常不在外部观察者的视野之内。只有破译那些潜藏在社会活动中的特定文化意涵，我们才能够将女性作为考察主体并认识到她们支持和积极参与这些社会活动时所扮演的具体角色。考虑到强加于她们的结构性限制，这样做的目的在于获得某种共通的文化理念。没有类似的文化式理解，仅仅作为受害者的第三世界女性将依旧被冻结在岁月之中，她们的解放只能依赖于西方的道德理论，而西方的道德理论应当超越狭隘的"文化"道德。

为了不再成为新殖民主义式臆断的牺牲品，我们现在转向儒学——中国最高文化之最杰出的符号。对于儒学的阐释不仅仅是为了将其作为一种与占优势地位之西方道德理论（如自由主义、功利主义、存在主义等等）相对应的实用型道德理论，而是作为一种更加彻底的女权主义理论。换言之，如果我们排斥西方道德理论的预设性和垄断性，并且也排斥儒学（固化的、彻头彻尾的男权至上主义意识形态）极度的夸张式修辞，那么我们必须敢于肯定儒学作为一种女权主义替代物的可能性。在最后一个章节中，我们将试图超越儒学与女权主义之间预设的对立性，通过提出可行的儒家理论元素来建构混合式女权主义——"儒家的女权主义"，以此作为性别平等的理论基础。

第七章　儒家女权主义："女权主义"道德的酝酿

　　在女权主义者的探讨中,儒学一词更多的是以批判对象而非一种可行的女性解放之理论背景出现的。由于儒学强调了男权至上理念、支撑着中国的父系家族结构以及专属于女性的性别化"内"领域,在早期女权主义者看来,无论在实践还是理论层面上,儒学都意味着对于中国女性的系统压迫。追求两性平等之中国女性的唯一理论支撑似乎只能完全依赖于西方的理论模式。但是,一些当代女权主义者已经探索出另一条可行的途径,也就是通过探讨道家思想中的女性优先特质使其成为女权主义的同盟者。但是,这种可能性经常遭到学者们的质疑,他们将道家所崇尚的阴阳理念与笛卡尔哲学中的男女气质视为概念上的对等物。但在之前的相关章节中,我们已经对这一观点提出了反驳。如同卢蕙馨在对杜维明重振新儒学的评论中提到的那样,女权主义者、汉学家以及持有类似观点的学者们普遍认为"儒家人格"与男性自身相符合,它致使作为一个整体的儒学与女权主义之间存在根本上的不可兼容性。换言之,儒学和女权主义之间存在概念上的对立。然而,在普遍认为西方是道德理论之唯一贡献者以及世界其他地区都存在亟需解决之道德问题的背景下,这种假设必然将种族等级观念强加于女权主义的外在特质之上。为了反对类似的新殖民主义式预设,我们必须抵制女权主义著述中对于儒学的滥用。更为重要的是,我们必须通过在儒学框架内描绘出建构女权主义理论的前景来超越女权主义者对于儒学的消极评价。然而,这并不是否认女权主义者对于儒学的某些中肯批判,特别是对基于性别之内外分工的批判。但是,承认儒学中存在诸多需要矫正的观点并不等同于认可整个儒学在本质上就是性别歧视主义和反女权主义学说,正如人们不会由于亚里士多德的伦理道德、康德的道义论或尼采的存在主义哲学存在某些需要矫正的观点,而在本质上将它们视为性别歧视主义和反女权主义学说。

在下文中,我们将集中关注儒家的核心伦理观念,尤其是"仁"的理念——获得人格成就的基本美德、人性开端之孝道以及阴阳与内外之间的互补关联。此处我们所设想的是一种有关儒学或儒家女权主义之混合式男女平等主义。儒学不仅能够迎接女权主义的挑战、处理女权主义者所关心之尚未超越理论框架的女性压迫问题,而且更重要的是,它能够拓展女权主义的理论视野。换言之,尽管儒学强调相互间不平等的社会角色以及孝道和家族的延续,但儒学被假定为能够给女权主义提供一种推动女性解放之可行的理论依据。为了公正地评判当代女权主义者的理论,对儒家女权主义的全面阐释将成为未来的研究课题。目前,为这一研究课题所提供的概述能够充分说明女权主义和儒家思想之间存在共通特质的可能性,或者存在一种于儒家传统中创造出"女权主义空间"的可能性。

性别问题和女权主义政治

作为一种分析范畴,"性别"已经给女权主义者带来了极大的困扰,特别是存在主义者解构了有关女性"本质"或"特质"的传统意涵之后。"女性"范畴不再意味着一系列自然的生物存在——支持基于劳动和社会角色的自然化性别分工,它也不表示一系列精神或行为上的女性特质。在存在主义者的解构下,"女性"意味着一种社会建构,一种通过参加性别化进程的持续现象,而性别化进程是一个获得和体认一系列社会认可之性别规范的过程。正如西蒙·波伏娃所宣称的那样,"女人不是天生的,而是被造就的"。这里的"女人"并非一种自然存在,作为社会和文化所认可之"女性"的每一个女人都是依据塑造得体"女性"的文化理念建构而来的。这种存在主义的解构在某种程度上使女性摆脱了传统的"生物决定论",而在"生物决定论"中女性被视为一种自然存在,她们拥有不同于男性的自然角色、责任和能力。存在主义强调通过女性的自由选择来界定自我,而不是通过预设的本质,这为女性带来了摆脱限定她们之父权家长制传统的可能。存在主义之女权理念为女性的解放提供了一种新的药方和认识论基础。

但是,这样一种解构也给女权主义者带来了诸多困扰,即女权主义者如何继续使用作为一个集合名词的"女性"范畴来探讨跨越文化、种族和阶级界线的性别压迫问题,由于并不存在超越特殊社会结构之"女性"[1],换言之,在存在主义者看来,成为"女性"的过程和某人参与作为整体之特殊社会所认可的性别化进程是同步进行的。因而,我们大体上只能论及美国女性、中国女性或拉丁美洲之女性等等,而不能将"女性"作为一个超越所有文化、种族或阶级差异性的存在。可以说,并不存在依据潜藏于独特文化理念之本质而发挥作用的初始"女性"典范,而每个文化理念下的"女性"美德仅仅只是广泛、初始之"女性"典范的一个特殊的例证。如果"女性"作为一种特殊文化现象是被创造出来而非天生的,那么,任何试图理解女性状况的跨文化考察都必须始于文化的研究。以中国女性为例,"女性"概念就意味着层级亲属体系下的诸多亲属角色、符合礼仪规范的相关领域以及劳动分工。换言之,性别化与中国社会的仪式化和文明化进程同步进行。在中国社会,性别存在也是一种展现礼仪得体性并由此创造文明的存在。因而,在探讨构成中国女性之要素时,我们也应该始于文化理念的考察,而不是一系列初始"女性"典范的跨文

---

① 有关对"女性"范畴的评论,参看莱利(Riley)1988。

化特质。

我们需要确认女性的文化差异性,也就是为我们的研究留有余地,这一观点得到了第三世界女权主义者的共鸣。莫汉蒂和卡普兰(Caren Kaplan)试图引入"女性"的类别分析并同时考察"第三世界女性"和"西方女性"类别来应对主流女权主义者的相关论述。[①] 政治立场作为一个重要组成部分已然呈现在后现代女权主义者之跨文化性别研究中,自 20 世纪 80 年代最先由艾德丽安·里奇(Adrienne Rich)创造出来。[②] 着眼点对于跨文化背景下的性别考察尤为重要,但着眼点不仅仅意味着女性身体所在的那个特殊区域。也就是说,如果不具备把握中国丰富文化资源的必要语言技能或者尚未踏足中国,那么,我们对于中国女性状态(无论过去还是当前)的理解必将受到限制,即使身在中国,依据经验的考察也必将为理念框架所引导,因而我们对于中国女性状态的考察也不会就此变得准确。只要人们熟悉的理念框架依旧完整,那么,依据经验观察所折射出的自我文化特质必将多于试图呈现的主题。卢蕙馨所描述的外化于亲属角色之完美女性特质就是一个绝佳的例证。因而,承认对女性考察的差异性需要我们在理论想象中注入更多的转变,而我们所熟稔的文化类别也不再是标准的着眼点。正如卡普兰提醒的那样,解构西方理论的核心——对后现代女权主义理论的批判——不应该将边缘理论的表层信息囊括在内,否则"目击者"的特权地位依旧无法撼动。[③] 换言之,真正需要囊括在内的是对"第三世界女性"的支配和边缘化。具有讽刺意味的是,在西方女权主义著述中,"第三世界女性"被支配和边缘化。

西方女权主义学者的大量工作主要致力于分析种族和阶级问题。但跨文化性别研究中的文化要素却相对受到忽视,这在某种程度上归因于新殖民主义式的假想,即世界其他地区的女性只不过是普遍"性别歧视"传统的被动受害者,而"性别歧视"传统需要彻底废弃。然而缺乏对

---

① 参看卡普兰 1994;莫汉蒂 1991。
② 卡普兰 1994:138 页。
③ 同上:144 页。

文化的真正理解,女权主义学者也终将放弃他们试图探讨的特有课题以及对于这一课题的代理。白人男性和白人女性之间也存在着同样的边缘化模式,它们被保留在影响广泛的女权主义著述中,"西方女性"的自我代理和现代性与受传统束缚之"第三世界女性"的牺牲形成了强烈对比。然而,将自我文化框架强加于他者的行为仅仅反映了人们在观念视野上的局限性,而不是对于他者的真实把握。实际上,西方作家时常摆出一副试图拯救第三世界之受害女性的道德理论家姿态。就此而言,波及全球的女权主义运动只能被设想为一种简单的"冲击—反应"模式,而存在"性别歧视"的"传统"社会只能通过输入西方的道德理论和生活方式。我们必须通过肯定其他世界的道德机制来抵制掩藏在跨文化研究领域中的帝国主义二分法,而身处其他世界的人们可以通过自有的文化资源塑造自我。以中国社会为例,儒学曾以适用于自我塑造的最为重要的文化资源而盛行于世,被建构的儒学对于女性解放而言也是一种新的混合式女权主义道德理论。然而,关注儒学的同时,我们并不打算排斥构建道教或佛教女权主义伦理的可能性,两者在中国文化的叙述中都具有重要的意义。但是由于绝大多数女权主义学者将抨击的对象集中于儒学,并且绝大多数汉学家认为儒学是奠定中华文明的基础,因而,将儒学作为通往混合式女权主义理论新世界的入口似乎是适宜的。

儒家女权主义的概述:一种混合特质

在之前的章节中,我们探讨了导致中国女性受到压迫的可能因素,这些因素与儒家思想紧密相关。孝道、祖先崇拜和家族血脉延续等三种文化因素共同作为论证和支撑社会行为——最引人注目的是纳妾、收养童养媳和残杀女婴等行为——的理论、道德基础。中国的性别歧视传统在很大程度上可以解读为强调家族延续的逻辑辐射以及家族延续只能通过男性后嗣来完成的主观认定。这又反过来与儒家的孝道、祖先崇拜等民间宗教礼仪行为相联系。内外区分作为一种性别差异,将男性置于

"外"领域("文"的领域：个人成就和超越家内领域的关系网)、女性置于"内"领域(隐蔽的领域：家务管理和家庭亲属关系)中,这种性别区分再次论证了强加于女性的受限制的功能角色和活动范围的合理性。除了被塑造为以维系家族血脉作为唯一目的的女儿、妻子和母亲角色外,女性也被剥夺了进入"外"领域("文"和"政")的途径。在"外"领域中,人们的文化才能具有显著的道德、公共效用,而姓和名也得以超越当前的家族领域而获得传承与纪念。

或许社会行为与内外之别(作为两性间的标准区分)最为显著的交集就在于臭名昭著的缠足行为。在缠足过程中,通过人为方式,女性的身体被隐藏和赋予"文"的标识,也就是在无法获得教育之"内"领域作为一种文化和礼仪的标识。通过捆绑自己和女儿的双脚,女性——受限于"内"领域的纯粹功能性存在——开始模仿她们的男性伴侣,通过布匹、针线而非文字、毛笔创造和传承独特的"自我文化"。换言之,在缠足行为中,女性通过肉体整形而不是对自我的完整塑造,颠覆了儒家追求文明礼仪的方式。然而这种颠覆也折射出强行将女性作为性别存在的结构性限制,她无法获得进入"外"领域——文化学习、管理和追求个人成就之领域的合法途径。通过家内领域之生育男性后嗣和家外领域之自我道德修养和个人成就而被后世所铭记的欲望固化了中国社会的性别不平等问题。没有接受教育的无名女性被隐藏在"内"领域中,她们不具备也不能获得完整的人格。简言之,中国社会的性别不平等问题同样也是基于性别之劳动分工、空间分隔的"内"、"外"礼仪界线问题。"内"、"外"之间的动态交互作用,一方面掠夺了女性进入文化学习之"外"领域的任何合法途径,另一方面隐藏了女性的成就,尤其是在文化和政治领域("文"、"政")。

始于研读和体悟经典之儒家自我修行的道德追求进一步突显了女性人格的不完整,这些经典源自圣贤以及不仅能够恪守孝道、礼制而且可以作为他者道德榜样之儒家君子典范的相关论著。相比之下,囿于内外区分,女性作为受到限制的存在永远是不完整的。尽管儒家自我修行和君子典范的道德说教并不具有性别特质,但它对于"内"领域之性别化的女性而言是难以企及的。因而,儒学中需要矫正的是基于性别的内外劳动分工,而不是追求完美人格("仁")的整个儒学体系。儒学推崇孝道和家族血脉的延续,它表现在传承家族姓氏和祭祀祖先活动上,两者都是孝道广义内涵的构成部分。换言之,在我们的混合式儒家女权主义中,作为性别差异之内外区分需要进行适当的调整,以便创造出一个女权主义空间。

但是让我们首先对混合式女权主义理论的基本设想作一个简单的概述,它由儒学和女权主义共同构建而成。首先,我们的儒家女权主义预设了一个处在关系网中的关系自我,而这个关系网并不是外在的——"核心"自我的"附件"优先存在于外部关系。相反,关系网与自我处在同一空间,它构成了一个人的实在自我。由于在亲子关系中首次意识到自我的存在,人们的道德价值也相应地通过维系始于亲子关系之和谐社会关系的实际成就来衡量。强调父母与子女之间相互关怀的孝道是"成人"的起点。父母应该爱护子女,而子女也应该孝顺父母。也就是说,子女必须举止得体且顺从父母的意愿。外化于社会关系的自我将是不真实的存在,因而他也不具备完整的人格。而这个起点完全是儒家所倡导的,因为它与儒家追求的完美人格("仁")理念是完全一致的。在儒家看来,一个人的"成人"途径只有通过特定社会美德的展现,而这些特定社会美德又只能在始于家族关系、角色的社会关系、角色中获得实现。

反对者认为这一观点预设了人类中存在的不平等价值,而这是相当危险的。当然,这种危险在于人权可能遭到滥用,从而压迫那些处于社会认定之最低做人限度之下的群体。也就是说,如果权利和权限依赖于一个人的实际贡献,而这个贡献又通过维系社会关系的成功度来衡量,那么,对于那些无法成功维系关系网的群体而言将是危险的。现代西方政治理论对于男性自然权利的论述的确较为普遍。霍布斯的"人类自然平等"理念标志着现代契约理论的开始,而在现代契约理论中,人类无限拥有平等和自由。西方政治理论中的绝对平等理念大体上源自神创论,以洛克的相关理论为典型,它为绝对平等的理念提供了一种形而上学的基础。然而,如果人们抵制这种"成人"不受限制的形而上学基础,那么,社会关系的重要性将由此获得证实,它不仅是自我的"构成部分",而且也是自我的特有"本质"。换言之,人之所以为人只是因为它处在关系网中。就某种意义而言,断绝所有社会关系必将导致自我的非人化。而首次意识自我存在之亲子关系相较于扩展自我之其他社会关系的优先性也必将得到证实。然而,孝道不仅局限于生身父母和子女之间的自然关系。它完全能够得到扩展以适应现代的非传统家庭,而在这样的家庭中,主要的照料者是祖父母、养父母、亲戚甚至是孤儿院中的社会工作者。对孝道重要性的强调将关怀与被关怀之间的传统直系关系转变为互惠关系,因而这里不存在单向的"自然"责任或义务。孝道是通往人性之最低层次的途径。对于他者的真诚关怀是"成人"的起点,否则,人们将不会享有任何回报。简单来说,在儒家伦理道德中没有限制性条件就没有权利可言。

为了应对诸如奴隶制或滥用人权的问题,一些学者认为给予他者的诸多基本尊重应该符合道德的需要。[①] 最显著的是康德哲学中普遍"尊重他者"的理念,它被视为不可缺少的道德原则,尽管所有的批判都集中在康德道德伦理对于人之抽象本质的预设。但是,如果它的目标是建立所有人都将获得尊重和关怀的"普遍"原则,那么,孝道将比康德道德伦理中"尊重他者"的抽象理念更为有效。对于他者的真正关怀不仅表现为尊重抽象之人,我们可以通过扩展亲子关系中的孝道来获得和"普及"对于陌生人的真正关怀。由于每个人都处在亲子关系之中,因而这种扩展是切实可行的。也就是说,每一个人都是某人的父亲、母亲、儿子或女儿,而不是断绝社会关系的抽象之人。人们对自我家庭的真挚情感可以

[①] 相关例证参看蒂勒斯 2000。尽管对康德伦理学的抽象本质表示批判,但是詹姆斯将康德对人的尊重理念作为他对道德的三个衡量准则,更多内容参看罗莎莉 2003b。康德除了倾向于抽象人格外,康德伦理学也引入了大量道德理论并将上帝塑造为美德的典范。在康德伦理学与神学的关联等方面对康德的批判,参看罗莎莉 2003a。

扩展到陌生人,陌生人也是生活在关系中的人。进一步而言,子女的关怀也可以扩展到一切有情生灵,它们也处在自然的亲子关系之中。孝道不仅维系着人类在世界中的基本亲缘关系,更为重要的是,它能够给康德道德伦理之"尊重他者"的抽象理念提供具体的内涵,并且将其从人类世界扩展到一切有情生灵之世界。

其次,在有关儒家女权主义的概述中,我们打算将"仁"这个核心美德作为追求人格成就的顶点。孝道是"成人"的起点,但一个人也是处在不断扩大之关系网中的人。家庭是聚焦的中心,团体、社会、国家和全世界则是自我关系的扩展领域,或者你也可以将家庭、社会、国家和全世界视为一系列同心圆。自我随着关注点和关系网的扩大而得到扩展。对家庭的关注与对国家或全世界的关注并不相互分离或发生冲突。正如上文所言,作为个人美德的孝道并不与良好的政治秩序相隔绝。相反,它是实现公共秩序所依赖的构件和基石。换言之,儒家道德呈现出家庭的优先次序,家庭美德是实现公共美德的必要条件。一个不孝顺的儿子(或女儿)也将是一个不值得信赖的国民,确保国家和谐长久的一种方法就是通过培养孝顺的子女来创造可靠的国民。一旦夯实了这个基础,公共秩序也将随之稳定。或者在当前政治环境下,醇厚的家庭美德能够缓和诸多社会矛盾。

正如第二章所指出的那样,"仁"之美德始于孝道,而孝道又是"成人"的起点。无论是从词源学、双关修辞或哲学角度来看,在儒家道德伦理中,"仁"之美德与"人"的概念都是一体的。超越家内领域之孝道和恭顺,一个具备"仁"之美德的人同样也是具有义、礼、智、恕、信等美德的人。究其原因在于,要具备"仁"之美德就需要成为一个能够体认合乎特定社会关系之特定社会美德的人。由于不存在"成人"没有限制条件的形而上学基础,人们的社会关系空间也是真实自我的空间。可以说,自我必须通过向外扩展来实现自己,就最低限度而言,自我必须持续维系现有的家族关系,而通过这一关系自我才得以存在。在人的一生中,随着关系网络从家庭扩展到全世界,因而为了继续维系这些社会关系就需要扩展社会美德的空间。虽然"仁"之范畴甚为广泛，但它并不是构成所有特定美德之基础的初始原则，也不是实现这些社会美德的必要条件。相反，作为人格顶点的"仁"之美德只能在每一个特定的社会关系中实现，这种特定的社会关系也受限于与之相匹配的特定社会美德。

通过肯定作为关联人格之最高成就的"仁"之美德，我们的儒家女权主义也肯定了一种无需形而上学基础的实用型伦理道德。它肯定了人际关系的优先地位，肯定了人们所处的社会是起点和聚焦中心，而全世界乃至其他世界则是被扩展的领域。在扩展领域中，关怀他者不仅仅是出于客观法则之理性而对人的抽象尊重，相反，它是出于有形之礼仪典范的真诚关怀。但是，"仁"之美德并没有带来一种严格的共产主义道德伦理，在共产主义道德伦理中，个人的关系圈被限定于社会或家庭。相反，"仁"的道德伦理认可满足作为个人起点之社会需要的优先地位，同时强调将对自我的真诚关怀扩展到其他世界的需要。因此，将"仁"之美德作为道德典范，我们的儒家女权主义一方面能够满足女权主义者追求将人际关系摆在优先地位之具体道德的需要；另一方面，能够满足伦理学家追求"普遍"道德原则的需求，以此来确保那些不具备"成人"资格之群体的某些基本"人权"或"正义"、"公平"感。

最后，在儒家女权主义中，我们肯定作为人类关系基本结构之"阴阳"和"内外"的互补性和相互作用。我们认为在具体人际关系的世界中，互补性和相互作用是各种社会关系的特有本质。各种特定关系的权力结构并非掌控和顺从——上级拥有凌驾于下级的绝对权力。在儒家世界中，尽管社会关系在本质上是存在层级的，但它们也完全是互补和相互作用的。例如，尽管在父子关系中，父亲和儿子的社会地位不平等，但父亲优于儿子的合法权威却依赖于父子间的互相关怀。如果父亲不以合乎礼仪的真情对待儿子，那么儿子就可以不履行孝顺父亲的义务和责任。在"历史史实"中，圣王舜在婚姻上违背了父亲（品行不佳）的意愿而仍被视为正直之人的传说就证明了这一观点。只有父亲的行为合乎道义，他才有权要求儿子顺从自己的意愿。在儒家女权主义中，不存在只基于父亲的地位而不顾其实际道德成就的至高权威。也就是说,对于人际关系之层级本质的肯定并不意味着我们对父权制——承认父亲之绝对权威的西方政治理论——价值的肯定。在儒家伦理中,作为上位者之父亲的权威受到相互作用的调节。同样,在儒家伦理中不存在片面的权利或片面的义务,更不必说绝对的权威。我们认为尽管各种社会关系在本质上是层级的,但它们都是相互作用和相互补充的。

儒家女权主义主张基本的层级体系,但是在儒家互补且相互作用的人际关系架构中,基于能力和道德权威的不平等是特定关系的起点,不存在没有条件限制的绝对平等。父母和子女在社会地位上不平等,他们也不应该平等,老师和学生或长辈和晚辈之间也是如此。儒家道德伦理主张社会之下位者必须对上位者持有一种基本的恭顺态度,以便在复杂的人际关系网络中呈现出一种和谐与连续性。而在人际关系中,过往的知识由长辈传给晚辈、父母传给子女、老师传给学生。过往的知识不仅意味着过去的文化、知识传统——可以独立地阐释为某人对于过往历史的认知。它也代表着礼仪传统以及家族和文化特质的延续,而这些只能通过特定的亲属、社会角色去体认。因此,对社会之上位者持有基本的恭顺态度是传承过往之礼仪和知识传统的必要条件。而这种所谓的社会不平等在人的一生中是不断变化的。一个人既不是固定的社会下位者也不是固定的社会上位者,各种社会关系都以互补性和相互作用而不是以掌控和顺从为前提。

为了迎接女权主义的挑战,丈夫与妻子之间的层级关系以及基于性别的内外劳动分工需要得到矫正。在儒家的道德体系中,妻子对丈夫的从属性是没有必要的。根据传统解释,夫妻关系被模拟为君臣关系,因而丈夫是社会之上位者,而妻子是社会之下位者。但是,君—夫和臣—妻之间的类比是不合理的。与君臣关系不同,夫妻关系在本质上是个人的、亲密的。不同于君臣关系的契约性质,丈夫和妻子的结合(或现代意义上的夫妻关系)被理想地认定为需要持续终身直到老去。如果女性像她的男性伴侣那样被充分允许接触文化资源,那么夫妻关系中基于性别的层级理念将会丧失它的合理性。在现代社会,可以与夫妻关系相类比的社会关系是朋友关系——儒家五伦之一。尽管在儒家世界中包括朋友关系在内的所有人际关系之基本体系在本质上都是层级的,但朋友关系中的层级体系并不基于性别。

朋友关系中的层级体系主要基于能力和道德权威。朋友之间的结合完全是自愿的,它的期限依赖于一个预设的共同目标。在这样一种自由的联结中,人们为了一个自我界定的共同目标而走到了一起,它极其接近于现代社会的夫妻关系。夫妻关系以及基于性别之劳动分工的矫正是在儒家思想框架内完成的,它无需借助于任何追求绝对平等的形而上学原理。换言之,性别不平等问题源自表现为内外区分之基于性别的劳动分工,而夫妻之间的层级关系也应该通过儒家传统中的可用资源来解决。随着这一矫正,推动女性解放的理论依据将不再局限于对个人权利的自由争论,而这种争论往往伴随着追求所有人之绝对平等的隐形有神论。我们的儒家女权主义认可带有关注性别平等之女权主义成分的儒家传统。创建儒家女权主义之混合属性的最终结果是带来了一种有限的不平等,它基于能力和道德权威而不是性别本身。一旦从夫妻关系中抽离出基于性别的层级体系和劳动分工,留下的将是一个对家庭劳动分工更为灵活的重新整合。而在这个家庭劳动分工中,女性可以根据她所参与之特定社会关系中的共同目标来负责所有或部分"外"领域的事物,而男性也可以负责所有或部分"内"领域的事物,反之亦然。

一旦基于性别的劳动分工被根除,女性将不再受限于局促的"内"领域,她们因而也能够成为最高的文化典范——君子,君子不仅在家内表现出礼仪上的得体而且学识渊博,他们通过自身对道德的恪守来引导民众。但是,根除基于性别之内外界限将直接挑战标准的性别身份乃至中华文明之礼仪规范。问题不仅在于是否应该进行这样的变革,更大的问题在于这样的变革是否能够通过儒家传统自身而获得合理论证,或者是否任何性别关系的变革只能通过输入西方的道德理论来完成。从另一个角度来看,问题在于儒学是否被视为一种彻底的男权至上主义意识形态,就备受关注的女性压迫问题而言,儒学内部是否存在自我矫正的因素。

作为一种活跃的文化传统,儒学在自我扩张过程中吸收了其他文化。它顽强的适应性一再被历史所证实。例如,儒学的第一次扩张浪潮发生在秦末汉初期间,它通过吸收"阴阳五行"理论得以在施行反儒政策的秦朝存活下来,并随后与盛行于汉代的阴阳学说和道家学说争雄。众所周知,儒学的第二次扩张发生在宋朝,其结果是道学和理学——也就是"新儒学"的崛起,它实际上更多表现为儒学、道教和佛教思想的混合。而当前呈现在儒学面前的新挑战来自女权主义。正如杜维明所指出的那样,儒家女权主义的诞生将是命悬一线之儒学的第三次扩张浪潮。①当然,开创儒家女权主义的目的不只是简单地维系儒学在 21 世纪的活力,它更是儒学之动态本质的有力证明。因而,人们大可不必为了既是儒家信徒又是女权主义者而抱有歉意,正如人们可以同时是亚里士多德学派和女权主义的信徒、康德学派和女权主义的信徒或存在主义和女权主义的信徒,尽管在特定知识传统中会呈现一些涉及性别歧视的表述。

反思与总结

这一课题研究最终也是一种个人行为。就像波伏娃创作《第二性》是为了回答成为女性究竟意味着什么这个问题,而我则试图回答成为一个中国儒家女性意味着什么。透过西方女权主义者的眼睛,我看到了自我作为一个他者的反思。作为一个女权主义者和一个中国人的"矛盾"也是建立一个广泛的女性团体之需要与证实、肯定自我文化身份之需要间的"矛盾"。在这个广泛的女性团体中,所有的女性都能够分享一些有关压迫之普遍根源的信息。而自我文化身份却能够瓦解预设的、跨越文化界限之女性的共性。作为一个女权主义者同时也作为一个中国人,我

---

① 笔者在此借用了杜维明所谓的"第三次儒学扩张浪潮"这一术语。

试图解决这样的"矛盾"。同时,由于迷失在一个女性作为无关历史、文化之存在的理论空间中,我不得不优先考虑自我的文化身份。但是,在那个抽象的理论空间中,西方的文化预设却在跨越国界的女权主义著述中享有特权。西方道德理论的特权地位反过来使我不可能同时成为一个女权主义者和一个实质性身份植根于儒学(中国最高文化的象征)之广阔、文化框架中的中国人。

这个研究课题试图创建一种混合式道德理论来调和女权主义和儒学。在混合式道德理论中,儒学不再是压迫中国女性的元凶巨恶。相反,儒学被视为正统经典中不同声音和模糊含义的一种动态运作。正统经典为中国人提供了充分的概念层面的工具来参与对社会虐待女性的内部批判,而没有对他们的儒学根源进行全面的否定。换言之,人们不需要通过成为马克思主义者、自由主义者、存在主义者或者激进的分离主义者来成为某种女权主义者,因为同时成为女权主义者和儒家信徒将不再是一个矛盾的修辞。通过在中国文化界限之内挑选出塑造女性特质的文化因素,我也试图增加对于女性受压迫根源之认识的表述,她们获得解放的模式不再局限于康德哲学的自主个体、笛卡尔哲学的性别化存在、自由主义之个人权利或马克思主义的物质平等。现在我们可以将儒家关联式的、基于美德的人格追求作为推动女性解放的一个可行途径。正如对于女性受压迫根源之认识的表述通过对儒学的研究得到了充实,女性在女权主义道德以及理论空想上获得解放的可能性也由此得到了提升。

参考书目

1. 安乐哲、郝大维译：*A Philosophical Translation of DaoDeJing：Making this Life Significant*(《道德经》)，纽约：Ballantine Books，2003 年。

2. 安乐哲、郝大维译：*Focusing the Familiar：A Translation and Philosophical Interpretation of the Zhongyong*(《中庸》)，火奴鲁鲁：University of Hawaii Press，2001 年。

3. 安乐哲："New Confucianism：A Native Response to Western Philosophy"(《新儒学：对西方哲学的本土回应》)，*China Study*(《中国研究》)第 5 期(1999 年)，第 23—52 页。

4. 安乐哲、罗思文译：*The Analects of Confucius：A Philosophical Translation*(《论语》)，纽约：Ballantine Books，1998 年。

5. 安乐哲："The Focus-Field Self in Classical Confucianism"(《早期儒家的自我概念》)，In *Self as Person in Asian Theory and Practice*(《亚洲理论与实践中的自我》)，安乐哲、Wimal Disanayake、Thomas P. Kasulis 主编，奥尔巴尼：State University of New York Press，1994 年。

6. 安乐哲："Taoism and the Androgynous Ideal"(《道教与阴阳理论》)，In *Women in China*(《中国女性》)，桂时雨、Stanley Johannesen 主编，纽约：Philo Press，1981 年。

7. Andors，Phyllis：*The Unfinished Liberation of Chinese Women：1949‑1980*(《未完成的中国妇女解放：1949—1980 年》)，布卢明顿：Indiana University Press，1983 年。

8. Antony，Louise M，Charlotte Witt 主编：*A Mind of One's Own：Feminist Essays on Reason and Objectivity*(《个人的心灵：客观理性的女性散文》)，博尔德：

Westview,1993 年。

9. 艾思柯：*Chinese Women：Yesterday and Today*（《中国女性：昨天与今天》），波士顿：Houghton Mifflin，1937 年。

10. Bar On，Bat-ami 主编：*Modern Engendering：Critical Feminist Reading in Modern Western Philosophy*（《现代的产生：现代西方哲学中的批判女性主义读本》），奥尔巴尼：State University of New York Press，1994 年。

11. 白露："Theorizing Woman：Funu, Guojia, Jiating"（《中国的女性理论：妇女，国家，家庭》），In *Body，Subject and Power in China*（《中国的身体、主体与权力》），司徒安、白露主编，芝加哥：University of Chicago Press，1994 年。

12. 白露："Politics and Protocols of Woman"（《女性的政治与礼仪》），In *Engendering China：Women Culture，and the State*（《理解中国：女性文化与国家》），柯临清、贺萧、Lisa Rofel、Tyrene White 主编，剑桥：Harvard University Press，1994 年。

13. 白露："Asian Perspective：Beyond Dichotomies"（《亚洲视角：超越二元论》），*Gender and History*（《性别与历史》）第 1 卷第 3 期（1989 年），第 318—330 页。

14. Barnes，Jonathan：*The Complete Works of Aristotle*（《亚里士多德全集》），普林斯顿：Princeton University Press，1984 年

15. 毕汉斯：*The Bureaucracy of Han Times*（《汉代的官僚制度》），剑桥：Cambridge University Press，1980 年。

16. Black，Alison："Gender and Cosmology in Chinese Correlative Thinking"（《中国思维下的性别与宇宙》），In *Gender and Religion：On the Complexity of Symbols*（《性别和宗教：符号的复杂性》），Caroline W. Bynum、Stevan Harrell、Paula Richman 主编，波士顿：Beacon Press，1989 年。

17. Black，Fred："Foot-binding in Neo-Confucian China and the Appropriation of Female Labor"（《中国新儒学中缠足与女性劳动力占用》），*Signs*（《符号》）春季卷（1994 年），第 676—712 页。

18. 卜弼德："Seeking Common Ground：Han Literati under Jurchen Rule"（《求同：女真族统治下汉族文人》），*Harvard Journal of Asiatic Studies*（《哈佛亚洲研究》）第 47 卷第 2 期（1987 年），第 461—538 页。

19. 鲍则岳译：《周礼》，In *Early Chinese Texts：A Bibliographical Guide*（《早期中国文献之书目指南》），鲁惟一主编，伯克利：University of California Press，1993 年。

20. 鲍则岳译：《说文解字》，In *Early Chinese Texts：A Bibliographical Guide*（《早期中国文献之书目指南》），鲁惟一主编，伯克利：University of California Press，1993 年。

21. Bonnin，M，Y. Chevrier："Autonomy during the Post-Mao Era"（《后毛泽东时代

的自主性》),*China Q*(《中国问题》)第 123 期(1991 年),第 569—593 页。

22. 卜弼德:"The Semasiology of Some Primary Confucian Concepts"(《儒家核心观念的符号学研究》),*Philosophy East and West*(《东西方哲学》)第 2 卷第 4 期(1953 年),第 317—332 页。

23. Bordo,Susan 主编:*Feminist Interpretations of Rene Descartes*(《笛卡尔的女性主义解读》),尤尼弗西蒂帕克:Pennsylvania State University Press,1999 年。

24. 白馥兰:"Textile Production and Gender Roles in China,1000 - 1700"(《中国的纺织品生产与性别角色(1000—1700 年)》),*Chinese Science*(《中国科学》)第 12 期(1995 年),第 115—137 页。

25. Butler,Judith:*Bodies that Matter:On the Discursive Limits of "Sex"*(《身体之重:对性别的话语界定》),纽约:Routledge,1993 年。

26. Butler,Judith:*Gender Trouble:Feminism and the Subversion of Identity*(《性别困境:女性主义与身份的颠覆》),伦敦:Routledge,1990 年。

27. Cai,Xianlong(蔡显龙):"The Origin of the System of Chinese Polygamy"(《中国一夫多妻制的起源》),《中国妇女史论集》第 1 卷,鲍家麟主编,台北:牧童出版社,1979 年。

28. 曹雪芹、高鹗:《红楼梦》,北京:外文出版社,1978 年。

29. 柯丽德:"The Social Uses of Female Virtue in Late Ming Editions of Lienu Zhuan"(《晚明列女传中女性美德的社会功能》),*Late Imperial China*(《晚期中华帝国》)第 12 卷第 2 期(1991 年),第 117—152 页。

30. Carson,Michael、鲁惟一译:《吕氏春秋》,In *Early Chinese Texts:A Bibliographical Guide*(《早期中国文献之书目指南》),鲁惟一主编,伯克利:University of California Press,1993 年。

31. Chan,Ching-ki(陈清基):"The Language of Despair:Ideological Representations of the 'New Woman'(xing nuxing) by May Fourth Writers"(《绝望的语言:"五四"作者笔下的新女性思潮》),*Modern Chinese Literature*(《现代中国文学》)第 4 卷第 1—2 期(1988 年),第 19—39 页。

32. 陈荣捷主编:*Chu Hsi and Neo-Confucianism*(《朱熹与新儒家》),火奴鲁鲁:University of Hawaii Press,1986 年。

33. 陈荣捷:"Chinese and Western Interpretations of Jen (Humanity)"(《中国和西方对"仁"的阐释》),*Journal of Chinese Philosophy*(《中国哲学》)第 2 期(1975 年),第 107—129 页。

34. 陈荣捷译:*Reflections on Things at Hand*(《近思录》),纽约:Columbia University Press,1967 年。

35. 陈荣捷译:*A Source Book in Chinese Philosophy*(《中国哲学资料集》),普林斯顿:Princeton University Press,1963 年。

36. 陈荣捷："Evolution of the Confucian Concept Jen"(《儒家"仁"观念的演化》)，*Philosophy East and West*(《东西方哲学》)第 4 期(1955 年)，第 295—319 页。

37. Chang, I-jen(章爱仁)、鲍则岳、鲁惟一译：《国语》，In *Early Chinese Texts：A Bibliographical Guide*(《早期中国文献之书目指南》)，鲁惟一主编，伯克利：University of California Press，1993 年。

38. 陈东原：《中国妇女生活史》，上海：商务印书馆，1937 年。

39. 陈荣捷：《近思录详注集评》，台北：台湾学生书局，1992 年。

40. 陈婉辛："Nothingness and the Mother Principle in Early Chinese Taoism"(《虚无与早期道教的母性理念》)，*International Philosophical Quarterly*(《国际哲学季刊》)第 9 期(1969 年)，第 391—405 页。

41. 陈幼石："The Historical Template of Pan Chao's Nu Chieh"(《班昭〈女诫〉的历史范本》)，*T'oung-Pao*(《通报》)第 82 期(1996 年)，第 230—257 页。

42. 程文蓝译：《〈春秋〉、〈公羊传〉、〈穀梁传〉和〈左传〉》，In *Early Chinese Texts：A Bibliographical Guide*(《早期中国文献之书目指南》)，鲁惟一主编，伯克利：University of California Press，1993 年。

43. 乔健："Female Chastity in Chinese Culture"(《中国文化中的女性贞操》)，载《中央研究院民族学研究所集刊》第 31 期(1971 年)，第 205—212 页。

44. Chodorow, Nancy：*The Reproduction of Mothering：Psychoanalysis and the Sociology of Gender*(《母职的再生产：心里分析与性别社会学》)，伯克利：University of California Press，1974 年。

45. 瞿同祖：*Law and Society in Traditional China*(《中国法律与中国社会》)，巴黎：Mouton，1965 年。

46. Croll, Elisabeth：*Endangered Daughters：Discrimination and Development in Asia*(《濒危的女儿：亚洲的发展与歧视》)，伦敦：Routledge，2000 年。

47. Croll, Elisabeth：*Feminism and Socialism in China*(《中国的女性主义与社会主义》)，伦敦：Routledge and Kegan Paul，1978 年。

48. Curtin, Katie：*Women in China*(《中国女性》)，纽约、多伦多：Pathfinder Press，1975 年。

49. Dardess, John W：*Confucianism and Autocracy ：Professional Elites in the Founding of The Ming Dynasty*(《儒学与专制：明朝建立时期的专业精英》)，伯克利：University of California Press，1983 年。

50. 狄百瑞："Roundtable Discussion：Wm. Theodore De Bary. *The Trouble with Confucianism*"(《圆桌讨论：狄百瑞之〈儒学的困境〉》)，*China Review International*(《中国国际评论》)第 1 卷第 1 期(1994 年)，第 9—47 页。

51. 西蒙娜·德·波伏娃：*The Second Sex*(《第二性》)，H. M. Parshley 译，纽约：Vintage Books，1989 年。

52. 董家遵："Investigation into the Custom of Widow Remarriage from the Han to Song"（《从汉到宋寡妇再嫁习俗考》），《中国妇女史论集》第 1 卷，鲍家麟主编，台北：牧童出版社，1979 年。

53. 德效骞译：*The Works of Hsuntze*（《荀子》），台北：成文出版社，1996 年。

54. 德效骞译：Ⅱ. *The History of the Former Han Dynasty by Pan Ku.*（《汉书》），卷 3，The American Council of Learned Societies，1944 年。

55. 伊沛霞："The Book of Filial Piety"（《孝经》），In *Images of Women in Chinese Thought and Culture*（《中国思想文化中的女性形象》），王蓉蓉主编，印第安纳波利斯：Hackett，2003 年。

56. 伊沛霞："The Book of Filial Piety for Women"（《女孝经》），In *Images of Women in Chinese Thought and Culture*（《中国思想文化中的女性形象》），王蓉蓉主编，印第安纳波利斯：Hackett，2003 年。

57. 伊沛霞："Gender and Sinology：Shifting Western Interpretations of Footbingding，1300 – 1890"（《性别与汉学：西方视角下的缠足（1300—1890 年）》），*Late Imperial China*（《晚期中华帝国》）第 20 卷第 2 期（1999 年），第 1—34 页。

58. 伊沛霞：*The Inner Quarters：Marriage and the Lives of Chinese Women in the Sung Period*（《内闱：宋代妇女的婚姻和生活》），伯克利：University of California Press，1993 年。

59. 伊沛霞：" Women，Money，and Class：Su-ma Kuang and Sung Neo-Confucian Views on Women"（《女人、金钱与阶级：司马光和新儒学的女性观》），In *Papers on Society and Culture of Early Modern China*（《现代中国早期之社会文化论文集》），台北："中央研究院"，1992 年。

60. 伊沛霞："Women，Marriage，and the Family in Chinese History"（《中国历史上的女性、婚姻与家庭》），In *Heritage of China：Contemporary Perspectives on Chinese Civilization*（《中国的遗产：中华文明的现代诠释》），Paul S. Ropp 主编，伯克利：University of California Press，1990 年。

61. 本杰明 • 艾尔曼："Political，Social，and Cultural Reproduction via Civil Service Examinations in Late Imperial China"（《政治、社会与文化的重建：晚期中华帝国的科举制》），*Journal of Asian Studies*（《亚洲研究》）第 50 卷第 1 期（1991 年），第 7—28 页。

62. 本杰明 • 艾尔曼：*Classicism，Politics，and Kinship：The Ch'ang-chou School of New Text Confucianism in Late Imperial China*（《经学、政治与宗族：晚期中华帝国之常州今文学派研究》），伯克利：University of California Press，1990 年。

63. 伊懋可："Female Virtue and the State in China"（《中国的女德与国家》），*Past and Present*（《过去与现在》）第 104 期（1984 年），第 111—152 页。

64. Fang，Ying-hsien（方英贤）："On the Origin of Ren：the Transformation of the

Concept of Ren from the Time of the Book of Songs and the Book of Documents to Confucius"(《"仁"的起源:从〈诗经〉到〈尚书〉之"仁"的概念演变》),《大陆杂志》第 52 卷第 3 期(1976 年),第 22—34 页。

65. Fingarette, Herber:"The Music of Humanity in the Conversations of Confucius"(《〈论语〉中人性之乐》),*Journal of Chinese Philosophy*(《中国哲学》)第 10 期(1983 年),第 331—356 页。

66. 费孝通:《乡土中国》,Gary G. Hamilton、Wang Zheng 译,伯克利:University of California Press,1992 年。

67. 傅乐成:"The Life of Tang Women"(《唐代妇女的生活》),《中国妇女史论集》第 1 卷,鲍家麟主编,台北:牧童出版社,1979 年。

68. 冯友兰:《中国哲学简史》,Derk Bodde 译,普林斯顿:Princeton University Press,1952 年。

69. 费侠莉:*A Flourishing Yin:Gender in China's Medical History*,960 - 1665(《繁盛之阴:中国医学史中的性(960—1665 年)》),伯克利:University of California Press,1999 年。

70. 费侠莉:"Androgynous Males and Deficient Females:Biology and Gender Boundaries in Sixteenth- and Seventeenth-Century China"(《雌雄同体的男性与有缺陷的女性:中国 16—17 世纪的生物学和社会性别界限》),*Late Imperial China*(《晚期中华帝国》)第 9 卷第 2 期(1998 年),第 1—31 页。

71. Gaukroger,Stephen:*Descartes:An Intellectual Biography*(《笛卡尔:一个知识分子的传记》),牛津:Clarendon Press,1995 年。

72. Gilligan, Carol:*In a Different Voice:Psychological Theory and Women's Development*(《不同的声音:心理学理论与妇女的发展》),剑桥:Harvard University Press,1982 年。

73. Godley, Michael R:"The End of the Queue:Hair as Symbol in Chinese History"(《队列的末尾:中国历史中头发的象征》),*East Asian History*(《东亚历史》)第 8 期(1994 年),第 53—72 页。

74. 金鹏程:"Comprehensive Discussions in the White Tiger Hall"(《白虎观会议的综合探讨》),In *Images of Women in Chinese Thought and Culture*(《中国思想文化中的女性形象》),王蓉蓉主编,印第安纳波利斯:Hackett,2003 年。

75. 葛瑞汉:*Disputers of the Tao:Philosophical Argument in Ancient China*(《论道者:中国古代的哲学论辩》),芝加哥:Open Court,1989 年。

76. 葛瑞汉:*Yin-Yang and the Nature of Correlative Thinking*(《阴阳与关联思维的本质》),Occasional Paper and Monograph Series No. 6. Kent Ridge(《论著(第六卷)》),新加坡:Institute of East Asian Philosophies,1986 年。

77. Griffiths, Morwenna、Margaret Whitford 主编:*Feminist Perspectives in*

Philosophy（《哲学中的女性主义观点》），布卢明顿：Indiana University Press，1988 年。

78. Grimshaw，Jean：*Feminist Philosophers：Woman's Perspective on Philosophical Traditions*（《女性主义哲学家：哲学传统的女性视角》），布莱顿：Wheatsheaf Books，1986 年。

79. 桂时雨：" Thunder Over the Lake：The Five Classics and the Perception of Woman in Early China"（《湖边之雷：〈五经〉与早期中国的女性观》），In *Women in China*（《中国女性》），桂时雨、Stanley Johannesen 主编，纽约：Philo Press，1981 年

80. 郝大维、安乐哲：*The Democracy of the Dead：Dewey，Confucius，and the Hope for Democracy in China*（《先贤的民主：杜威、孔子与中国民主之希望》），芝加哥：Open Court，1999 年。

81. 郝大维、安乐哲：*Thinking Through Confucius*（《孔子哲学思微》），奥尔巴尼：State University of New York Press，1987 年。

82. Harding，Sandra、Merrill B. Hintikka 主编：*Discovering Reality：Feminist Perspectives on Epistemology，Metaphysics，Methodology，and Philosophy of Science*（《发现真实：女性主义视角的认识论、形而上学、方法论与科技哲学》），多德雷赫特：D. Reidel，1983 年。

83. 韩庄：*Boundaries in China*（《中国的边界》），伦敦：Reaktion Books，1994 年。

84. 何德兰："The Nu Erh Ching；or Classic for Girls"（《古典的中国女孩》），*The Chinese Recorder*（《教务杂志》）第 26 卷第 12 期（1895 年），第 554—560 页。

85. 韩献博：*Women in Early Imperial China*（《早期中华帝国的女性》），牛津：Rowman Littlefield，2002 年。

86. 刘咏聪："The Cultivation of Female Talent：Views on Women's Education in China during the Early and High Qing Periods"（《女性才能的培养：清朝前中期的女性教育视角》），*Journal of the Economic and Social History of the Orient*（《东方社会经济史》）第 38 卷第 2 期（1995 年），第 191—223 页。

87. Holmgren，J.：" Myth，Fantasy，or Scholarship：Images of the Status of Women in Traditional China"（《神话、幻想还是学术：传统中国女性地位的形象》），*The Australian Journal of Chinese Affairs*（《中国杂志》）第 6 期（1981 年），第 147—170 页。

88. 韩起澜、Gail Hrshatter：*Personal Voices：Chinese Women in the 1980's*（《1980 年代中国妇女的声音》），斯坦福：Stanford University Press，1988 年。

89. 胡适：《说儒》，载《胡适文存》第四卷，台北：远东出版社，1953 年。

90. 胡适：《中国哲学史大纲》，上海：商务印书馆，1919 年。

91. 胡文楷：《历代妇女著作考》，上海：古籍出版社，1957 年。

92. 胡缨：" Re-configuring Nei / Wai：Writing the Woman Traveler in the Late Qing"（《 内与外的重新设定：记述晚清的女性旅游者》），*Late Imperial China*（《晚期中华帝国》）第 19 卷 第 1 期(1997 年)，第 72—99 页。

93. Hutton，Eric L 译：《荀子》，In *Images of Women in Chinese Thought and Culture*（《中国思想文化中的女性形象》），王蓉蓉主编，印第安纳波利斯：Hackett，2003 年。

94. 许烺光："Chinese Kinship and Chinese Behavior"（《华人亲属与华人行为》），In *China in Crisis*《动乱中国》第 2 卷，何炳棣、邹谠主编，芝加哥：University of Chicago Press，1968 年。

95. Jackson，Beverley：*Splendid Slippers*：*a Thousand Years of an Erotic Tradition*（《华丽的绣花鞋：中国的千年情色传统》），伯克利：Ten Speed Press，1997 年。

96. 詹启华：*Manufacturing Confucianism*：*Chinese Traditions and Universal Civilization*（《制造儒学：中国传统和普世文明》），达拉谟与伦敦：Duke University Press，1997 年。

97. 贾伸："An Investigation into Chinese Women's Footbinding"（《中国妇女缠足考》），《中国妇女史论集》第 1 卷，鲍家麟主编，台北：牧童出版社，1979 年。

98. John，Mary：*Discrepant Dislocations*：*Feminism，Theory，and Postcolonial Histories*（《差异的错位：女性主义、理论与后殖民历史》），伯克利：University of California Press，1996 年。

99. Johnson，Kay Ann：*Women，the Family，and Peasant Revolution in China*（《中国的妇女、家庭和农民革命》），芝加哥：University of Chicago Press，1983 年。

100. Kaplan，Caren："The Politics of Location as Transnational Feminist Critical Practice"（《跨国女性主义批评实践的政治位置》），In *Scattered Hegemonies*：*Postmodernity and Transnational Feminist Practices*（《分散的霸权：后现代主义与跨国女性主义实践》），Inderpal，Grewal、Kaplan，Caren 主编，明尼阿波利斯：University of Minnesota Press，1994 年。

101. 高本汉：*Grammata Serica Recensa*（《古汉语字典》），斯德哥尔摩，1957 年。

102. 金耀基："The Individual and Group in Confucianism：A Relational Perspective"（《儒学中的个人与集体：一个关系性的视角》），In *Individualism and Holism*：*Studies in Confucian and Holism*：*Studies in Confucian and Taoist Values*（《个人主义与集体主义：关于儒家和道家的研究》），Donald Munro 主编，安阿伯：University of Michigan Press，1985 年。

103. Knoblock，John 译：《荀子》卷 3，斯坦福：Stanford University Press，1988 年。

104. 高彦颐：*Every Step a Lotus*：*Shoes for Bound Feet*（《步步生莲：绣鞋与缠足文化》），伯克利：University of California Press，2001 年。

105. 高彦颐："The Body as Attir: the Shifting Meanings of Footbinding in Seventeenth-Century China"（《人体着装：17 世纪中国缠足意义的转变》），*Journal of Women's History*（《女性历史》）第 8 卷第 4 期（1997 年），第 8—27 页。

106. 高彦颐：*Teachers of the Inner Chambers：Women and Culture in Seventeenth Century China*（《闺塾师：明末清初江南的才女文化》），斯坦福：Stanford University Press，1994 年。

107. Kourany，Janet A 主编：*Philosophy in Feminist Voice：Critique and Reconstructions*（《女性主义哲学的声音：批判与重建》），普林斯顿：University Press，1994 年。

108. 柯睿格："Region，Family，and Individual in the Chinese Examination System"（《科举制中的地区、家庭与个人》），In *Chinese Thought and Institution*（《中国的思想与制度》），费正清主编，芝加哥：University of Chicago Press，1957 年。

109. Kristeva，Julia：*About Chinese Women*（《中国妇女》），纽约：Urizen Books，1977 年。

110. Lan，Hua R、冯文主编：*Women in Republican China：A Sourcebook*（《共和国时期的中国女性史料集》），阿蒙克：M. E. Sharpe，1999 年。

111. Lang，Olga：*Chinese Family and Society*（《中国的家庭与社会》），纽黑文：Yale University Press，1946 年。

112. 刘殿爵译：*The Analects*（《论语》），伦敦：Penguin Books，1979 年。

113. 刘殿爵译：LaoTzu-TaoTeChing（《老子》），伦敦：Penguin Books，1963 年。

114. 萧虹：*The Virtue of Yin：Studies on Chinese Women*（《阴之德：中国妇女研究论文集》），布罗德韦：Wild Peony，1994 年。

115. Lee，Pauline C 译：*The Virtue of Women*（《列女传》），In *Images of Women in Chinese Thought and Culture*（《中国思想文化中的女性形象》），王蓉蓉主编，印第安纳波利斯：Hackett，2003 年。

116. 理雅各译：《礼记》卷 2，纽约：University Books，1967 年。

117. 理雅各译：《〈论语〉、〈大学〉、〈中庸〉》，In *The Chinese Classics*（《中国经典》）卷 5，香港大学出版社，1960 年。

118. 理雅各译：《孟子》，In *The Chinese Classics*（《中国经典》）卷 5，香港大学出版社，1960 年。

119. 理雅各译：《尚书》，In *The Chinese Classics*（《中国经典》）卷 5，香港大学出版社，1960 年。

120. 理雅各译：《诗经》，In *The Chinese Classics*（《中国经典》）卷 5，香港大学出版社，1960 年。

121. 理雅各译：《春秋左氏传》，In *The Chinese Classics*（《中国经典》）卷 5，香港大学出版社，1960 年。

122. 鲁威仪：*Sanctioned Violence in Early China*（《早期中国的合法暴力》），奥尔巴尼：State University of New York Press，1990 年。

123. Levy，Howard S：*Chinese Footbinding：The History of a Curious Erotic Custom*（《中国的缠足：一部怪异的性风俗史》），纽约：Walton Rawls，1966 年。

124. Li，Chengyang（李栓扬）主编：*The Sage and the Second Sex：Confucianism，Ethics，and Gender*（《圣人与第二性：儒学、伦理与性别》），芝加哥：Open Court，2000 年。

125. 李又宁：*Historical Roots of Changes in Women's Status in Modern China*（《近代中国妇女地位变化的历史根源》），In *Chinese Women through Chinese Eyes*（《中国人眼里的中国女性》），李又宁主编，纽约：M. E. Sharpe，1992 年。

126. 林毓生：" The Evolution of the Pre-Confucian Meaning of Jen and the Confucian Concept of Moral Autonomy"（《前孔子时代"仁"含义的演化以及儒家的道德自律》），*Monumenta Serica*（《华裔学志》）第 31 期（1974 年），第 172—204 页。

127. 刘吉华：*The Historical Evolution of Chastity*（《贞洁观念的历史演变》），《中国妇女史论集》第 4 卷，鲍家鳞主编，台北：牧童出版社，1995 年。

128. Lloyd，Genevieve：*The Man of Reason：'Male' and 'Female' in Western Philosophy*（《理性的人：西方哲学中的'男性'和'女性'》），明尼阿波利斯：University of Minnesota Press，1984 年。

129. 鲁惟一译：《〈春秋〉、〈公羊传〉、〈穀梁传〉和〈左传〉》，In *Early Chinese Texts：A Bibliographical Guide*（《早期中国文献之书目指南》），鲁惟一主编，伯克利：University of California Press，1993 年。

130. 雷金庆、李木兰："Chinese Masculinity：Theorizing Wen and Wu"（《中国的男子气：文与武》），*East Asian History*（《东亚历史》）第 8 期，第 135—148 页。

131. Mahowald，Mary Briody 主编：*Philosophy of Woman：An Anthology Classic to Current Concepts*（《女性哲学：当前概念之经典选集》），印第安纳波利斯：Hackett，1994 年。

132. 梅维恒译：*Wandering on the Way：Early Taoist Tales and Parables of Chuang Tzu*（《逍遥游：〈庄子〉中的早期道家故事及寓言》），火奴鲁鲁：University of Hawaii Press，1998 年。

133. 曼素恩：*Precious Records：Women in China's Long Eighteenth Century*（《缀珍录：18 世纪及其前后的中国女性》），斯坦福：Stanford University Press，1997 年。

134. 曼素恩："'*Fuxue*' by Zhang Xuecheng（1728 - 1801）：China's First History of Women's Culture"《章学诚之〈妇学〉（1728—1801 年）：中国首部女性文化史》，*Late Imperial China*（《晚期中华帝国》）第 13 卷第 1 期（1992 年），第 40—62 页。

135. 曼素恩："Widows in the Kinship, Class, and Community Structures of Qing Dynasty China"(《清朝社会结构、阶级与亲属关系中的寡妇》)，*Journal of Asian Studies*(《亚洲研究》)第 46 卷第 1 期(1987 年)，第 37—56 页。

136. 林培瑞："Traditional Handbooks of Women's Education"(《传统的女子教育手册》)，In *Woman and Literature in China*(《中国的女性与文学》)，Anna Gerstlacher、Ruth Keen、Wolfgang Kubin、Margit Miosga、Jenny Schon 主编，波鸿：Brochkmeyer，1985 年。

137. 梅贻宝译：*The Ethical and Political Works of Motse*(《墨子》)，伦敦：Arthur Probsthain，1929 年。

138. 宫川尚志："The Confucianization of South China"(《华南的儒教化》)，In *The Confucian Persuasion*(《儒家信念》)，芮沃寿主编，斯坦福：Stanford University Press，1960 年。

139. Mohanty，Chandra T、Ann Russo、Lourdes Torres 主编：*Third World Women and the Politics of Feminism*(《第三世界的女性与女性主义政治》)，印第安纳波利斯：Indiana University Press，1991 年。

140. 李约瑟：*Science and Civilisation in China*(《中国科学技术史》)卷 5，剑桥：Cambridge University Press，1956 年。

141. 聂崇岐："On the Evolution of the Question of Women's Remarriage in History"(《女性再嫁问题的历史演化》)，《中国妇女史论集》第 1 卷，鲍家麟主编，台北：牧童出版社，1975 年。

142. 倪德卫：*The Life and Thought of Chang Hsueh-cheng*（1738 - 1801)(《章学诚的生平及其思想》)，斯坦福：Stanford University Press，1966 年。

143. 牛志平："From Divorce and Remarriage to View the Concept of Women's Chastity in the Tang Dynasty"(《从离婚与再嫁看唐代妇女的贞节观》)，《中国妇女史论集》第 4 卷，鲍家麟主编，台北：牧童出版社，1995 年。

144. Noddings，Nel：*Caring：A Feminine Approach to Ethics and Moral Education*(《关怀：伦理和道德教育的女性观点》)，伯克利：University of California Press，1984 年。

145. O'Hara，Albert Richard：*The Position of Women in Early China*(《早期中国女性的地位》)，华盛顿：The Catholic University of America Press，1945 年。

146. Ortner，Sherry B："Gender and Sexuality in Hierarchical Societies：the Case of Polynesia and Some Comparative Implications"(《阶级社会中的性别与性：波利尼西亚案例与一些比较启示》)，In *Sexual Meanings：the Cultural Construction of Gender and Sexuality*(《性的意义：性别与性的文化建构》)，Ortner，Sherry B，Harriet Whitehead 主编，剑桥：Cambridge University Press，1981 年。

147. 鲍家麟：*Women's Thought during the Xinhai Revolution*(《辛亥革命时期的女

性思想》),《中国妇女史论集》第 1 卷,鲍家鳞主编,台北:牧童出版社,1979 年。

148. 裴德生:"The Life of Ku Yen-wu,1613 - 1682"(《顾炎武的一生:1613 - 1682 年》),*Harvard Journal of Asiatic Studies*(《哈佛亚洲研究学报》)卷 1 第 28 期 (1968 年),第 114—156 页。

149. 浦安迪:*The Four Masterworks of the Ming Novel*(《明代小说之四大奇书》), 普林斯顿:Princeton University Press,1987 年。

150. 桂思卓:*From Chronicle to Cannon:the Hermeneutics of the "Spring and Autumn" According to Tung Chung-shu*(《从编年史到经典:董仲舒对〈春秋〉的 诠释》),剑桥:Cambridge University Press,1996 年。

151. 瑞丽:"A Woman Who Understood the Rites"(《体认仪式的女人》),In *Confucius and the Analects:New Essay*(《孔子和〈论语〉:新随笔》),万白安主 编,牛津:Oxford University Press,2002 年。

152. 瑞丽:*Sharing the Light.:Representations of Women and Virtue in Early China*(《共享的光:中国早期的女性与美德》),奥尔巴尼:State University of New York Press,1998 年。

153. Riley, Denise:"*Am I that Name?":Feminism and the Category of "Woman"* (《"我的名字吗?":女性主义与女人的范畴》),明尼阿波利斯:University of Minnesota Press,1988 年。

154. 李克译:*Guan zi:Political,Economic,and Philosophical Essays From Early China*(《管子》)卷 2,普林斯顿:Princeton University Press,1985 年。

155. Ropp, Paul S;*Dissent in Early Modern China:Ju-lin wai-shih and Ch'ing Social Criticism*(《现代中国早期之异见:儒林外史与清代社会批评》),安阿伯: University of Michigan Press,1981 年。

156. 罗莎莉:"Book review:Bryan van Norden's *Confucius and the Analects:New Essays*"(《书评:万白安主编之〈孔子和论语:新随笔〉》),*The Philosophical Quarterly*(《哲学季刊》)第 53 卷 第 213 期(2003 年),第 609—613 页。

157. 罗莎莉:"Book review:James E. Tiles' Moral Measures:*An Introduction to Ethics West and East*"(《书评:詹姆斯·泰勒斯的〈道德措施:东西方伦理学导 言〉》),*Philosophy East and West*(《东西哲学》)第 53 卷第 3 期(2003 年),第 425—430 页。

158. 罗莎莉:Book review:Lisa Raphals's Sharing the Light(《书评:瑞丽的〈共享的 光〉》),Philosophy East and West,(《东西哲学》),第 50 卷第 1 期(2000 年),第 149—153 页。

159. Roth, H. D 译:《庄子》,In *Early Chinese Texts:A Bibliographical Guide*(《早 期中国文献之书目指南》),鲁惟一主编,伯克利:University of California Press,1993 年。

160. 罗威廉："The Problem of 'Civil Society' in Late Imperial China"(《晚期中华帝国的"市民社会"问题》)，*Modern China*(《现代中国》)第 19 卷第 2 期（1993 年），第 139—157 页。

161. 鲁宾："The Concepts of Wu-hsing and Yin-yang"(《五行与阴阳的概念》)，*Journal of Chinese Philosophy*(《中国哲学》)第 9 期（1982 年），第 131—157 页。

162. 夏含夷译：*I Ching*：*The Classic of Changes*(《易经》)，纽约：Ballantine Books，1996 年。

163. 夏含夷译：《易经》，In *Early Chinese Texts*：*A Bibliographical Guide*(《早期中国文献之书目指南》)，鲁惟一主编，伯克利：University of California Press，1993 年。

164. 夏含夷译：《尚书》，In *Early Chinese Texts*：*A Bibliographical Guide*(《早期中国文献之书目指南》)，鲁惟一主编，伯克利：University of California Press，1993 年。

165. 席文："State，Cosmos，and Body in the Last Three Centuries B. C"(《公元前 3 世纪的国家、宇宙与身体》)，*Harvard Journal of Asiatic Studies*(《哈佛亚洲研究学报》)第 55 卷第 1 期(1995 年)，第 5—37 页。

166. 海伦·斯诺：*Women in Modern China*(《现代中国女性》)，巴黎：Mouton，1967 年。

167. 苏成捷："The Use of Chastity：Sex，Law，and the Property of Widows in Qing China"(《利用贞洁：清代中国之性、法律和寡妇的得体性》)，*Late Imperial China*(《晚期中华帝国》)第 17 卷第 2 期(1996 年)，第 77—130 页。

168. 宋濂：《七儒解》,《宋文宪公全集》,台北：中华书局,1970 年。

169. Pelman Elizabeth V：*Inessential Woman*：*Problems of Exclusion in Feminist Thought*(《无关紧要的妇女：女性主义思想中的排斥问题》)，波士顿：Beacon Press，1988 年。

170. 宋秀雯："The Chinese Lieh-nu Tradition"(《中国的列女传统》)，In *Women in China*：*Current Directions in Historical Scholarship*(《中国妇女：当前史学研究的新动向》)，桂时雨、Stanley Johannesen 主编,纽约：Philo Press，1981 年。

171. 孙念礼：*Pan Chao*：*Foremost Woman Scholar of China*(《班昭传》)，纽约：Russell and Russell，1968 年。

172. 唐君毅：《中国哲学原论之原道篇》,台北：新亚书院研究所,1976 年。

173. Tiles，James E：*Moral Measures*：*An Introduction to Ethics West and East*(《道德措施：东西方伦理学导引》)，伦敦：Routledge，2000 年。

174. 曾祖森译：*Po Hu Tung*：*The Comprehensive Discussions in the White Tiger Hall*(《白虎通》)，莱顿：E. J. Brill，1952 年。

175. Topley, Marjorie："Marriage Resistance in Rural Kwangtung"(《广东农村的婚姻阻力》)，In *Women in Chinese Society*(《中国社会之女性》)，卢蕙馨、Roxane Witke 主编，斯坦福：Stanford University Press，1975 年。

176. 杜维明：*Confucian Thought：Selfhood as Creative Transformation*(《儒家思想新论：创造性转换的自我》)，阿尔巴尼：State University of New York Press，1985 年。

177. 万白安译：*Mencins*(《孟子》)，In *Images of Women in Chinese Thought and Culture*(《中国思想文化中的女性形象》)，王蓉蓉主编，印第安纳波利斯：Hackett，2003 年。

178. 万白安译：*Confucius and The Analects：New Essays*(《孔子和〈论语〉：新论文》)，牛津：Oxford University Press，2002 年。

179. 魏斐德："Roundtable Discussion：Wm. Theodore de Bary. *The Trouble with Confucianism*"(《圆桌讨论：狄百瑞之〈儒学的困境〉》)，*China Review International*(《国际中国评论》)第 1 卷第 1 期(1994 年)，第 9—47 页。

180. 魏斐德："The Civil Society and Public Sphere Debate：Western Reflections on Chinese Political Culture"(《市民社会和公共领域之争：西方对当代中国政治文化的反思》)，*Modern China*(《现代中国》)第 19 卷第 2 期(1993 年)，第 108—138 页。

181. 王蓉蓉主编：*Images of Women in Chinese Thought and Culture：Writings from the Pre-Qin Period through the Song Dynasty*(《中国思想文化中的女性形象》)，印第安纳波利斯：Hackett，2003 年。

182. 王相：《女四书》，道光版，1838 年。

183. 华如璧："Wives, Concubines, and Maids：Servitude and Kinship in the Hong Kong Region, 1900‑1940"(《妻、妾、婢：1900—1940 年香港的奴役与亲属关系》)，In *Marriage and Inequality in Chinese Society*(《中国社会的婚姻与不平等》)，华如璧、伊佩霞主编，伯克利：University of California Press，1991 年。

184. 华如璧："Afterword：Marriage and Gender Inequality"(《后记：婚姻与性别不平等》)，In *Marriage and Inequality in Chinese Society*(《中国社会的婚姻与不平等》)，华如璧、伊佩霞主编，伯克利：University of California Press，1991 年。

185. 华如璧："The Name and the Nameless：Gender and Person in Chinese Society"(《名与无名：中国社会之性别与个人》)，*American Ethnologist*(《美国民族学家》)第 13 期(1986 年)，第 619—631 页。

186. 华珊嘉："Prudery and Prurience：Historical Roots of the Confucian Conundrum Concerning Women, Sexuality, and Power"(《正经与淫欲：儒学关于女性、性爱、权力难题的历史根源》)，In *The Sage and the Second Sex：Confucianism, Ethics, and Gender*(《圣人与第二性：儒学、伦理与性别》)，李楗杨主编，芝加哥：

Open Court,2000 年。

187. 魏爱莲："The Epistolary Worlds of Female Talent in Seventeenth Century China"（《17 世纪中华才女的书信世界》），*Late Imperial China*（《晚期中华帝国》）第 10 卷第 2 期（1989 年），第 1—43 页。

188. 卫礼贤、卡罗·贝恩斯译：*The I Ching or Book of Changes*（《太乙金华宗旨》），纽约：Pantheon Books,1961 年。

189. 魏伟森：*Genealogy of the Way：the Construction and Uses of the Confucian Tradition in Late Imperial China*（《道统：晚期中华帝国儒学传统的建构与运用》），斯坦福：Stanford University Press,1995 年。

190. 卢蕙馨："Beyond the Patrilineal Self：Constructing Gender in China"（《超越父系下的自我：中国的性别建构》），In *Self as Person in Asian Theory and Practice*（《亚洲理论与实践中的自我》），安乐哲、Wimal Disanayake、Thomas P. Kasulis 主编，奥尔巴尼：State University of New York Press,1994 年。

191. 卢蕙馨：*Revolution Postponed：Women in Contemporary China*（《延迟的革命：中国当代女性》），斯坦福：Stanford University Press,1985 年。

192. 卢蕙馨："Women and Suicide in China"（《中国女性与自杀》），In *Women in Chinese Society*（《中国社会之女性》），卢蕙馨、Roxane Witke 主编，斯坦福：Stanford University Press,1975 年。

193. Wu,Fatima 译："The Ci of Shuyu"《淑玉词》，In *Images of Women in Chinese Thought and Culture*（《中国思想文化中的女性形象》），王蓉蓉主编，印第安纳波利斯：Hackett,2003 年。

194. 徐复观："On the Evolution of the Concept of Yin-Yang and Wuxing, and the Question Concerning the Explanation of the Formative Era of Other Related Texts"（《阴阳五行观念之演变及若干有关文献的成立时代与解释问题》），*The Democratic Review*（《民主评论》）第 12 卷第 19 期（1961 年），第 4—9 页；第 20 期（1961 年），第 4—9 页；第 21 期（1961 年），第 5—14 页。

195. 杨联升："Female Rulers in Ancient China"（《中国历史上的女主》），In *Chinese Women through Chinese Eyes*（《中国人眼里的中国女性》），李又宁主编，纽约：M. E. Sharpe,1992 年。

196. Yao,Ping(姚平)："Precepts for Family life"（《家庭生活的准则》），In *Images of Women in Chinese Thought and Culture*（《中国思想文化中的女性形象》），王蓉蓉主编，印第安纳波利斯：Hackett,2003 年。

197. Yao,Ping："Family Instructions to the Yan Clan"（《〈颜氏家训〉内的宗族》），In *Images of Women in Chinese Thought and Culture*（《中国思想文化中的女性形象》），王蓉蓉主编，印第安纳波利斯：Hackett,2003 年。

198. 余英时："Han Foreign Relations"（《汉朝的对外关系》），In *The Cambridge*

History of China(《剑桥中国史》)卷 1,崔瑞德、鲁惟一主编,剑桥：Cambridge University Press,1986 年。

199. 余英时：*Trade and Expansion in Han China：A Study in the Structure of Sino-Barbarian Economic Relations*(《汉代贸易与扩张—汉胡经济关系结构的研究》),伯克利：University of California Press,1967 年。

200. 詹合英、Robert Bradshaw："The Book of Analects for Women"(《女性的论语》),*Journal of Historical Sociology*(《历史社会学》)第 9 期(1996 年),第 261—268 页。

201. 章学诚:《妇学》,《章氏遗书》,刘承干主编:嘉业堂。

"海外中国研究丛书"书目